Wessel
Dreyer
Kirchhübel
Plötzke

**Kompaktwissen und
Prüfungstraining**
Kaufleute im Gesundheitswesen

Wessel
Dreyer
Kirchhübel
Plötzke

Kompaktwissen und Prüfungstraining

Kaufleute im Gesundheitswesen

Merkur
Verlag Rinteln

Wirtschaftswissenschaftliche Bücherei für Schule und Praxis
Begründet von Handelsschul-Direktor Dipl.-Hdl. Friedrich Hutkap †

Verfasser:

Bernhard Wessel, Dipl.-Kfm. Dipl.-Hdl.

Torsten Dreyer, Dipl.-Kfm. Dipl.-Hdl.

Hilke Kirchhübel, Dipl.-Gesundheitslehrerin

Volker Plötzke

*   *   *   *

Bildnachweise:

S. 8:   Christl. Kinderhospital Osnabrück GmbH, Johannisfreiheit 1, 49074 Osnabrück

S. 10: ehemalige Apotheke Rosenhof, Lindenstraße 70, 49152 Bad Essen

1. Auflage 2016

© 2016 by MERKUR VERLAG RINTELN

Gesamtherstellung:

MERKUR VERLAG RINTELN Hutkap GmbH & Co. KG, 31735 Rinteln

E-Mail: info@merkur-verlag.de
          lehrer-service@merkur-verlag.de

Internet: www.merkur-verlag.de

ISBN 978-3-8120-**0626-2**

Inhaltsverzeichnis

A. Sicher zur Abschlussprüfung

1 An wen wendet sich dieses Trainingsbuch?

Das vorliegende Übungs- und Arbeitsbuch ist vorrangig zur Vorbereitung auf die IHK-Abschlussprüfung im Ausbildungsberuf Kaufmann/Kauffrau im Gesundheitswesen konzipiert. Es wendet sich mit seiner Orientierung am AkA-Prüfungskatalog[1] und dem KMK-Rahmenlehrplan[2] zunächst an Prüfungskandidatinnen und -kandidaten im letzten Ausbildungsjahr. Darüber hinaus sind die Arbeitsaufträge ein geeignetes Training für kaufmännische Weiterbildungslehrgänge im Gesundheitswesen wie z. B. dem IHK-Fachwirt im Sozial- und Gesundheitswesen.

2 Wie ist dieses Trainingsbuch konzipiert?

Die nach IHK-Prüfungsbereichen geordneten Kapitel enthalten Aufgaben auf Prüfungsniveau in Form verschiedener üblicher Aufgabentypen. Unliebsame Überraschungsmomente während der Prüfung sind damit so gut wie ausgeschlossen. „Kompaktwissen und Prüfungstraining" ermöglicht eine gezielte Prüfungsvorbereitung mit System zur Festigung des Fachwissens. **Die ganze Prüfung in einem Buch!**

Der Abschnitt **Kompaktwissen** enthält ausschließlich ungebundene Aufgaben für eine freie Lösungsformulierung. Diese Anforderung begegnet den IHK-Prüfungskandidaten im schriftlichen Prüfungsbereich 1.1 mit dem Themenkreis Marketing und Kommunikation. Darüber hinaus ist das Kompaktwissen eine Übungsbasis für die mündliche Prüfung. Daher wird die Thematik um gesundheitsspezifisches Kernwissen erweitert. Den offenen Fragestellungen dieses Abschnitts folgen unmittelbar die Lösungen als zielführende Hilfestellung.

Der Abschnitt **Wissens-Check und Prüfungstraining** entspricht in seiner Gliederung und den Aufgabentypen den schriftlichen IHK-Prüfungsbereichen 1.2, 2. und 3. für den Ausbildungsberuf Kaufmann/Kauffrau im Gesundheitswesen. Das Prüfungstraining erfolgt mit programmierten Aufgaben und Arbeitsaufträgen mit unterstützendem Lösungsraster. Im Lösungsteil werden die Ergebnisse offengelegt. Wo es angebracht ist, werden Lösungshinweise und Entwicklungsschritte angegeben. Damit ist ein Verständnis für die Aufgabenstellung gewährleistet und die Lernenden können ihre Ergebnisse schnell und selbstständig kontrollieren.

---

1 AkA ist die Aufgabenstelle für kaufmännische Abschluss- und Zwischenprüfungen der Industrie- und Handelskammern.

2 KMK-Rahmenlehrplan für den berufsbezogenen Unterricht der Berufsschule von der Ständigen Konferenz der Kultusminister und -senatoren der Länder (KMK).

B. Unsere Gesundheitseinrichtungen

Wir stellen Ihnen unser Modellkrankenhaus für viele Situationsaufgaben in diesem kaufmännischen Trainingsbuch der Gesundheitswirtschaft vor:

Königsberg-Klinik gGmbH
Am Rosenhof 36–40, 31812 Bad Pyrmont

Die Lage am Fuße des Königsbergs im niedersächsischen Staatsbad Pyrmont gab der Klinik den Namen. Die Königsberg-Klinik gGmbH ist eine öffentliche Einrichtung in der Trägerschaft des Landkreises Hameln-Pyrmont. Als Akutkrankenhaus der Regelversorgung mit überörtlichen Versorgungsaufgaben führt sie vier Fachrichtungen mit insgesamt 250 Betten.

Die Königsberg-Klinik gGmbH ist nach dem **trialen Organisationsmodell** strukturiert:

➤ ärztlicher Dienst,
➤ Pflege- und Funktionsdienst,
➤ Verwaltungsdienst.

Die oberste Leitung der gemeinnützigen Gesellschaft mit beschränkter Haftung ist der **Geschäftsführer.** Er wird für die Außendarstellung der Klinik von einem Experten im Referat Öffentlichkeitsarbeit und Marketing unterstützt. Dem Geschäftsführer zugeordnet ist ebenfalls das Referat Qualitäts- und Riskmanagement.

Die Verantwortung für den ärztlichen und medizinisch-technischen Dienst trägt der **Ärztliche Direktor,** und zwar für die Abteilungen Innere Medizin, Chirurgie, Gynäkologie und HNO-Heilkunde, für Labor/Diagnostik und für die Krankenhausapotheke. Die konkrete Leitung der vier Abteilungen und des Labors nehmen fünf Chefärzte wahr. Die Apotheke leitet der Chefapotheker. Dem Ärztlichen Direktor steht fachkompetent das Referat Medizinische Kodierung und Dokumentation zur Seite.

Die Verantwortung für den Pflege- und Funktionsdienst trägt der **Pflegedirektor,** und zwar für die Stationen Innere Medizin, Chirurgie, Gynäkologie und HNO-Heilkunde sowie für die Hauswirtschaft und die Krankenpflegeschule. Die alltägliche Leitung des Pflege- und Funktionsdienstes auf den vier Stationen nehmen die Stationsleiter wahr. Die Pflegekräfte sind zusätzlich an die fachärztlichen Anweisungen gebunden. Hauswirtschaft und Krankenpflegeschule haben jeweils eine eigene Leitung.

Die Verantwortung für den Wirtschafts- und Verwaltungsdienst trägt der **Verwaltungsdirektor.** Ihm sind vier Abteilungsleiter unterstellt: Finanz- und Rechnungswesen, Technik und Bauwesen, Einkauf und Vorrätelogistik sowie Patientenverwaltung und Personal.

Die männlichen Bezeichnungen der Funktionsstellen gelten selbstverständlich auch für weibliche Funktionsträgerinnen.

Das folgende Organigramm visualisiert als grafische Darstellung die

Organisationsstruktur der Königsberg-Klinik gGmbH

Die Seniorenresidenz Rosenhof KG ist der Bezugspunkt für viele Situationsaufgaben zur Pflegewirtschaftslehre. Unser privatwirtschaftlich betriebenes Modellpflegeheim ist wie das Modellkrankenhaus am Königsberg in Bad Pyrmont gelegen.

Seniorenresidenz Rosenhof KG
Am Rosenhof 42, 31812 Bad Pyrmont

Die Seniorenresidenz Rosenhof KG bietet als vollstätionäre Einrichtung der Dauerpflege ein wirksames pflegerisches Leistungsangebot. Es hilft den Pflegebedürftigen ein möglichst selbstständiges und selbstbestimmtes Leben zu führen, das der Würde des Menschen entspricht. Neben der allgemeinen Pflege können Komfortleistungen bei Unterkunft und Verpflegung sowie zusätzliche betreuende Wahlleistungen vereinbart werden. Für die Aufnahme von 62 Heimbewohnern stehen die Häuser Luisenstein und Friedensthal zur Verfügung. Das großzügige Areal am Fuße des Königsbergs vermittelt den Bewohnern eine heimische Atmosphäre.

C. Hinweise zur IHK-Abschlussprüfung

1 Welche Prüfungsbereiche sind in der schriftlichen Prüfung verbindlich?

Am **1. Prüfungstag** werden die Geschäfts- und Leistungsprozesse in Einrichtungen des Gesundheitswesens mit den Aufgabensätzen 1.1 und 1.2 geprüft. Am **2. Prüfungstag** sind der Aufgabensatz 2 „Wirtschafts- und Sozialkunde" sowie der Aufgabensatz 3 „Gesundheitswesen" Gegenstand der Prüfung.

Aufgabensatz 1.1	
Prüfungsbereich	Geschäfts- und Leistungsprozesse in Einrichtungen des Gesundheitswesens.
Prüfungsverfahren	Ungebundene Aufgaben sollen mit einer Zeitvorgabe von 60 Minuten in freier Formulierung beantwortet werden.
Prüfungsinhalte	Situationsaufgaben aus der Betriebspraxis mit den Schwerpunkten Marketing, Kommunikation und Teamarbeit.
Prüfungstraining	Mit dem „Kompaktwissen – Marketing und Kommunikation" dieses Buches können Sie sich optimal für das offene Prüfungsverfahren mit ungebundenen Fragestellungen vorbereiten.

Aufgabensatz 1.2	
Prüfungsbereich	Geschäfts- und Leistungsprozesse in Einrichtungen des Gesundheitswesens.
Prüfungsverfahren	Programmierte Aufgaben und Arbeitsaufträge mit Lösungsraster sollen in einer Zeitvorgabe von 60 Minuten gelöst werden.
Prüfungsinhalte	Mit den Schwerpunkten Geschäftsprozesse, Rechnungswesen, medizinische Dokumentation und Datenschutz, Materialwirtschaft, Leistungsabrechnung.
Prüfungstraining	Mit dem „Wissens-Check – Kapitel 1 Geschäfts- und Leistungsprozesse in Einrichtungen des Gesundheitswesens" dieses Buches können Sie sich optimal vorbereiten.

Aufgabensatz 2	
Prüfungsbereich	Wirtschafts- und Sozialkunde.
Prüfungsverfahren	Programmierte Aufgaben und Arbeitsaufträge mit Lösungsraster sollen in einer Zeitvorgabe von 60 Minuten gelöst werden.
Prüfungsinhalte	Mit den Schwerpunkten wirtschaftliche Zusammenhänge in einer Volkswirtschaft, Unternehmung und Ausbildungsbetrieb, Personalwirtschaft.
Prüfungstraining	Mit dem „Wissens-Check – Kapitel 2 Wirtschafts- und Sozialkunde" dieses Buches können Sie sich optimal vorbereiten.

Aufgabensatz 3	
Prüfungsbereich	Gesundheitswesen
Prüfungsverfahren	Programmierte Aufgaben und Arbeitsaufträge mit Lösungsraster sollen in einer Zeitvorgabe von 90 Minuten gelöst werden.
Prüfungsinhalte	Mit den Schwerpunkten Organisation und Aufgaben des Gesundheits- und Sozialwesens, Finanzierung im Gesundheitsbereich, Qualitätsmanagement im Gesundheitsbereich.
Prüfungstraining	Mit dem „Wissens-Check – Kapitel 3 Organisation und Finanzierung im Gesundheitswesen" und dem „Kompaktwissen – Organisation des Gesundheits-und Sozialwesens" dieses Buches können Sie sich optimal vorbereiten.

Über das vorläufige Ergebnis der schriftlichen Prüfung informiert die Industrie- und Handelskammer die Prüfungsteilnehmer noch vor Beginn der mündlichen Prüfung, dem Prüfungsbereich „Fallbezogenes Fachgespräch". Sind die schriftlichen Leistungen dergestalt, dass der Berufsabschluss gefährdet ist, informiert die IHK über die Möglichkeit einer mündlichen Ergänzungsprüfung.

2 Wann ist eine mündliche Ergänzungsprüfung möglich?

Sind die Prüfungsleistungen in einem oder zwei der drei schriftlichen Prüfungsbereiche mit „mangelhaft" und in den übrigen schriftlichen Prüfungsbereichen mit mindestens „ausreichend" bewertet worden, so ist auf Antrag des Prüflings oder nach Ermessen des Prüfungsausschusses in **einem (!)** der mit „mangelhaft" bewerteten Prüfungsbereiche die schriftliche Prüfung durch eine mündliche Prüfung von etwa 15 Minuten zu ergänzen, **wenn (!)** diese für das Bestehen der Prüfung den Ausschlag geben kann. Der Prüfungsbereich wird vom Prüfling ausgewählt. Bei der Ermittlung des korrigierten Ergebnisses für diesen Prüfungsbereich sind die Ergebnisse der schriftlichen Arbeit und der mündlichen Ergänzungprüfung im Verhältnis 2 : 1 zu gewichten. Die mangelhafte schriftliche Leistung hat dabei also doppeltes Gewicht.

Die mündliche Ergänzungsprüfung findet in aller Regel im zeitlichen Zusammenhang mit der mündlichen Prüfung statt.

3 Wie verläuft die mündliche Prüfung?

Bei der mündlichen Prüfung handelt es sich um den Prüfungsbereich „Fallbezogenes Fachgespräch". Als Ausgangspunkt für das Prüfungsgespräch wählt der Prüfling ein Thema aus zwei Vorschlägen aus. Zur Vorbereitung wird eine angemessene Zeit eingeräumt. Sodann soll der Prüfling in einem max. 20-minütigen Fachgespräch Lösungsansätze für praxisbezogene Aufgaben aus den Schwerpunkten seines Ausbildungsbetriebes darstellen. Der Prüfling soll zeigen, dass er betriebliche Leistungsangebote und Arbeitsabläufe unter wirtschaftlichen, organisatorischen und rechtlichen Vorgaben wiedergeben kann und die betrieblichen Zusammenhänge versteht.

4 Wie wird das Gesamtergebnis ermittelt?

Bei der Ermittlung des Gesamtergebnisses haben die einzelnen Prüfungsbereiche folgendes Gewicht:

1. Prüfungsbereich Geschäfts- und Leistungsprozesse: max. 100 Punkte · 1 = 100 Punkte
2. Prüfungsbereich Wirtschafts- und Sozialkunde max. 100 Punkte · 1 = 100 Punkte
3. Prüfungsbereich Gesundheitswesen max. 100 Punkte · 2 = 200 Punkte
4. Prüfungsbereich Fallbezogenes Fachgespräch max. 100 Punkte · 2 = 200 Punkte

Summe maximal 600 Punkte
Gesamtgebnis : 6 = 100 Punkte

Die IHK-Prüfung als Kaufmann/Kauffrau im Gesundheitswesen ist bestanden,

➤ wenn in keinem Prüfungsbereich die Note „ungenügend" (unter 30 Punkte) erteilt wurde und

➤ wenn in drei der vier Prüfungsbereiche mindestens die Note „ausreichend" (ab 50 Punkte) erteilt wurde und

➤ wenn in der Summe aller Prüfungsbereiche mindestens 300 Punkte erzielt wurden.

Über die bestandene Prüfung erhält der Prüfungsteilnehmer ein IHK-Zeugnis, auf dem die Prüfungsleistungen in jedem Prüfungsbereich und als Gesamtergebnis mit einem Prädikat ausgewiesen werden:

92 bis 100 Punkte: Note 1 – sehr gut
81 bis 91 Punkte: Note 2 – gut
67 bis 80 Punkte: Note 3 – befriedigend
50 bis 66 Punkte: Note 4 – ausreichend
30 bis 49 Punkte: Note 5 – mangelhaft

5 Welche Wiederholungsmöglichkeit gibt es?

Ist die IHK-Prüfung nicht bestanden, kann sie zweimal wiederholt werden. Dazu kann die Ausbildungszeit auf Verlangen des Auszubildenden bis zu einem Jahr verlängert werden.

1 Ungebundene („konventionelle") Aufgaben mit freier Lösungsformulierung

Der Prüfling muss bei diesem Aufgabentyp die Antwort frei formulieren. Der Aufgabensatz 1.1 mit den Themen Marketing, Kommunikation und Teamarbeit enthält ausschließlich ungebundene Aufgaben. In den weiteren IHK-Aufgabensätzen wird dieser Aufgabentyp nicht mehr verwendet.

Bei ungebundenen, offenen Fragestellungen müssen die Prüflinge nach eigenem Ermessen antworten. Dabei sind die Vorgaben innerhalb der Frage genau zu beachten.

Beispiel 1:

Die Kundenzufriedenheit besitzt einen hohen Stellenwert in Einrichtungen des Gesundheitswesens. Die **Marktforschung** stellt Instrumente zur Verfügung, mit denen sich die Kundenzufriedenheit messen lässt.

Nennen Sie geeignete Maßnahmen!

Lösung 1:

➤ Ausgabe von Fragebogen im Rahmen des Entlassungsmanagements
➤ Auswertung von Informationen des Beschwerdemanagements
➤ Interviews mit Patienten und deren Angehörige
➤ Befragung von Mitarbeitern

Anforderung 1:

Die Aufgabenformulierung „nennen" erfordert lediglich eine Aufzählung in Stichworten.

Beispiel 2:

Zur Informationsgewinnung für eine Projektstudie bedient man sich der Beobachtung und der Befragung.

Erläutern Sie diese beiden Instrumente der Marktforschung!

Lösung 2:

Bei der **Beobachtung** werden bestimmte Sachverhalte oder Verhaltensweisen von Personen im Augenblick der Entstehung systematisch festgehalten. Nachteilig ist, dass subjektive Einflüsse des Beobachtenden in die Untersuchung einfließen können.

Bei einer **Befragung** geben ausgewählte Personen zu vorgegebenen Sachverhalten Auskunft. Sie kann in vielfältiger Form, nämlich schriftlich, mündlich, telefonisch oder online über die Homepage erfolgen. Alle Formen der Befragung sind mit gewissen Risiken behaftet, die es abzuwägen gilt.

Anforderung 2:

Die Aufgabenformulierung „erläutern" erfordert eine weitergehende Darlegung, möglichst in vollständigen Sätzen.

2 Programmierte Aufgaben mit vorgegebenen Lösungen

➤ Mehrfachwahlaufgaben bzw. Multiple-Choice-Aufgaben

Die richtige Antwort ist aus mehreren vorgegebenen Antworten auszuwählen, indem die zugehörige Kennziffer in das Lösungskästchen eingetragen wird.

Beispiel:

Worüber gibt das Organigramm einer Gesundheitseinrichtung Auskunft?

1. Ablaufprozesse in der Verwaltung und auf den Stationen.
2. Abfolge von Behandlungsvorgängen im Pflegebereich.
3. Räumliche Anordnung der Arbeitsplätze.
4. Organisation von „Tagen der offenen Tür".
5. Struktur der Aufbauorganisation einer Gesundheitseinrichtung.

Tragen Sie die zutreffende Kennziffer in das Lösungskästchen ein! ➡ ☐

Lösung:

5.

➤ Mehrfachantwortaufgaben

Mehrere richtige Antworten sind aus mehreren vorgegebenen Antworten auszuwählen, indem die zugehörigen Kennziffern in die Lösungskästchen eingetragen werden.

Beispiel:

Entscheiden Sie, welche 3 Bilanzgleichungen als die rechnerische Gleichheit von Aktiva und Passiva korrekt dargestellt sind!

1. Vermögen = Eigenkapital
2. Eigenkapital = Anlagevermögen
3. Eigenkapital + Fremdkapital = Vermögen
4. Fremdkapital = Umlaufvermögen
5. Vermögen − Fremdkapital = Eigenkapital
6. Anlagevermögen + Umlaufvermögen = Eigenkapital + Fremdkapital

---

Tragen Sie die zutreffenden Kennziffern in die Lösungskästchen ein! ➡ ☐ ☐ ☐

Lösung:

3. | **5.** | **6.**

➤ Zuordnungsaufgaben

Zusammengehöriges muss herausgefunden und einander zugeordnet werden.

Beispiel:

Ein Krankenhaus muss diverse Gebühren, Beiträge, Abgaben und Steuern an verschiedene Stellen abführen. Stellen Sie fest, an welche Institutionen die Klinikleitung die verschiedenen Entgelte abführen muss! Ordnen Sie zu, indem Sie die Kennziffer der jeweils zutreffenden Institution in das Lösungskästchen neben den Entgelten eintragen.

Institution:

1. gesetzliche Krankenkasse
2. Berufsgenossenschaft
3. Finanzamt
4. Kommunalverwaltung
5. Bundesagentur für Arbeit
6. Deutsche Rentenversicherung

Lösung:

a) **3.** | b) **2.** | c) **1.** | d) **1.**

Entgelte:

a) Umsatzsteuerzahllast ➡ ☐

b) Beiträge zur gesetzlichen Unfallversicherung ➡ ☐

c) Beiträge zur Arbeitslosenversicherung ➡ ☐

d) Beiträge zur Rentenversicherung ➡ ☐

➤ Reihenfolgeaufgaben

Ungeordnete Bestandteile eines Sachverhaltes müssen in die korrekte Reihenfolge gebracht werden, indem Ziffern der Reihenfolge entsprechend in die Lösungskästchen eingetragen werden.

Beispiel:

Bringen Sie die folgenden Verfahrensschritte zur Erbringung von ambulanten Pflegeleistungen in die richtige Reihenfolge, indem Sie die Ziffern 1 bis 4 in die Lösungskästchen neben den einzelnen Verfahrensschritten eintragen.

a) Der Pflegebedürftige schließt auf der Grundlage seines Leistungsanspruchs einen schriftlichen Pflegevertrag mit einem zugelassenen ambulanten Pflegedienst seiner Wahl ab. ➡ ☐

b) Mit dem vollständig ausgefüllten Leistungsnachweis rechnet der Pflegedienst monatlich direkt mit der Pflegekasse ab. ➡ ☐

c) Der Pflegedienst zeichnet die erbrachten Pflegeleistungen in einem Leistungsnachweis auf. Der Pflegebedürftige oder eine bevollmächtigte Person bestätigen die Leistungen. ➡ ☐

d) Der Pflegedienst erbringt seine vertraglichen Pflegeleistungen gemäß der Qualitätsverantwortung nach § 112 SGB XI. ➡ ☐

Lösung:

a) **1.** | b) **4.** | c) **3.** | d) **2.**

3 Arbeitsaufträge mit vorgegebenem Lösungsraster

➤ Offen-Antwort-Aufgabe

Es ist ein Ergebnis zu ermitteln und entsprechend den Vorgaben in ein Lösungsraster einzutragen. Bewertet wird nur das Ergebnis, nicht der Lösungsweg. Dieser Aufgabentyp ist häufig eine Rechenaufgabe.

Beispiel:

Die Abteilung Innere Medizin hat 120 Betten. Es wurden im vergangenen Jahr (kein Schaltjahr) an 3.960 Patienten insgesamt 40.296 Behandlungstage erbracht.

Ermitteln Sie den Bettenauslastungsgrad! ➡ ☐☐ %

Lösung:
92 %

Offen-Antwort-Aufgaben können auch als zusammenhängende Aufgaben mit mehreren Zwischenlösungen vorkommen. Eine falsche Zwischenlösung führt hier aber nicht zwangsläufig zu weiteren falsch gewerteten Ergebnissen, wenn der richtige Rechenweg eingehalten wird.

➤ Kontierungsaufgaben (Buchführung)

Beispiel 1, bei dem die Kennziffern der Konten einzutragen sind:

Als Mitarbeiter/in im Krankenhaus-Rechnungswesen ist es Ihre Aufgabe, die Eingangsrechnung über den Kauf eines Langzeit-EKG-Gerätes zu buchen. Dabei stehen Ihnen folgende Konten zur Verfügung:

1. Einrichtungen und Ausstattungen (070)
2. Gebrauchsgüter (076)
3. Guthaben bei Kreditinstituten (135)
4. Verbindlichkeiten aus Lieferungen und Leistungen (32)
5. Umsatzsteuer (3776)
6. Medizinischer Bedarf (66)

Kontieren Sie die Eingangsrechnung, indem Sie die Kennziffern der verwendeten Konten in die Lösungskästchen eintragen! ➡ ☐ an ☐

Lösung:
1. an **4.**

Beispiel 2, bei dem die Kontonummern aufgrund von Belegen oder Geschäftsfällen einzutragen sind:

Ein Selbstzahler begleicht eine offene Krankenhausrechnung per Banküberweisung.

Kontieren Sie den Vorgang mithilfe des KHBV-Kontenplans! ➡ ☐☐☐ an ☐☐☐

Lösung:
135 an 121

2 Wessel u.a. - ISBN 978-3-8120-0626-2

1 Marketing und Kommunikation

1.1 Marketing im Gesundheitswesen

1. Die Kundenzufriedenheit besitzt einen hohen Stellenwert in Einrichtungen des Gesundheitswesens. Die **Marktforschung** stellt Instrumente zur Verfügung, mit denen sich die Kundenzufriedenheit messen lässt.

Nennen Sie geeignete Maßnahmen!

➤ Ausgabe von Fragebogen im Rahmen des Entlassungsmanagements.

➤ Auswertung von Informationen des Beschwerdemanagements, um Problembereiche der Einrichtung zu identifizieren.

➤ Interviews mit Patienten und deren Angehörige.

➤ Befragung von Mitarbeitern.

2. Stellen Sie die Datenerhebungsverfahren **Sekundärforschung** und **Primärforschung** vergleichend dar!

Die Marktforschung beginnt bei ihrer Informationsgewinnung mit der Sichtung und Auswertung von vorhandenen Daten, seien es unternehmensinterne (z. B. Patientendateien) oder unternehmensexterne Quellen (z. B. Fachzeitschriften, Studien von Krankenkassen). Die **Primärforschung** gewinnt ihre Informationen direkt am Entstehungsort (z. B. über die Klienten). Häufige Methoden der Primärforschung sind die **Beobachtung** und die **Befragung**. Die **Sekundärforschung** (Schreibtischforschung) ist im Vergleich zur Erhebung von Primärdaten schneller und kostengünstiger.

3. Die Auszubildenden der Königsberg-Klinik gGmbH in Bad Pyrmont erstellen eine Projektstudie über die Akzeptanz eines neuen Wegleitsystems bei Besuchern und Patienten. Zur Informationsgewinnung bedienen sie sich der **Beobachtung** und der **Befragung**.

Erläutern Sie diese beiden Instrumente der Marktforschung!

Bei der **Beobachtung** werden bestimmte Sachverhalte oder Verhalten von Personen im Augenblick der Entstehung systematisch festgehalten. Nachteilig ist, dass subjektive Einflüsse des Beobachtenden in die Untersuchung einfließen können.

Bei einer **Befragung** geben ausgewählte Personen zu vorgegebenen Sachverhalten Auskunft. Sie kann in vielfältiger Form, nämlich schriftlich, mündlich, telefonisch oder online über die Homepage erfolgen. Alle Formen der Befragung sind mit gewissen Risiken behaftet, die es abzuwägen gilt. Bei schriftlichen Befragungen ist die Rücklaufquote von Bedeutung und der Umstand, dass es nicht immer kontrollierbar ist, ob die Zielperson den Fragebogen ausfüllt. Die mündliche Befragung durch Interviewer ist aufwendiger. Das Ergebnis kann durch den Interviewer und die Interviewumgebung beeinflusst werden. Gleiches gilt für telefonische Interviews. Die Onlinebefragung ist mit geringem Aufwand verbunden. Ob jedoch die Zielgruppe tatsächlich erfasst wird, ist nicht kontrollierbar.

4. Das Projektteam Marketing der Königsberg-Klinik gGmbH hat sich zur Informationsgewinnung für eine **schriftliche Befragung** zum Thema Wegleitsystem entschieden. Die Fragebogen sollen mit einem erheblichen Arbeitsaufwand persönlich an Besucher und Patienten übergeben werden mit Hinweis auf den Zweck der Befragung und die Möglichkeiten der Rückgabe.

Warum werden die Fragebogen mit einer persönlichen Ansprache an die Zielpersonen übergeben?

Bei einer schriftlichen Befragung stellt die **Rücklaufquote** immer ein kaum kalkulierbares Risiko dar. Mit der persönlichen Ansprache will man eine sehr hohe Rücklaufquote erreichen. Damit steigt der Aussagewert einer schriftlichen Befragung.

5. Zur weiteren Vorgehensweise diskutiert das Projektteam Marketing, ob es günstiger ist, eine **Vollerhebung** an einem Tag durchzuführen oder eher **Stichproben** über eine ganze Woche zu verteilen.

Grenzen Sie die Alternativen Vollerhebung und Stichprobe voneinander ab!

Bei einer **Vollerhebung** wird die Gesamtheit der Zielpersonen erfasst, um eine maximale Genauigkeit der erhobenen Daten zu erreichen. Bei einer **Teilerhebung** wird nur eine **Stichprobe** aus der Gesamtheit der Zielpersonen befragt. Wissenschaftlich fundiert muss die Stichprobe repräsentativ sein, also in ihrer Zusammensetzung der Gesamtheit entsprechen. Ein Projektteam von Auszubildenden wird sich aber mit einer nicht repräsentativen Auswahl aufs Geratewohl bescheiden müssen, weil die wissenschaftlichen Kenntnisse fehlen.

6. Sie befinden sich zur Ausbildung in der Abteilung Öffentlichkeitsarbeit/Marketing der Königsberg-Klinik gGmbH in Bad Pyrmont und sollen sich an einer **Fragebogengestaltung** zur Feststellung der Kundenzufriedenheit beteiligen.

Welche zielführenden Inhalte sollten abgefragt werden?

- Demografische Daten der befragten Personen wie Alter, Geschlecht, Wohnort.
- Anlass für die Inanspruchnahme der Versorgung.
- Kriterien für die Auswahl der Einrichtung (Einweisung, Notfall, Empfehlung, eigene Kenntnisse).
- Art der in Anspruch genommenen Leistungen und Verweildauer.
- Zufriedenheit mit medizinischem Personal, Pflegepersonal, Verwaltung.
- Zufriedenheit mit der Umgebung (Unterbringung, Verpflegung, Wahlangebote).
- Wünsche, Vorschläge, Beschwerden.

7. Wie sollte ein **Fragebogen** grundsätzlich aufgebaut sein?

Die Gestaltung eines Fragebogens muss das **Corporate Design** der Einrichtung wiedergeben. Die Formulierung der Fragen muss kurz und konkret sein und sich auf einen Sachverhalt beschränken. Nicht zulässig sind **Suggestivfragen,** die auf eine erwartete Antwort bereits hinsteuern.

Beispiel: *„Sind Sie auch der Meinung, dass Raucherbereiche im Krankenhaus nicht mehr zeitgemäß sind?"*

Einleitend sollten der **Zweck der Befragung** und ggf. ein Nutzen für den Befragten dargelegt werden. Sogenannte **Eisbrecherfragen** werden zu Beginn gestellt. Sie sind unverfänglich, sollen Interesse wecken und Vertrauen aufbauen.

Beispiel: *„Wellness-Hotels kommen immer mehr in Mode. Haben Sie auch schon davon gehört?"* Fragen mit Angaben zur Person stehen am Schluss eines Fragebogens, wenn die Befragten Vertrauen gefasst haben.

8. Bei der Fragenbogengestaltung kann man verschiedene **Fragetypen** konstruieren, die die Antwortmöglichkeiten des Befragten steuern.

Welche **3 Fragetypen** nach dem Merkmal der Antwortmöglichkeit unterscheidet man?

Erläutern Sie den jeweiligen Fragetyp!

Es können offene Fragen, geschlossene Fragen und halb offene Fragen gestellt werden.

➤ Bei **offenen Fragen** ist die Antwortmöglichkeit der Befragten völlig frei. Die Frage wird i.d.R. als vollständiger Satz formuliert. Die Auswertung dieser Antworten ist schwierig, weil jede befragte Person andere Formulierungen wählen kann. Damit ist die Vergleichbarkeit der Antworten ohne Weiteres nicht möglich.

Beispiel: *„Wie zufrieden waren Sie mit der Versorgung durch das Pflegepersonal?"*

➤ Bei **geschlossenen Fragen** werden die Antwortmöglichkeiten der Befragten vorgegeben. Daher kann die Auswertung einfach und eindeutig vorgenommen werden. Geschlossene Fragen können verschiedenartig formuliert werden, wie z.B. die sogenannten Multiple-Choice-Fragen mit vorgegebenen Antwortmöglichkeiten.

➤ Bei **halb offenen Fragen** kombiniert man geschlossene Fragen mit einer abschließenden offenen Frage. Falls die geschlossene Frage das Meinungsspektrum des Befragten unvollständig abdeckt, kann der Befragte eine eigene Formulierung ergänzen.

Beispiel: *„Warum haben Sie gerade unsere Kureinrichtung ausgewählt?"*

○ Vorgabe der Krankenkasse

○ Empfehlung des Hausarztes

○ eigene Internet-Recherche

○ Empfehlung von Bekannten/Verwandten

○ anderer Grund, und zwar: _____

9. Erläutern Sie beispielhaft die verschiedenen **Arten von geschlossenen Fragen** bei der Formulierung eines Fragebogens!

➤ Bei **Alternativfragen** kann der Befragte nur mit *„Ja"* oder *„Nein"* antworten. Eventuell kann die neutrale Antwort *„Weiß ich nicht."* zugelassen werden.

Beispiel: *„War Ihr Angehöriger mit der Versorgung durch das Pflegepersonal zufrieden?"*

○ Ja   ○ Nein   ○ Weiß ich nicht

➤ Bei **Multiple-Choice-Fragen** (Fragen mit Mehrfachauswahl) kann der Befragte aus einer vorgegebenen Auswahl eine oder je nach Fragestellung auch mehrere Antwortmöglichkeiten ankreuzen.

Beispiel: *„Welche Wahlleistungen haben Sie in Anspruch genommen?"*

○ Zweibettzimmer

○ Einzelzimmer

○ Telefon-/Internetanschluss

○ Fernsehprogramm

➤ Bei **Skalafragen** kann der Befragte einen Sachverhalt bewerten, indem er aus einer vorgegebenen Skala auswählt. Das können Schulnoten sein oder eine Punkteverteilung von 1 bis 10. Eine weitere Möglichkeit sind abgestufte Formulierungen wie: *„trifft voll zu", „trifft teilweise zu", „trifft überhaupt nicht zu".*

Beispiel: *„Wie zufrieden waren Sie mit der Versorgung durch das Pflegepersonal?"*

Vergeben Sie dazu eine Schulnote von 1 bis 6!

10. Die Hotelleitung des Spa- und Wellnesshotels Westerland möchte die werbliche Darstellung des Hauses grundsätzlich überarbeiten. Dabei will man das gesamte **Marketinginstrumentarium** ausschöpfen.

Auf welchen Marketinggebieten kann die Hotelleitung aktiv werden?

Im Allgemeinen wird das **Marketinginstrumentarium** in vier Bereiche unterteilt:

➤ Produkt- und Leistungspolitik

Die Produkt- und Leistungspolitik umfasst als Angebotspolitik alles, was das Unternehmen dem Kunden zu bieten hat: Waren und Service, Dienstleistungen, Räumlichkeiten, Wohlfühlambiente. Die Angebote verschaffen dem Kunden einen Grundnutzen (z. B. Unterkunft) und einen Zusatznutzen (z. B. Ausstattung der Unterkunft mit Designermöbeln). Im Wettbewerb entscheidend ist der Zusatznutzen, worin sich der Anbieter positiv von den Wettbewerbern abhebt.

➤ Kontrahierungspolitik

Die Kontrahierungspolitik ist die Preis- und Konditionenpolitik des Unternehmens. Eine marktgerechte Gestaltung soll zum Vertragsabschluss mit den Kunden entscheidend beitragen. Neben dem Grundpreis geht es differenziert um Rabatte, Zahlungsziele und Zahlungskonditionen. Die Basis der Preispolitik ist die kostenorientierte Preispolitik; d. h. mindestens die Selbstkosten müssen über die Erlöse erwirtschaftet werden.

➤ Kommunikationspolitik

Die Kommunikationspolitik umfasst alle Maßnahmen des Unternehmens, die Produkte und Leistungen bei potenziellen Kunden bekannt zu machen und ein positives Image aufzubauen, das letztlich in eine Kaufhandlung mündet. Tätigkeitsgebiete der Kommunikationspolitik sind die klassische Absatzwerbung, die Verkaufsförderung, die Öffentlichkeitsarbeit (Public Relations) und neuere Formen wie Sponsoring und Eventmarketing.

➤ Distributionspolitik

Die Distributionspolitik ist die Vertriebspolitik des Unternehmens. Bei ortsgebundenen Dienstleistungen wie denen eines Hotelbetriebs muss der Kunde den Betrieb aufsuchen. Eine zügige Verkehrsanbindung mit unterschiedlichen Verkehrsmitteln (Auto, Bahn, Bus, Flug, Schiff) und eine ausgebaute Infrastruktur der Umgebung sind Pluspunkte für die Erreichbarkeit des Hotels. Mit eigenen Transferleistungen zum Hotel und zurück zu den Verkehrsanbindungen kann das Unternehmen die Erreichbarkeit steigern.

11. In einem **Marketingmix** sollen die werblichen Aktivitäten des Spa- und Wellnesshotels Westerland zusammengeführt werden.

Was versteht man unter einem Marketingmix?

Unter einem **Marketingmix** versteht man die individuelle Art und Weise, wie ein Unternehmen das Marketinginstrumentarium einsetzt. Die jeweilige Kombination verschiedener Maßnahmen erwächst zu einem wirkungsvollen Konzept.

12. Das Marketingkonzept des Spa- und Wellnesshotels Westerland sieht vor, außergewöhnliche Leistungen im gehobenen Segment auch mit einer angemessenen **Preispolitik** zu kombinieren.

Legen Sie dar, welche 2 Preisstrategien es bei Markteinführungen grundsätzlich gibt.

Entscheiden Sie anschließend, welche Preisstrategie für die Einführung neuer Leistungen in diesem Fall geeignet ist!

Bei der Markteinführung neuer Angebote bieten sich grundsätzlich zwei Möglichkeiten der **Preisstrategie** an:

➤ Die **Skimmingstrategie** (Abschöpfungsstrategie) ist eine Sonderform der **Hochpreisstrategie**. Sie setzt einen hohen Einführungspreis, der mit der Exklusivität der Leistung einhergehen muss. Zur Anwerbung weiterer Kundengruppen wird im Zeitablauf der Preis stufenweise gesenkt.

➤ Die **Penetrationspreispolitik** (Durchdringungsstrategie) ist eine Sonderform der **Niedrigpreisstrategie**. Sie versucht mit kurzfristig niedrigen Preisen für Massenprodukte möglichst schnell einen hohen Marktanteil zu erobern. Ist das Produkt erst einmal im Markt bekannt und von Kunden akzeptiert, wird der Preis im Zeitablauf stufenweise angehoben.

Im vorliegenden Fall sind die Formen der Hochpreisstrategie zu wählen, die dem gehobenen Niveau der Leistungen entsprechen.

13. Zur systematischen Umsetzung der Kommunikationspolitik soll ein **Mediaplan** aufgestellt werden. Erläutern Sie den Mediaplan als Instrument einer Werbekampagne!

Der **Mediaplan** ist eine tabellarische Aufstellung aller Aktivitäten einer **Werbekampagne**. Die vorgesehenen **Werbeträger** (z. B. Hörfunk, Anzeigenblätter, Flyer, Kinowerbung) werden mit dem vorgesehenen Verbreitungsgebiet, dem zeitlichen Einsatz und den Werbekosten aufgelistet. Ziel der Planung ist es, eine hohe **Reichweite der Werbebotschaft** (bewusste Wahrnehmung durch die Zielgruppe) bei geringem **Streuverlust** (Werbung verfehlt die Zielgruppe) zu erreichen. Die Grenzen einer Werbekampagne ergeben sich durch den zur Verfügung stehenden Werbeetat bzw. das **Werbebudget**.

Werbeträger	Werbemittel	Streukreis/ Zielgruppe	Streugebiet	Streuzeit	Werbekosten
Radio Top 1	Funkspot	20–30-Jährige	Hamburg	September	190,00 EUR je Spot
Alster-Kinokette	Imagefilm	20–30-Jährige	Hamburg	September	880,00 EUR je Kino

14.

Ganz sicherlich haben Sie schon häufig die Belehrung gehört: *„Zu Risiken und Nebenwirkungen fragen Sie Ihren Arzt oder Apotheker."*
Als originelle Werbeeinlage kann man diesen Spruch wirklich nicht bezeichnen. Was bewegt die Werbewirtschaft, diesen Wortlaut ständig zu wiederholen?

Die Werbung für Arzneimittel, Heilverfahren und Medizinprodukte unterliegt einem besonderen Gesetz, dem **Gesetz über die Werbung auf dem Gebiete des Heilwesens (Heilmittelwerbegesetz – HWG)**. Das besagt, dass die Belehrung des Laienpublikums zu Risiken und Nebenwirkungen bei Arzneimitteln gesetzliche Pflicht ist.

Hinweis

§ 4 HWG (Auszug)

(3) Bei einer Werbung außerhalb der Fachkreise ist der Text „Zu Risiken und Nebenwirkungen lesen Sie die Packungsbeilage und fragen Sie Ihren Arzt oder Apotheker" gut lesbar und von den übrigen Werbeaussagen deutlich abgesetzt und abgegrenzt anzugeben.

(5) Nach einer Werbung in audiovisuellen Medien ist der nach Absatz 3 Satz 1 (…) vorgeschriebene Text einzublenden, der im Fernsehen vor neutralem Hintergrund gut lesbar wiederzugeben und gleichzeitig zu sprechen ist.

15.

Die Werbung für Arzneimittel ist im Heilmittelwerbegesetz mit einer Reihe von Verboten belegt.

Nennen Sie wesentliche Verbote!

➤ Verbotene **irreführende Werbung** liegt vor,
  – wenn therapeutische Wirkungen vorgegaukelt werden, die wissenschaftlich nicht bewiesen sind,
  – wenn fälschlich der Eindruck erweckt wird, dass ein Erfolg mit Sicherheit eintreten wird,
  – wenn fälschlich der Eindruck erweckt wird, dass schädliche Nebenwirkungen nicht eintreten können.

➤ *„Angstwerbung"* und Werbung mit abstoßenden Darstellungen sind verboten.

➤ Werbung für verschreibungspflichtige Arzneimittel beim Laienpublikum (außerhalb der Fachkreise) ist verboten.

➤ Für *„Schönheitsoperationen"* darf nicht mit vergleichender Darstellung des Aussehens vor und nach dem Eingriff geworben werden.

Hinweis

§ 3 HWG (Auszug)

Unzulässig ist eine irreführende Werbung. Eine Irreführung liegt insbesondere dann vor,

1. wenn Arzneimitteln, Medizinprodukten, Verfahren, Behandlungen, Gegenständen oder anderen Mitteln eine therapeutische Wirksamkeit oder Wirkungen beigelegt werden, die sie nicht haben,

2. wenn fälschlich der Eindruck erweckt wird, dass
   a) ein Erfolg mit Sicherheit erwartet werden kann,
   b) bei bestimmungsgemäßem oder längerem Gebrauch keine schädlichen Wirkungen eintreten.

§ 4 a HWG (Auszug)

Unzulässig ist es, außerhalb der Fachkreise für die im Rahmen der vertragsärztlichen Versorgung bestehende Verordnungsfähigkeit eines Arzneimittels zu werben.

§ 11 HWG (Auszug)

Außerhalb der Fachkreise darf für Arzneimittel, Verfahren, Behandlungen (…) nicht geworben werden mit einer bildlichen Darstellung, die in missbräuchlicher, abstoßender oder irreführender Weise Veränderungen des menschlichen Körpers auf Grund von Krankheiten oder Schädigungen oder die Wirkung eines Arzneimittels im menschlichen Körper oder in Körperteilen verwendet.

---

16. Zur Eröffnung eines neuen Bettenhauses nimmt die Königsberg-Klinik gGmbH die Gelegenheit wahr, sich der Öffentlichkeit mit einem *„Tag der offenen Tür"* näher vorzustellen. Erläutern Sie diese Maßnahme der Kommunikationspolitik!

Ein **„Tag der offenen Tür"** ist ein Instrument der Kommunikationspolitik im Rahmen der **Öffentlichkeitsarbeit (Public Relations)**. Man spricht auch kurz von PR-Maßnahmen, mit denen das Krankenhaus um Vertrauen wirbt und der Bevölkerung ein positives Image vermitteln will. Da Medienwerbung gesetzlich stark eingeschränkt ist (siehe HWG), sind PR-Maßnahmen eine ganz wichtige Stütze der Kommunikationspolitik.

Ein *„Tag der offenen Tür"* ist immer eine Gesamtleistung des Krankenhauses. Daher trägt dieser Tag ebenso nach innen zur Identitätsbildung der Belegschaft bei. Ein Slogan des Tages mit Bedeutung nach außen und innen könnte lauten: *„Kompetenz in Gesundheit hat einen Namen: Königsberg-Klinik Bad Pyrmont!"*

---

17. Für den **„Tag der offenen Tür"** in der Königsberg-Klinik gGmbH in Bad Pyrmont erhalten Sie den Auftrag, einen Aktivitätenplan aufzustellen, der die Zielgruppen erreicht und für das Klinikum förderlich wirkt.

Bestimmen Sie die Zielgruppen für einen *„Tag der offenen Tür"*!

Zur **Zielgruppenbestimmung** ist Folgendes festzustellen: Der *„Tag der offenen Tür"* ist u.a. eine Begegnungsplattform für Ehemalige, seien es Mitarbeiter oder Patienten. Gleiches gilt auch für gegenwärtige Mitarbeiter und Patienten sowie deren Angehörige. Die Wohnbevölkerung der näheren Umgebung gehört ebenfalls zur Zielgruppe, weil man sich als guter Nachbar verstanden wissen will. Über die Regionalpresse ist im Grunde die gesamte hiesige Bevölkerung angesprochen, denn Krankenhauspatient kann jeder werden. Aus persönlicher Betroffenheit heraus wird sich allerdings die ältere Bevölkerung eher angesprochen fühlen.

---

18. Welche vorbereitenden PR-Maßnahmen treffen Sie zum *„Tag der offenen Tür"*?

Maßnahmen im Vorfeld des PR-Tages sind Pressemitteilungen, Extra-Webseiten auf der Homepage und die Herstellung einer Sonderausgabe der Hauszeitschrift oder ein vergleichbares Printprodukt für jeden erwarteten Besucher. Bereits mehrere Wochen vorher hängen Plakate in den Besucherzonen und laden zum Tag der offenen Tür ein.

19. Welche PR-Maßnahmen planen Sie am *„Tag der offenen Tür"*?

Maßnahmen am PR-Tag sind:

➤ Führungen durch die neuen Räumlichkeiten mit Betonung der Ausstattungsmerkmale.

➤ Es gibt Gelegenheit, eine medizintechnische Einrichtung, z. B. den Kernspintomograph zu besichtigen.

➤ Krankenhausärzte halten zu den Schwerpunkten der Krankenhausmedizin Fachvorträge für ein Laienpublikum.

➤ Im Krankenhauskanal laufen Livesendungen.

➤ In der Empfangshalle informieren Stellwände über die Abteilungen des Hauses mit namentlichen Fotos der Funktionsträger.

➤ Informationsstände von externen Kooperationspartnern wie gesetzlichen Krankenkassen oder gemeinnützigen Verbänden (z. B. Deutsches Rotes Kreuz, Malteser Hilfsdienst) ergänzen das eigene Angebot.

➤ Nicht zuletzt gibt es ein Spielzimmer mit Kinderanimation.

20. Welchen Erfolg versprechen Sie sich vom *„Tag der offenen Tür"*?

Als anzustrebende **Zielsetzung der Öffentlichkeitsarbeit** soll das Krankenhaus als kompetente und sozial verantwortungsvolle Einrichtung wahrgenommen werden. Die Kompetenz ergibt sich aus den angebotenen Fachvorträgen und der Besichtigung von Medizintechnik. Der öffentliche Tag demonstriert Bürgernähe und freundliche Offenheit, sodass Zuversicht in die Einrichtung entsteht. Diese positiven Wahrnehmungen sollen der Königsberg-Klinik einen Vertrauensvorschuss im Wettbewerb zu anderen Krankenhäusern verschaffen.

21. Zum Marketing eines Krankenhauses gehört ganz selbstverständlich die **Klinik-Website.**

Ordnen Sie die Klinik-Website ein in das Instrumentarium eines Marketingmix!

Die **Klinik-Website** ist ein Instrument der **Public Relations** im Rahmen der Kommunikationspolitik.

22. Einrichtungen im Gesundheitswesen achten immer mehr darauf, dass ihre Website einen gewinnenden Eindruck vermittelt.

Begründen Sie dieses PR-Bemühen!

Die Onlinepräsenz der Bevölkerung ist so weit verbreitet, dass praktisch alle Zielgruppen über Internet verfügen. Eine schlecht aufgemachte **Website** kann daher in der Meinungsbildung auf die angenommene medizinische Kompetenz und Qualität der Versorgung abfärben. Umgekehrt fördert eine ansprechende Website das Ansehen der Einrichtung.

23. Welche **Zielgruppen** sollen von einer Klinik-Website angesprochen werden?

Begründen Sie Ihre Entscheidung!

> **Potenzielle Patienten** (also Kunden), die sich bei planbaren Eingriffen über Krankenhäuser informieren.

> **Einweisende Ärzte,** die für ihre Patienten gut aufgestellte medizinische Fachrichtungen suchen.

> **Arbeit suchende Fachkräfte**, die nach einem persönlich geeigneten Arbeitsplatz recherchieren.

> **Studierende des Gesundheitsbereichs,** die einen Praktikumsplatz suchen.

> **Schulabgänger,** die einen Ausbildungsplatz suchen.

24. Welche Kriterien zeichnen eine **patientenorientierte Klinik-Website** aus?

> **Freundliches Design,** damit keine potenziellen Ängste aufkommen.

> **Bedienerfreundlichkeit,** insbesondere eine intuitive, sich selbst erklärende Menüführung.

> **Leistungsinformationen** in laienverständlicher Sprache, ggf. mit Grafikunterstützung.

> Darstellung der **organisatorischen Struktur** der Einrichtung mit den zuständigen leitenden Personen.

> Optimierung für **mobile Endgeräte**.

> Einbeziehung von **Social-Web-Funktionen**.

1.2 Information, Kommunikation und Kooperation

 25. Die Auszubildenden der Königsberg-Klinik gGmbH in Bad Pyrmont erhalten den Auftrag, eine Projektstudie über die Akzeptanz eines neuen Wegleitsystems bei Besuchern und Patienten zu erstellen. Sie erhalten den Auftrag, zur ersten **Teamsitzung** einzuladen.

Welche Vorbereitungen treffen Sie?

> Termin der Besprechung mit Teilnehmern abstimmen und bestmöglich festlegen.

> Thematik formulieren und Tagesordnung aufstellen.

> Geeignetes Informationsmaterial beschaffen.

> Besprechungsraum reservieren.

> Ausstattung festlegen (z.B. Sitzplatzordnung, Beamer, Getränke).

> Einladung mit Tagesordnung an die Teilnehmer und zur Kenntnis an den Ausbilder verschicken.

> Tagesordnung der Besprechung mit geplantem Zeitrahmen versehen.

26. Die Auszubildenden der Königsberg-Klinik gGmbH in Bad Pyrmont treffen sich zur ersten **Teambesprechung** für eine Projektstudie zum neuen Wegleitsystem. Sie erhalten den Auftrag, die Besprechung zu leiten.

Welche Maßnahmen treffen Sie als Sitzungsleiter?

- Begrüßung der Teilnehmer und kurze thematische Einführung zum Zweck der Teamsitzung.
- Protokollant bestimmen.
- Art des Protokolls festlegen (Verlaufsprotokoll oder Ergebnisprotokoll).
- Gesprächsregeln festlegen und erläutern:
  - freie Meinungsäußerung
  - ausreden lassen und zuhören
  - respektvoller Umgang miteinander
  - keine übermäßigen Redeanteile eines Einzelnen.
- Rederecht zuteilen.
- Zwischenergebnisse und Ergebnisse zusammenfassen.
- Besprechungsraum aufgeräumt verlassen.

 27. **Werbebotschaften,** die mit Werbemitteln (z. B. Anzeige, Spot, Plakat, Internetbanner) an die Zielgruppe (Streukreis) herangetragen werden, müssen eine hohe Aufmerksamkeit erzielen und leicht einprägsam sein. Angesichts einer täglichen Werbeflut ist schon ein gehöriges Maß an Kreativität erforderlich, um aus der Masse herauszuragen. Zur Ideenfindung von überzeugenden Werbebotschaften soll eine Arbeitsgruppe kreative Vorschläge formulieren. Als Einstiegshilfe eignen sich bekannte **Kreativitätstechniken** wie Brainstorming und Metaplantechnik.

Welche Zielsetzungen verfolgen **Kreativitätstechniken?**

Kreativitätstechniken zielen darauf ab, in lockerer und störungsfreier Umgebung eine Vielzahl von Vorschlägen und Ideen zur Problemlösung als Gruppenprozess zu produzieren. Dabei geht Quantität vor Qualität. Fantasie und Originalität sind gefragt, weniger Realismus und Formalitäten. In der ersten Phase werden Ideen frei und ohne Vorbehalt vorgetragen, auf keinen Fall bewertet oder kritisiert. Ideenansätze können von anderen aufgegriffen und weiterentwickelt werden. In einer zweiten Phase werden ähnliche Ideen zusammengefasst und realistisch erscheinende Einfälle werden weiterverfolgt.

 28. Erläutern Sie die Technik des **Brainstorming** in ihren Grundregeln!

Beim **Brainstorming** legt eine Gruppe unter der Leitung eines Moderators für 10 bis 15 Minuten mit „Vollgas" zum Ideensturm los. Der Einfall des einen kann der Impuls für einen anderen sein. Ein oder zwei Protokollanten schreiben alles auf, was in der Runde geäußert wird, und sei es noch so fantastisch und verrückt.

29. Erläutern Sie die **Metaplantechnik** in ihren Grundregeln!

Bei der **Metaplantechnik** (auch **Kartenabfrage** genannt) ist ebenfalls Einfallsreichtum im Rahmen einer Gruppensitzung gefragt. Die Ideen werden mit dicken Filzschreibern auf Karten festgehalten und für alle deutlich sichtbar ausgelegt. Auch hier wird der Umstand ausgenutzt, dass der Einfall des einen der weitergehende Impuls für einen anderen sein kann. Kritik und Bewertung von Ideen sind absolutes Tabu.

30. Beschwerden sind immer eine prekäre Angelegenheit.

Wie sollte eine Gesundheitseinrichtung grundsätzlich mit Beschwerden umgehen?

Beschwerden als lästig abzuwimmeln, bringt keine Lösung. Vielmehr sollte man eine Beschwerde als letzte Chance auffassen, den Klienten als zufriedenen Kunden zu gewinnen. Eine gut geführte Einrichtung verfügt daher über ein **Beschwerdemanagement**. Eine Information über die „richtige" Anlaufstelle, die unzufriedene Kunden angemessen auffängt, ist eine empfehlenswerte Maßnahme.

31. Nehmen wir an, Sie werden als zufällige Begegnungsperson von einem Klienten emotional und provokant angesprochen, der dringend eine **Beschwerde** loswerden will.

Wie reagieren Sie angemessen?

Sie sollten sich an folgende **Verhaltensregeln** halten:

➤ Es ist durchaus tolerierbar, wenn ein Beschwerdeführer ein gewisses Maß an Emotionalität und Ärger zeigt.

➤ Lassen Sie einen Beschwerdeführer ausreden, auch wenn Sie für die Angelegenheit nicht zuständig sind.

➤ Geben Sie dem Beschwerdeführer das Gefühl, dass er und sein Anliegen ernst genommen werden, indem Sie z.B. aufmerksam zuhören. Das reduziert in aller Regel die Emotionalität.

➤ Zeigen Sie Verständnis für den Beschwerdeführer und lassen Sie sich nicht provozieren.

➤ Geben Sie dem Beschwerdeführer Rückmeldung, dass Sie an der Lösung des Problems mitwirken.

➤ Begleiten Sie den Beschwerdeführer ggf. zu der zuständigen Stelle Ihrer Einrichtung.

Vermeiden Sie bei Beschwerdegesprächen folgende **Störfaktoren**:

➤ Vorwürfen des Beschwerdeführers mit Gegenvorwürfen begegnen.

➤ Sachliche Tonlage verlassen und mit besonderer Lautstärke reden.

> Dem Beschwerdeführer ins Wort fallen.

> Problemlage des Beschwerdeführers von vorn-
herein in Zweifel ziehen („Das kann doch nicht
sein!").

> Probleme klein reden und nicht ernst nehmen.

> Nichtzuständigkeit erklären und das Gespräch
abbrechen.

> Spontanlösung vorgeben ohne Rückmeldung
des Beschwerdeführers.

> Problemlösung vage andeuten („Das machen
wir schon!") und auf unbestimmte Zeit verschie-
ben.

32. Telefongespräche sind eine tägliche
Routine im Verwaltungsbereich. Die
Effektivität von Mitarbeiter- und Kun-
denkontakten sollte man daher stets
im Blick behalten.

Wie fördern Sie die **Effektivität von
Telefonkontakten?**

Organisatorische Vorkehrungen

> Halten Sie einen Schreibblock „Telefonnotiz"
stets griffbereit!

> Notieren Sie sich den Namen des Gesprächs-
partners, eventuell seine Verbindungsdaten und
die Institution!

> Halten Sie die wichtigsten Punkte schriftlich fest!

> Halten Sie einen Terminkalender griffbereit,
damit Sie unverzüglich Termine absprechen
können!

Anforderungen an eine **erfolgreiche Gesprächsführung**

> Sprechen Sie deutlich und artikuliert, insbeson-
dere wenn Sie sich namentlich am Telefon melden!

> Sprechen Sie in entspannter Körperhaltung. Das
fördert eine entspannte Stimmlage!

> Bleiben Sie am Telefon immer freundlich und
sachlich!

> Benutzen Sie den Namen des Ansprechpartners
immer wieder im Laufe des Gesprächs! Damit
schaffen Sie Nähe zum Gesprächspartner trotz
räumlicher Distanz.

> Benutzen Sie zum Buchstabieren bei schwieri-
gen Wörtern das Buchstabieralphabet nach DIN
5009!

2 Organisation des Gesundheits- und Sozialwesens

33. Ein Patient der Königsberg-Klinik gGmbH bittet Sie um Auskunft, unter welchen Voraussetzungen er nach einer Akutbehandlung im Krankenhaus einen Anspruch auf **häusliche Krankenpflege** hat. Dazu ziehen Sie als Rechtsgrundlage die §§ 37 und 61 SGB V zu Hilfe und informieren den Patienten über die typischen Situationen, für die im Allgemeinen häusliche Krankenpflege in Anspruch genommen werden kann.

Hinweis

§ 37 Häusliche Krankenpflege

(1) Versicherte erhalten in ihrem Haushalt, ihrer Familie oder sonst an einem geeigneten Ort (…) neben der ärztlichen Behandlung häusliche Krankenpflege durch geeignete Pflegekräfte, wenn Krankenhausbehandlung geboten, aber nicht ausführbar ist, oder wenn sie durch die häusliche Krankenpflege vermieden oder verkürzt wird. (…) Die häusliche Krankenpflege umfasst die im Einzelfall erforderliche Grund- und Behandlungspflege sowie hauswirtschaftliche Versorgung. Der Anspruch besteht bis zu vier Wochen je Krankheitsfall. In begründeten Ausnahmefällen kann die Krankenkasse die häusliche Krankenpflege für einen längeren Zeitraum bewilligen, wenn der Medizinische Dienst (§ 275) festgestellt hat, dass dies aus den in Satz 1 genannten Gründen erforderlich ist.

(3) Der Anspruch auf häusliche Krankenpflege besteht nur, soweit eine im Haushalt lebende Person den Kranken in dem erforderlichen Umfang nicht pflegen und versorgen kann.

(5) Versicherte, die das 18. Lebensjahr vollendet haben, leisten als Zuzahlung den sich nach § 61 (..) ergebenden Betrag, begrenzt auf die für die ersten 28 Kalendertage der Leistungsinanspruchnahme je Kalenderjahr anfallenden Kosten an die Krankenkasse.

§ 61 Zuzahlungen

(…) Bei Heilmitteln und häuslicher Krankenpflege beträgt die Zuzahlung 10 vom Hundert der Kosten sowie 10 Euro je Verordnung. (…)

Formulieren Sie mit eigenen Worten, unter welchen Voraussetzungen eine häusliche Krankenpflege in Anspruch genommen werden kann!

➤ Ein Anspruch auf **häusliche Krankenpflege** besteht, wenn dadurch die Krankenhausbehandlung vermieden oder verkürzt wird.

➤ Die häusliche Krankenpflege umfasst die erforderliche Grund- und Behandlungspflege sowie die hauswirtschaftliche Versorgung.

➤ Ein Anspruch besteht jedoch nur, soweit keine Person im Haushalt lebt, die den Kranken pflegen und versorgen kann.

➤ Ein erwachsener Patient hat eine Zuzahlung in Höhe von 10 % der Kosten an die Krankenkasse zu zahlen zuzüglich 10,00 EUR je Verordnung.

➤ Die Zuzahlung ist auf 28 Kalendertage je Kalenderjahr begrenzt.

34. Was sind **Medizinische Versorgungszentren** (MVZ)?

Zugelassene **Medizinische Versorgungszentren (MVZ)** nehmen neben zugelassenen Ärzten an der vertragsärztlichen Versorgung der gesetzlich Versicherten teil. MVZ sind fachübergreifende, ärztlich geleitete Einrichtungen, die durch eine planmäßige Zusammenarbeit eine ganzheitliche Versorgung der Patienten ermöglichen (§ 95 SGB V).

Hinweis

§ 95 SGB V: Teilnahme an der vertragsärztlichen Versorgung

(1) An der vertragsärztlichen Versorgung nehmen zugelassene Ärzte und zugelassene medizinische Versorgungszentren sowie ermächtigte Ärzte und ermächtigte Einrichtungen teil. Medizinische Versorgungszentren sind fachübergreifende ärztlich geleitete Einrichtungen, in denen Ärzte, die in das Arztregister (…) eingetragen sind, als Angestellte oder Vertragsärzte tätig sind. Der ärztliche Leiter muss in dem medizinischen Versorgungszentrum selbst als angestellter Arzt oder als Vertragsarzt tätig sein; er ist in medizinischen Fragen weisungsfrei. Eine Einrichtung nach Satz 2 ist dann fachübergreifend, wenn in ihr Ärzte mit verschiedenen Facharzt- oder Schwerpunktbezeichnungen tätig sind. (…) Die Zulassung erfolgt für den Ort der Niederlassung als Arzt oder den Ort der Niederlassung als medizinisches Versorgungszentrum (Vertragsarztsitz).

(1a) Medizinische Versorgungszentren können von zugelassenen Ärzten, von zugelassenen Krankenhäusern, von Erbringern nichtärztlicher Dialyseleistungen (…) oder von gemeinnützigen Trägern, die aufgrund von Zulassung oder Ermächtigung an der vertragsärztlichen Versorgung teilnehmen, gegründet werden; die Gründung ist nur in der Rechtsform einer Personengesellschaft, einer eingetragenen Genossenschaft oder einer Gesellschaft mit beschränkter Haftung möglich.

---

 35. Welche Grundsätze gelten für die Zulassung von **Medizinischen Versorgungszentren (MVZ)?**

- MVZ können von zugelassenen Ärzten, von zugelassenen Krankenhäusern, von Erbringern nichtärztlicher Dialyseleistungen oder von gemeinnützigen Trägern, die an der vertragsärztlichen Versorgung teilnehmen, gegründet werden.

- Die **Gründung eines MVZ** ist nur in der Rechtsform einer Personengesellschaft, einer eingetragenen Genossenschaft oder einer GmbH möglich.

- Eine Einrichtung ist dann fachübergreifend, wenn mindestens zwei Ärzte mit verschiedenen Facharzt- oder Schwerpunktbezeichnungen tätig sind.

- Ein MVZ muss ärztlich geleitet sein und zwar von einem Vertragsarzt oder einem angestellten Arzt.

- In einem MVZ können neben Ärzten auch Angehörige anderer Berufsgruppen tätig sein, die an der vertragsärztlichen Versorgung teilnehmen, wie z.B. Psychotherapeuten, Apotheker, Krankenhäuser und Reha-Einrichtungen.

- Die Zulassung für ein MVZ erfolgt immer nur für einen Standort.

 36. Welche Aufgaben und Funktionen übernehmen **Tagespflegeeinrichtungen?**

Tagespflegeeinrichtungen gemäß § 41 SGB XI sind eine teilstationäre Form der Pflegeversorgung, wenn dies zur Ergänzung der häuslichen Pflege erforderlich ist. Vorteilhaft an der **Tagespflege** ist, dass der Pflegepatient sein häusliches Umfeld nicht grundsätzlich aufgeben muss. Er hält sich nur tagsüber in der Pflegeeinrichtung auf, erhält die soziale Betreuung und die erforderliche medizinische Behandlungspflege. Allgemein geeignet ist die Tagespflege für Patienten, die transportfähig und nicht bettlägerig sind. Die teilstationäre Pflege umfasst auch die notwendige Beförderung des Pflegebedürftigen von der Wohnung zur Einrichtung der Tagespflege und zurück. Die Pflegekasse übernimmt die Aufwendungen der teilstationären Pflege bis zu einem gestaffelten Gesamtwert je nach Pflegestufe.

Hinweis

§ 41 SGB XI: Tagespflege und Nachtpflege (Auszug)

(1) Pflegebedürftige haben Anspruch auf teilstationäre Pflege in Einrichtungen der Tages- oder Nachtpflege, wenn häusliche Pflege nicht in ausreichendem Umfang sichergestellt werden kann oder wenn dies zur Ergänzung oder Stärkung der häuslichen Pflege erforderlich ist. Die teilstationäre Pflege umfasst auch die notwendige Beförderung des Pflegebedürftigen von der Wohnung zur Einrichtung der Tagespflege oder der Nachtpflege und zurück.

(2) Die Pflegekasse übernimmt im Rahmen der Leistungsbeträge nach Satz 2 die pflegebedingten Aufwendungen der teilstationären Pflege, die Aufwendungen der sozialen Betreuung und die Aufwendungen für die in der Einrichtung notwendigen Leistungen der medizinischen Behandlungspflege.

---

37. Was sind **Pflegestützpunkte?**

Pflegestützpunkte sind wohnortnahe Anlaufstellen für Pflegebedürftige und deren Angehörige. Sie werden von den Kranken- und Pflegekassen als Beratungsstellen eingerichtet (§ 92 c SGB XI).

Hinweis

§ 92 c SGB XI: Pflegestützpunkte (Auszug)

Zur wohnortnahen Beratung, Versorgung und Betreuung der Versicherten richten die Pflegekassen und Krankenkassen Pflegestützpunkte ein, sofern die zuständige oberste Landesbehörde dies bestimmt.

---

38. Welche Aufgaben und Funktionen übernehmen **Pflegestützpunkte?**

Die Pflegestützpunkte haben folgende Aufgaben und Funktionen:

➤ Auskunft und Beratung für das gesamte Leistungsspektrum der Pflege und Altenhilfe.

➤ Unterstützung und Organisation bei der Aufstellung eines persönlichen Hilfeplans (Case-Management).

➤ Koordinierung aller regionalen Versorgungs- und Betreuungsangebote.

➤ Vernetzung der verschiedenen Sozialleistungsträger für ein abgestimmtes Leistungsangebot.

3 Wessel u.a. - ISBN 978-3-8120-0626-2

Hinweis

§ 92 c SGB XI: Pflegestützpunkte (Auszug)

Aufgaben der Pflegestützpunkte sind

1. umfassende sowie unabhängige Auskunft und Beratung zu den Rechten und Pflichten nach dem Sozialgesetzbuch und zur Auswahl und Inanspruchnahme der bundes- oder landesrechtlich vorgesehenen Sozialleistungen und sonstigen Hilfsangebote,

2. Koordinierung aller für die wohnortnahe Versorgung und Betreuung in Betracht kommenden gesundheitsfördernden, präventiven, kurativen, rehabilitativen und sonstigen medizinischen sowie pflegerischen und sozialen Hilfs- und Unterstützungsangebote einschließlich der Hilfestellung bei der Inanspruchnahme der Leistungen,

3. Vernetzung aufeinander abgestimmter pflegerischer und sozialer Versorgungs- und Betreuungsangebote.

 39.

Was kann das Case-Management im Pflegefall leisten?

Das Case-Management als eine auf den Einzelfall abgestimmte Verfahrensweise kann beispielsweise informieren und gegebenenfalls unterstützend organisieren

➤ bei der Beantragung und Kombination von verschiedenen Pflegeleistungen,

➤ bei der Auswahl und Vermittlung von Pflegediensten und Haushaltshilfen,

➤ beim altengerechten Umbau einer Wohnung mit möglichen Zuschüssen der Pflegekasse,

➤ bei der Suche nach einem geeigneten Pflegeheim mit der Darstellung der Kostensituation,

➤ bei ehrenamtlichen Angeboten der Kommune, der Kirchen und Sozialverbände.

40.

Was ist eine Integrierte Versorgung?

Krankenkassen können Verträge für eine **interdisziplinäre, fachübergreifende Versorgung** der Versicherten mit Leistungserbringern verschiedener Leistungssektoren abschließen (§ 140 a SGB V). Hausärzte, Fachärzte, Krankenhäuser, Vorsorge- und Rehakliniken sowie Pflegedienste und weitere berechtigte Leistungserbringer arbeiten für eine patientenorientierte Versorgung systematisch zusammen.

41. In welchen Fällen ist eine **Integrierte Versorgung** angebracht?

Bestimmte Krankheitsbilder eignen sich vorrangig für integrierte Versorgungsnetze wie die **Behandlung von Volkskrankheiten,** z.B. Diabetes mellitus, Bandscheibenerkrankungen, Herz-Kreislauf-Erkrankungen und Adipositas (Fettleibigkeit), aber auch endoprothetische Leistungen wie der Ersatz von Hüft- und Kniegelenken. Im Netzwerk einer Integrierten Versorgung lassen sich die **komplexen Behandlungsprozess**e mit verschiedenen Leistungserbringern wie aus einer Hand strukturieren.

42. Welche Vorteile ergeben sich aus der **Integrierten Versorgung** für Patienten und Krankenkassen?

Für Patienten ist die Teilnahme an der Integrierten Versorgung freiwillig, weil die freie Arztwahl eingeschränkt wird. Als finanziellen Anreiz können die Krankenkassen Bonitarife anbieten. Weitere Vorteile ergeben sich für Patienten, weil mittels Datenaustausch Mehrfachuntersuchungen vermieden werden und die Übergänge zwischen den verschiedenartigen Leistungserbringern koordiniert verlaufen.

Die Krankenkassen können durch eine Effizienzsteigerung Behandlungskosten einsparen, sogar verbunden mit einer Qualitätssteigerung, weil die **Behandlung nach definierten Behandlungspfaden** abläuft. Die Vergütung der Leistungserbringer kann ohne gesetzliche Vorgaben – anders als sonst üblich – frei ausgehandelt werden.

43. Was sind **Disease-Management-Programme (DMP)?**

Disease-Management-Programme (DMP) sind strukturierte Behandlungsprogramme, die den Behandlungsablauf und die Qualität der medizinischen **Versorgung chronisch Kranker** verbessern. DMP werden von den gesetzlichen Krankenkassen nach Richtlinien des Gemeinsamen Bundesausschusses angeboten (§ 137 f SGB V). Bei strukturierten Behandlungsprogrammen arbeiten verschiedene Leistungserbringer eng zusammen und stimmen ihre Maßnahmen aufeinander ab.

Hinweis

§ 137 f SGB V: Strukturierte Behandlungsprogramme bei chronischen Krankheiten (Auszug)

(1) Der Gemeinsame Bundesausschuss nach § 91 legt in Richtlinien nach Maßgabe von Satz 2 geeignete chronische Krankheiten fest, für die strukturierte Behandlungsprogramme entwickelt werden sollen, die den Behandlungsablauf und die Qualität der medizinischen Versorgung chronisch Kranker verbessern.

(2) Der Gemeinsame Bundesausschuss nach § 91 erlässt Richtlinien zu den Anforderungen an die Ausgestaltung von Behandlungsprogrammen nach Absatz 1.

44. Welche Funktionen und Aufgaben übernehmen **Disease-Management-Programme (DMP)?**

Ein wesentliches Element der DMP ist die Mitarbeit der Patienten. Im eigenverantwortlichen Umgang mit der chronischen Krankheit sollen individuelle Therapieziele nach intensiver Beratung und Schulung erreicht werden. Das Ziel ist die Verbesserung der **Lebensqualität von chronisch Kranken.** DMP-Behandlungsprogramme liegen vor für Diabetes, koronare Herzkrankheit, Asthma, Brustkrebs und chronisch obstruktive Lungenerkrankung.

45. Was ist eine **hausarztzentrierte Versorgung?**

Die hausarztzentrierte Versorgung (§ 73b SGB V) ist eine auf Dauer angelegte und umfassende Gesundheitsversorgung durch einen bestimmten Hausarzt. Patienten, die freiwillig am Hausarztmodell teilnehmen, verpflichten sich gegenüber ihrer Krankenkasse, für ein Jahr einen besonders qualifizierten **Hausarzt als einzige Anlaufstelle der Gesundheitsversorgung** zu wählen. Die Patienten verzichten also während der Vertragsbindung auf das Recht der freien Arztwahl. Ausnahmen sind Konsultationen von Frauen- und Augenärzten. Der Hausarzt übernimmt neben der eigenen Behandlung die **Koordination der verschiedenen Versorgungsprozesse** in unserem Gesundheitssystem. Dazu gehören die Überweisung an Fachärzte, die Einweisung zu einer stationären Behandlung oder die Auswahl therapeutischer Maßnahmen. Der Hausarzt behält die Fäden in der Hand und besorgt das Übergangs- und Schnittstellenmanagement.

Hinweis

§ 73b SGB V: Hausarztzentrierte Versorgung (Auszug)

(1) Die Krankenkassen haben ihren Versicherten eine besondere hausärztliche Versorgung (hausarztzentrierte Versorgung) anzubieten.

(2) Dabei ist sicherzustellen, dass die hausarztzentrierte Versorgung insbesondere folgenden Anforderungen genügt, die über die Anforderungen an die hausärztliche Versorgung nach § 73 hinausgehen:

1. Teilnahme der Hausärzte an strukturierten Qualitätszirkeln zur Arzneimitteltherapie unter Leitung entsprechend geschulter Moderatoren,
2. Behandlung nach für die hausärztliche Versorgung entwickelten, evidenzbasierten, praxiserprobten Leitlinien,
3. Teilnahme an Fortbildungen, die sich auf hausarzttypische Behandlungsprobleme konzentrieren, wie patientenzentrierte Gesprächsführung, psychosomatische Grundversorgung, Palliativmedizin, allgemeine Schmerztherapie, Geriatrie,
4. Einführung eines auf die besonderen Bedingungen einer Hausarztpraxis zugeschnittenen, wissenschaftlich anerkannten Qualitätsmanagements.

46. Welche Zielsetzung verfolgt die **hausarztzentrierte Versorgung?**

Das Hausarztmodell soll die **Wirtschaftlichkeit und die Qualität der hausärztlichen Versorgung** optimieren. Durch den Hausarzt als Lotse im Gesundheitssystem werden planlose und nicht abgestimmte Behandlungen vermieden. Die wahllose Inanspruchnahme verschiedener Ärzte (sogenanntes Doktor-Hopping) und damit überflüssige bzw. doppelte Untersuchungen unterbleiben. Aufgrund der umfassenden Kenntnis der Krankengeschichte kann der Hausarzt die Arzneimitteltherapie seines Patienten optimal abstimmen. Damit werden unnötige Kosten eingespart und gleichzeitig die Qualität der Gesundheitsversorgung verbessert.

Ärzte, die am Hausarztmodell teilnehmen, werden in Fortbildungen an hausarzttypischen Behandlungsproblemen geschult. Dabei stehen Patienten im Mittelpunkt, die einer fortgesetzten ärztlichen Betreuung bedürfen. Typische Fachgebiete sind die psychosomatische Grundversorgung, die Geriatrie und die allgemeine Schmerztherapie. Mit der Anwendung praxiserprobter Behandlungspfade wird eine hochwertige Versorgung gewährleistet.

47. Erläutern Sie den Status und die Aufgaben der **Kassenärztlichen Vereinigungen (KV)** im Gesundheitswesen!

Die Kassenärztlichen Vereinigungen (KV) sind Körperschaften des öffentlichen Rechts. Sie haben nach § 75 SGB V schwerpunktmäßig folgende Aufgaben:

> **Interessenvertretung:** Die KV vertreten die rechtlichen und wirtschaftlichen Interessen von niedergelassenen Vertragsärzten und Psychotherapeuten gegenüber den Krankenkassen und politischen Institutionen. Schwerpunkt ist die Honorierung der vertragsärztlichen Leistungen.

> **Sicherstellungsauftrag:** Die KV stellen sicher, dass gesetzlich Versicherte zu jeder Zeit von einem Arzt oder Psychotherapeuten behandelt werden können. Dazu gehört die Organisation eines Bereitschaftsdienstes zu den sprechstundenfreien Zeiten.

> **Gewährleistung:** Die KV garantieren die vertragsgerechte Versorgung der gesetzlich Versicherten gegenüber den Krankenkassen. Dazu kontrollieren sie die Qualität der Arbeit ihrer Mitglieder und die Abrechnung der medizinischen Leistungen.

Hinweis

§ 75 SGB V: Inhalt und Umfang der Sicherstellung (Auszug)

(1) Die Kassenärztlichen Vereinigungen und die Kassenärztlichen Bundesvereinigungen haben die vertragsärztliche Versorgung sicherzustellen und den Krankenkassen und ihren Verbänden gegenüber die Gewähr dafür zu übernehmen, dass die vertragsärztliche Versorgung den gesetzlichen und vertraglichen Erfordernissen entspricht. Die Sicherstellung umfasst auch die angemessene und zeitnahe Zurverfügungstellung der fachärztlichen Versorgung und die vertragsärztliche Versorgung zu den sprechstundenfreien Zeiten (Notdienst), nicht jedoch die notärztliche Versorgung im Rahmen des Rettungsdienstes, soweit Landesrecht nichts anderes bestimmt.

(2) Die Kassenärztlichen Vereinigungen und die Kassenärztlichen Bundesvereinigungen haben die Rechte der Vertragsärzte gegenüber den Krankenkassen wahrzunehmen. Sie haben die Erfüllung der den Vertragsärzten obliegenden Pflichten zu überwachen.

 48.

Erläutern Sie den Status und die Aufgaben der **Ärztekammern** im Gesundheitswesen!

Die Länderärztekammern sind Körperschaften des öffentlichen Rechts. Als berufsständische Vertretung sind die **Ärztekammern für die beruflichen Belange aller Ärzte** verantwortlich. Die Aufgaben gemäß ärztlichem Standesrecht sind in Ländergesetzen geregelt. Schwerpunkte sind die ärztliche Weiterbildung und Qualitätssicherung, die Aus- und Fortbildung der Medizinischen Fachangestellten, die Schlichtung von Streitigkeiten zwischen Arzt und Patient sowie die Förderung von Berufsinteressen der Ärzte.

 49.

Stellen Sie grundlegende Unterschiede zwischen den **Entgeltsystemen** nach DRG-Fallpauschalen in Akut-Krankenhäusern und nach Pflegesätzen in Rehabilitationskrankenhäusern gegenüber!

➤ Pauschale Bewertung eines Behandlungsfalles nach dem DRG-Preissystem im Gegensatz zur Berechnung der tatsächlichen Behandlungstage bei Tagessätzen.

➤ Der durchschnittliche Ressourcenaufwand für den jeweiligen Behandlungsfall bestimmt den Preis im DRG-Fallpauschalensystem im Gegensatz zur undifferenzierten Bewertung der Leistungen nach Anzahl der Behandlungstage in Reha-Krankenhäusern.

➤ Einheitliche Preise in Akut-Krankenhäusern eines Bundeslandes im Gegensatz zu krankenhausindividuellen Tagessätzen in Rehabilitationskrankenhäusern.

50. Leistungserbringer im Gesundheitswesen nach dem SGB V, insbesondere Krankenhäuser, sind gemäß § 135a und § 137 zur **Qualitätssicherung** verpflichtet. Welche gesetzlichen Vorgaben sind in diesem Zusammenhang zu erfüllen?

➤ Die Leistungserbringer haben sich an **einrichtungsübergreifenden Maßnahmen** der Qualitätssicherung zu beteiligen, die insbesondere zum Ziel haben, die Ergebnisqualität zu verbessern.

➤ Die Leistungserbringer haben **einrichtungsintern ein Qualitätsmanagement** einzuführen und weiterzuentwickeln, wozu in Krankenhäusern auch ein patientenorientiertes Beschwerdesystem gehört.

➤ Zugelassene Krankenhäuser haben jährlich einen strukturierten **Qualitätsbericht** zu veröffentlichen, in dem der Stand der Qualitätssicherung dargestellt wird.

Hinweis

§ 135a SGB V: Verpflichtung zur Qualitätssicherung (Auszug)

(1) Die Leistungserbringer sind zur Sicherung und Weiterentwicklung der Qualität der von ihnen erbrachten Leistungen verpflichtet. Die Leistungen müssen dem jeweiligen Stand der wissenschaftlichen Erkenntnisse entsprechen und in der fachlich gebotenen Qualität erbracht werden.

(2) Vertragsärzte, medizinische Versorgungszentren, zugelassene Krankenhäuser, Erbringer von Vorsorgeleistungen oder Rehabilitationsmaßnahmen und Einrichtungen, mit denen ein Versorgungsvertrag nach § 111a besteht, sind nach Maßgabe der §§ 137 und 137d verpflichtet,

1. sich an einrichtungsübergreifenden Maßnahmen der Qualitätssicherung zu beteiligen, die insbesondere zum Ziel haben, die Ergebnisqualität zu verbessern und

2. einrichtungsintern ein Qualitätsmanagement einzuführen und weiterzuentwickeln, wozu in Krankenhäusern auch die Verpflichtung zur Durchführung eines patientenorientierten Beschwerdemanagements gehört.

§ 137 SGB V: Richtlinien und Beschlüsse zur Qualitätssicherung (Auszug)

(1) Der Gemeinsame Bundesausschuss bestimmt für die vertragsärztliche Versorgung und für zugelassene Krankenhäuser grundsätzlich einheitlich für alle Patienten durch Richtlinien insbesondere

1. die verpflichtenden Maßnahmen der Qualitätssicherung sowie die grundsätzlichen Anforderungen an ein einrichtungsinternes Qualitätsmanagement und

2. Kriterien für die indikationsbezogene Notwendigkeit und Qualität der durchgeführten diagnostischen und therapeutischen Leistungen, insbesondere aufwendiger medizintechnischer Leistungen; dabei sind auch Mindestanforderungen an die Struktur-, Prozess- und Ergebnisqualität festzulegen.

(2) ...

(3) Der Gemeinsame Bundesausschuss fasst für zugelassene Krankenhäuser grundsätzlich einheitlich für alle Patienten auch Beschlüsse über Inhalt, Umfang und Datenformat eines jährlich zu veröffentlichenden strukturierten Qualitätsberichts der zugelassenen Krankenhäuser, in dem der Stand der Qualitätssicherung dargestellt wird.

51.

Das SGB V fordert an verschiedenen Stellen **Maßnahmen zur Qualitäts-sicherung,** und zwar in den Dimensionen der Struktur-, Prozess- und Ergebnisqualität. Erläutern und unterscheiden Sie die 3 Qualitätsdimensionen!

➤ Die **Strukturqualität** findet ihren Ausdruck in organisatorischen und institutionellen Rahmenbedingungen, die für das Aufgabenspektrum und die Zielsetzung der Gesundheitseinrichtung angemessen sind. Dazu zählen die personelle und finanzielle Ausstattung sowie passende Räumlichkeiten mit geeigneter Ausstattung einschließlich technischen Betriebsmitteln. Zu den organisatorischen Vorkehrungen zählen die verbindliche Regelung von Aufgabenzuordnungen und Verantwortlichkeiten sowie eine Dienst- und Zeitplanung. Die Qualifikationen der Mitarbeiter müssen dem Aufgabenspektrum entsprechen. Im Krankenhaus ist der Facharztstandard das entscheidende Merkmal für das Qualitätsniveau.

➤ Die **Prozessqualität** betrachtet den Ablauf der Leistungserstellung für alle administrativen, diagnostischen und therapeutischen Maßnahmen in der Versorgung von Patienten. Die Prozessqualität strebt einen effizienten Behandlungsablauf an, der optimalerweise in strukturierten Behandlungsabläufen vorgezeichnet ist. Zur Sicherung der Prozessqualität dienen in Krankenhäusern die „clinical pathways", die den Ablauf der medizinischen Leistungen und die Einhaltung von Pflegestandards vorgeben. Ziel ist die Qualitätssteigerung der Behandlungsprozesse bei gleichzeitiger Beachtung von Kostenfaktoren.

➤ Die **Ergebnisqualität** ist das Resultat des Versorgungsprozesses verbunden mit der Fragestellung, in welchem Maße die Behandlungsziele erreicht wurden. Die Ergebnisbewertung wird sowohl von den Behandlern als auch von Patienten vorgenommen. Im Krankenhaus belegt die klinische Dokumentation den Rückgang der Erkrankung, u.U. bis zur Wiedererlangung der Arbeitsfähigkeit. Patientenbefragungen geben Auskunft über deren Zufriedenheit und die Verbesserung ihrer Lebensqualität.

1 Geschäfts- und Leistungsprozesse in Einrichtungen des Gesundheitswesens

1.1 Geschäfts- und Leistungsprozess

1. Aufgabe

Welche **Organisationsstruktur** hat unser Modellkrankenhaus, die Königsberg-Klinik gGmbH (siehe Organigramm im Abschnitt B auf S. 9)?

1. Ein-Linien-System
2. Mehr-Linien-System
3. Stab-Linien-System

4. Matrixorganisation
5. Triale Organisation
6. Spartenorganisation

Tragen Sie die zutreffenden Kennziffern in die Lösungskästchen ein!

2. Aufgabe

Worüber gibt das **Organigramm** einer Gesundheitseinrichtung Auskunft?

1. Ablaufprozesse in der Verwaltung und auf den Stationen.
2. Abfolge von Behandlungsvorgängen im Pflegebereich.
3. Räumliche Anordnung der Arbeitsplätze.
4. Organisation von „Tagen der offenen Tür".
5. Struktur der Aufbauorganisation einer Gesundheitseinrichtung.

Tragen Sie die zutreffende Kennziffer in das Lösungskästchen ein!

3. Aufgabe

Was ist typisch für das **Ein-Linien-System** als Organisationform?

1. Beigeordnete Instanzen unterstützen die Führungskräfte.
2. Einheitlicher Anweisungsweg von oben nach unten ausschließlich über den unmittelbaren Vorgesetzten.
3. Stabsstellen beraten, informieren und kontrollieren.
4. Verwaltung und Stationen arbeiten selbstständig und unabhängig.
5. Planung, Durchführung und Kontrolle zur Steigerung der Wirtschaftlichkeit.

Tragen Sie die zutreffende Kennziffer in das Lösungskästchen ein!   ➡

4. Aufgabe

In der Königsberg-Klinik gGmbH wird täglich eine Vielzahl von Rechtsgeschäften abgeschlossen. Eine Voraussetzung für die Gültigkeit dieser Geschäfte ist die Rechts- und Geschäftsfähigkeit der Vertragsparteien.

Kennzeichnen Sie in diesem Zusammenhang die folgenden Aussagen zur **Rechtsfähigkeit** und zur **Geschäftsfähigkeit** mit einer

1. wenn sie zutreffen,

9. wenn sie nicht zutreffen!

Tragen Sie die Kennziffer vor der jeweils zutreffenden Antwort in das Lösungskästchen ein!

Aussagen:

a) Die Willenserklärungen eines beschränkt Geschäftsfähigen sind grundsätzlich nichtig. ➡ ☐

b) Die Rechtsfähigkeit einer natürlichen Person beginnt mit Vollendung des 18. Lebensjahres und endet mit dem Tod. ➡ ☐

c) Rechtsfähigkeit ist die Fähigkeit, Träger von Rechten und Pflichten sein zu können. ➡ ☐

d) Kinder vor Vollendung des 7. Lebensjahres und dauernd geistesgestörte Personen sind nicht rechtsfähig. ➡ ☐

e) Für einen Geschäftsunfähigen muss sein gesetzlicher Vertreter bzw. sein Vormund handeln. ➡ ☐

f) Die Fähigkeit, Rechtsgeschäfte durch eigenes Handeln rechtswirksam abschließen zu können, wird als Geschäftsfähigkeit bezeichnet. ➡ ☐

g) Ein Geschäftsunfähiger kann zwar Träger von Rechten sein, Pflichten können ihm aber nicht obliegen. ➡ ☐

5. Aufgabe

Im Zusammenhang mit der Wirksamkeit von **Willenserklärungen** sind die verschiedenen Stufen der Geschäftsfähigkeit von besonderer Bedeutung.

Welche der folgenden Sachverhalte beziehen sich in diesem Zusammenhang

1. auf geschäftsunfähige Personen,

2. auf beschränkt geschäftsfähige Personen,

3. auf geschäftsfähige Personen,

4. auf keine der vorgenannten Personen?

Tragen Sie die Kennziffer vor der jeweils zutreffenden Antwort in das Lösungskästchen ein!

Sachverhalte:

a) Die Wirksamkeit von Willenserklärungen dieser Person ist grundsätzlich von der Zustimmung des gesetzlichen Vertreters abhängig. ➡ ☐

b) Aufgrund ihres geringen Lebensalters oder einer dauernden Störung der Geistestätigkeit kann diese Person keine wirksamen Willenserklärungen abgeben. ➡ ☐

c) Mit Vollendung des 18. Lebensjahres kann diese Person für sich rechtswirksam handeln. ➡ ☐

d) Verweigert der gesetzliche Vertreter die Genehmigung einer Willenserklärung dieser Person, so ist die Willenserklärung von Anfang an unwirksam. ➡ ☐

e) Die Willenserklärungen dieser Person sind grundsätzlich anfechtbar. ➡ ☐

f) Auch rechtlich nicht vorteilhafte Geschäfte können von dieser Person selbstständig und wirksam abgeschlossen werden. ➡ ☐

6. Aufgabe

Stellen Sie fest, um welche der folgenden

A. Stufen der Geschäftsfähigkeit

1. Geschäftsunfähigkeit,

2. Beschränkte Geschäftsfähigkeit,

3. Geschäftsfähigkeit

und

B. Stufen der Wirksamkeit der Willenserklärungen

4. Unwirksamkeit,

5. Schwebende Unwirksamkeit,

6. Wirksamkeit

es sich in den folgenden Fällen handelt.

Tragen Sie die Kennziffer vor der jeweils zutreffenden Stufe der Geschäftsfähigkeit bzw. Stufe der Wirksamkeit der Willenserklärungen in die Lösungskästchen der Spalten A und B ein!

Fälle: A   B

a) Ein 17-jähriger Schüler kündigt die mit Zustimmung seiner Eltern eingegangene Mitgliedschaft in einem Sportverein zum nächstmöglichen Termin. ➡ ☐ ☐

b) Eine 20-jährige Auszubildende schließt für die Dauer von zwei Jahren einen Vertrag mit einem Mobilfunkbetreiber. ➡ ☐ ☐

c) Ein 6-jähriger Junge wird von seiner Mutter mit abgezähltem Geld und Einkaufszettel zum Supermarkt geschickt; der Junge erledigt die Einkäufe wie aufgetragen. ➡ ☐ ☐

d) Eine 15-jährige Schülerin kauft ohne Wissen ihrer Eltern ein neues Fahrrad; sie bezahlt mit Geld, das sie von ihren Verwandten zum Geburtstag geschenkt bekommen hat. ➡ ☐ ☐

e) Ein dauernd in seiner Geistestätigkeit gestörter Mann verschenkt seinen Hausrat. ➡ ☐ ☐

f) Eine Schülerin wird zu ihrem 17. Geburtstag von ihrem volljährigen Freund mit einer wertvollen Halskette beschenkt; ihre Eltern sind gegen die Beziehung und missbilligen das Geschenk. ➡ ☐ ☐

7. Aufgabe

Ein **Kaufvertrag** kommt i.d.R. durch zwei Willenserklärungen zustande, die inhaltlich überein-stimmen und mit Bezug aufeinander abgegeben werden müssen. Die zeitlich zuerst abgege-bene Willenserklärung wird dabei Antrag genannt, die zeitlich nachfolgende Willenserklärung heißt Annahme.

Bei welchen der folgenden Sachverhalte ist in diesem Zusammenhang unter Zugrundelegung der gesetzlichen Regelung

1. ein Kaufvertrag zustande gekommen?
2. ein Kaufvertrag nicht zustande gekommen, weil eine Annahmeerklärung (noch) nicht vor-liegt?
3. ein Kaufvertrag nicht zustande gekommen, weil die Annahmeerklärung inhaltlich vom Antrag abweicht?
4. ein Kaufvertrag nicht zustande gekommen, weil die Annahmeerklärung nicht rechtzeitig erfolgt ist?

Tragen Sie die Kennziffer vor der jeweils zutreffenden Antwort in das Lösungskästchen ein!

Sachverhalte:

a) Ein Pflegeheim erhält von einem Großhändler ein verbindliches Angebot und bestellt daraufhin unter Abänderung der Bestellmenge.

b) Ein Herrenausstatter bietet einem Stammkunden telefonisch einen modischen Wintermantel an. Der Kunde entscheidet sich am nächsten Tag für den Kauf und teilt dem Herrenausstatter dies in schriftlicher Form mit.

c) Ein Student nimmt im Supermarkt ein Erfrischungsgetränk aus dem Kühlregal und bezahlt an der Kasse.

d) Eine Auszubildende erkundigt sich bei einem Elektronik-Fachmarkt schriftlich nach dem Preis eines bestimmten Bürodruckers. Der Elektronik-Fachmarkt schickt der Auszubildenden daraufhin ein bindendes Angebot, das die Auszu-bildende umgehend annimmt. Eine Bestellungsannahme seitens des Elektronik-Fachmarkts unterbleibt.

e) Ein Telekommunikationsunternehmen bietet einem Kunden schriftlich ein neues Mobiltelefon zum Kauf an. Der Kunde ist mit seinem alten Mobiltelefon zufrieden und reagiert nicht.

f) Eine Dame bestellt bei einem Versandhandelsunternehmen per Bestellformular ein neues Kostüm. Der Versandhändler liefert das Kostüm umgehend, ohne eine Bestellungsannahme zu erklären.

8. Aufgabe

Die erste Willenserklärung zum Abschluss eines Kaufvertrages, der **Antrag,** kann vom Verkäufer oder vom Käufer stammen und eine **Annahmeerklärung** seitens der Gegenpartei nach sich ziehen.

Stellen Sie in diesem Zusammenhang fest, ob die folgenden Sachverhalte

1. einen Antrag durch den Käufer,

2. eine Annahme durch den Käufer,

3. einen Antrag durch den Verkäufer,

4. eine Annahme durch den Verkäufer,

5. weder einen Antrag noch eine Annahme

beinhalten?

Tragen Sie die Kennziffer vor der jeweils zutreffenden Antwort in das Lösungskästchen ein!

Sachverhalte:

a) Ein Auszubildender fragt bei mehreren Fahrradhändlern schriftlich die Preise sowie die Zahlungs- und Lieferungsbedingungen für E-Bikes an. ➡ ☐

b) Ein Hersteller von Holzspielzeug erhält von einer Kindertagesstätte eine Bestellung ohne vorheriges Angebot und versendet umgehend eine Auftragsbestätigung. ➡ ☐

c) Eine Schülerin ist durch die Schaufensterdekoration auf das Angebot eines Schuhgeschäfts aufmerksam geworden und betritt sofort die Verkaufsräume, um die Schuhe zu erwerben. ➡ ☐

d) Ein Pflegeheim bestellt gemäß dem schriftlichen Angebot eines Großhändlers am nächsten Tag per Fax die angebotene Ware. ➡ ☐

e) Ein Großhändler verschickt auf eine Bestellung nach vorherigem Angebot eine Auftragsbestätigung. ➡ ☐

9. Aufgabe

Der Inhalt des **Kaufvertrages** ist für die Rechte und Pflichten des Verkäufers sowie des Käufers maßgeblich. Deshalb werden in der betrieblichen Praxis, insbesondere bei hohem Vertragswert, alle wichtigen Kaufvertragsbestandteile zwischen den beiden Vertragspartnern bis ins Einzelne festgelegt.

Stellen Sie in diesem Zusammenhang fest, welche der folgenden Aussagen sich auf die Kaufvertragsbestandteile beziehen.

Kaufvertragsbestandteile:

1. Warenmenge

2. Warenpreis

3. Qualität der Ware

4. Preisnachlässe

5. Verpackungskosten

6. Transportkosten

7. Lieferzeit

8. Zahlungstermin

Tragen Sie die Kennziffer vor der jeweils zutreffenden Antwort in das Lösungskästchen ein!

Vereinbarungen:

a) „Als gewerblicher Verwender erhalten Sie auf unsere Listenpreise einen Rabatt von 10 %." ➡ ☐

b) „Unsere Rechnungen sind innerhalb von 10 Tagen ab Rechnungsdatum fällig." ➡ ☐

c) „Unsere Preise verstehen sich brutto für netto." ➡ ☐

d) „Je OP-Instrumententisch berechnen wir Ihnen lt. Liste 645,00 EUR zzgl. Umsatzsteuer." ➡ ☐

e) „Die Lieferung wird frei Bahnhof dort (frei Empfangsstation) erfolgen." ➡ ☐

f) „Das Angebot beinhaltet die Lieferung von Erzeugnissen der Handelsklasse A." ➡ ☐

10. Aufgabe

In der Abteilung Einkauf und Vorrätelogistik der Königsberg-Klinik gGmbH werden bei der **Beschaffung** der benötigten Vorräte verschiedene Planungsschritte durchlaufen. Welche der nachfolgend abgedruckten Beschaffungstätigkeiten beziehen sich in diesem Zusammenhang auf die

1. Planung des Bedarfs,

2. Planung der Einkaufsmenge,

3. Planung des Beschaffungszeitpunkts,

4. Planung des Einkaufspreises,

5. Ermittlung der Bezugsquellen,

6. Festlegung der Liefererauswahl?

Ordnen Sie zu, indem Sie die Kennziffer des jeweils zutreffenden Planungsschrittes in die Lösungskästchen bei den Beschaffungstätigkeiten eintragen!

Beschaffungstätigkeiten:

a) Durch das Internet wird die Suche nach möglichen Lieferern im EU-Ausland stark vereinfacht. ➡ ☐

b) Die Stationen und Abteilungen melden ihren Bedarf für den Planungszeitraum. ➡ ☐

c) Bei der Einkaufsplanung muss u.a. berücksichtigt werden, dass die Summe aus Bestellkosten und Lagerkosten möglichst gering wird. ➡ ☐

d) Mithilfe einer Entscheidungstabelle werden die Lieferer ermittelt, die die Anforderungen der Bedarfsstellen am besten erfüllen. ➡ ☐

e) Im Zuge einer angestrebten Kostensenkung sind die Einkaufssachbearbeiter angehalten, möglichst saisonale Preisunterschiede auszunutzen. ➡ ☐

f) Die Abteilung Einkauf und Vorrätelogistik muss die Versorgungssicherheit der Stationen mit Verbrauchs- und Gebrauchsgütern gewährleisten. ➡ ☐

g) Da das Krankenhausbudget nicht beliebig erhöht werden kann, muss die Abteilung Einkauf und Vorrätelogistik sehr viel Wert auf die Erzielung günstiger Bezugspreise legen. ➡ ☐

11. Aufgabe

Die Königsberg-Klinik gGmbH beabsichtigt, Flipchart-Tafeln, Modell „Conference IT", für ihre Besprechungsräume anzuschaffen. Ein Lieferer bietet die Tafeln zu folgenden Konditionen an:

Listenpreis: 162,50 EUR je Stück zzgl. 19 % USt.

Rabatt: 4 % bei einer Abnahme ab 3 Stück
                      8 % bei einer Abnahme ab 5 Stück
                     12 % bei einer Abnahme ab 10 Stück

Skonto: 2 % auf den Warenwert

Frachtkosten: 7,80 EUR je Stück zzgl. 19 % USt.

Die Königsberg-Klinik gGmbH plant eine Bestellung über 5 Flipchart-Tafeln aufzugeben. Ermitteln Sie für die Bestellung in einer **Bezugskalkulation**

1. den Zieleinkaufspreis (netto)! ➡ ☐☐☐☐,☐☐ EUR

2. den Zieleinkaufspreis (brutto)! ➡ ☐☐☐☐,☐☐ EUR

3. den Skontoabzug! ➡ ☐☐☐,☐☐ EUR

4. die Bezugskosten (brutto)! ➡ ☐☐☐,☐☐ EUR

5. den Einstandspreis/Bezugspreis (brutto)! ➡ ☐☐☐☐,☐☐ EUR

12. Aufgabe

Die Königsberg-Klinik gGmbH hat im Zusammenhang mit der geplanten Anschaffung von Ultraschall-Reinigungsgeräten bei drei möglichen Lieferern die folgenden Angebote eingeholt:

Wittenberg GmbH:	Listenpreis netto	590,00 EUR
	Rabatt	5 %
	Skonto	2 %
	Frachtkosten netto	10,75 EUR
Hamm OHG:	Listenpreis inkl. USt.	743,75 EUR
	Rabatt	12 %
	Versandkosten netto	12,00 EUR
Jan Hagen KG:	Listenpreis netto	560,00 EUR
	Skonto	3 %
	Versandkosten netto	11,80 EUR

Berechnen Sie für ein Ultraschall-Reinigungsgerät im Rahmen einer **Bezugskalkulation**

1. den Bezugspreis des günstigsten Lieferers, wenn Skonto abgezogen wird! ➡ ☐☐☐☐,☐☐ EUR

2. die Differenz zwischen dem günstigsten und dem teuersten Lieferer, wenn Skonto abgezogen wird! ➡ ☐☐,☐☐ EUR

Als Lösungshilfe benutzen Sie das folgende Rechenschema:

Bezugskalkulation	Wittenberg GmbH	Hamm OHG	Jan Hagen KG
Listenpreis (netto)			
– Rabatt			
= Zieleinkaufspreis (netto)			
+ Umsatzsteuer			
= Zieleinkaufspreis (brutto)			
– Skonto			
= Bareinkaufspreis			
+ Bezugskosten (brutto)			
= Bezugs-/Einstandspreis			

13. Aufgabe

Die Königsberg-Klinik gGmbH erhält im Zusammenhang mit der ergonomischen Gestaltung von Arbeitsplätzen die folgenden verbindlichen Angebote über den Bürodrehstuhl „Ergo-Swing" mit Aktivsitzfunktion. Alle Preise verstehen sich zuzüglich Umsatzsteuer.

Angebotsvergleich	Schreiner KG		Paul Holzer OHG	
Listenpreis	220,00 EUR		230,00 EUR	
Rabatt	ab 10 Stück	4%	ab 50 Stück	8%
	ab 50 Stück	6%	ab 100 Stück	12%
	ab 100 Stück	10%	ab 200 Stück	16%
Skonto	3%		2%	
Versand und Verpackung	18,00 EUR/10 Stück		120,00 EUR pauschal	

Die Königsberg-Klinik gGmbH rechnet damit, 85 Bürostühle abzunehmen.

Ermitteln Sie im Rahmen einer **Bezugskalkulation** aus dem jeweiligen Angebot

1. der Schreiner KG den Skontoabzug für die gesamte Bestellmenge! ➡ □□□□,□□ EUR

2. der Schreiner KG den Bareinkaufspreis für die gesamte Bestellmenge! ➡ □□.□□□,□□ EUR

3. der Schreiner KG den Bezugspreis je Bürostuhl! ➡ ☐☐☐,☐☐ EUR

4. der Paul Holzer OHG den Bezugspreis je Bürostuhl! ➡ ☐☐☐,☐☐ EUR

Alle Preise runden Sie gegebenenfalls auf zwei Stellen nach dem Komma.

Situation zur 14. bis 18. Aufgabe

Sie sind sind Mitarbeiter im Team Einkauf der Königsberg-Klinik gGmbH und bearbeiten ein **freibleibendes Angebot** der Medica-Handelsunion GmbH.

Pos. 1: Einwegkittel, 10 Stück/Packset
Preis je Packset: 15,00 EUR netto
Rabatt: 1 Packset Dreingabe je 10 Packsets

Pos. 2: Einweghauben, 100 Stück/Packset
Preis je Packset: 7,80 EUR netto
Rabatt: 5 % ab 10 Packsets, 8 % ab 30 Packsets

Pos. 3: Einmalmundschutz, 50 Stück/Packset
Preis je Packset: 3,90 EUR netto
Rabatt: 1 Packset Draufgabe je 10 Packsets

Lieferbedingung: frei Haus
Zahlungsbedingung: 30 Tage Ziel, bei Zahlung innerhalb von 10 Tagen 2 % Skonto

---

14. Aufgabe

Prüfen Sie, in welchen 2 Fällen ein **Kaufvertrag** zustande kommt!

1. Die Königsberg-Klinik gGmbH (Käufer) bestellt ihren Bedarf gemäß Angebot, die Medica-Handelsunion GmbH (Verkäufer) antwortet mit einer gleichlautenden Auftragsbestätigung.

2. Die Königsberg-Klinik gGmbH (Käufer) bestellt ihren Bedarf gemäß Angebot der Medica-Handelsunion GmbH (Verkäufer).

3. Die Königsberg-Klinik gGmbH (Käufer) bestellt ihren Bedarf gemäß Angebot der Medica-Handelsunion GmbH (Verkäufer). Die Medica-Handelsunion GmbH bestätigt mit dem Hinweis, dass sie bei der Position 1 statt der Dreingabe eine vorteilhafte Draufgabe gewährt.

4. Die Königsberg-Klinik gGmbH (Käufer) bestellt ihren Bedarf gemäß Angebot, die Medica-Handelsunion GmbH (Verkäufer) liefert unverzüglich aus.

5. Die Königsberg-Klinik gGmbH (Käufer) bestellt ihren Bedarf gemäß Angebot, die Medica-Handelsunion GmbH (Verkäufer) liefert nach Ablauf der 3-wöchigen Betriebsferien schnellstens aus.

Tragen Sie die zutreffenden Kennziffern in die Lösungskästchen ein! ➡ ☐☐

4 Wessel u.a. - ISBN 978-3-8120-0626-2

15. Aufgabe

Der Bedarf der Königsberg-Klinik gGmbH liegt bei 1.200 Stück Einwegkitteln, 1.200 Stück Einweghauben und 800 Stück Einmalmundschutz. Ermitteln Sie zunächst, wie viele Packsets jeweils bestellt werden müssen!

Pos 1: ➡ ☐☐☐ Packsets

Pos 2: ➡ ☐☐ Packsets

Pos 3: ➡ ☐☐ Packsets

16. Aufgabe

Kalkulieren Sie die **Zieleinkaufspreise** für die Positionen 1 bis 3 ohne Berücksichtigung der Umsatzsteuer!

Verwenden Sie die Mengenangaben der vorherigen Aufgabe und tragen Sie Ihre Ergebnisse in die Lösungskästchen ein!

Pos 1: ➡ ☐.☐☐☐,☐☐ EUR

Pos 2: ➡ ☐☐,☐☐ EUR

Pos 3: ➡ ☐☐☐,☐☐ EUR

17. Aufgabe

Die Medica-Handelsunion GmbH hat der Königsberg-Klinik gGmbH die Einwegmaterialien wie bestellt geliefert. Ermitteln Sie den gesamten **Beschaffungsaufwand** für die Einwegmaterialien, wenn 2 % Skonto in Anspruch genommen wird. Ihr Rechenansatz sind dabei die Ergebnisse aus der Vorgängeraufgabe.

Tragen Sie Ihr Ergebnis in die Lösungskästchen ein! ➡ ☐.☐☐☐,☐☐ EUR

18. Aufgabe

Sie bearbeiten in der Buchhaltung der Königsberg-Klinik gGmbH die Eingangsrechnung der Medica-Handelsunion GmbH. Bilden Sie unter Verwendung des **KHBV-Kontenplans** die **Buchungssätze**

1. zum Eingang der Rechnung über Einwegmaterialien nach dem aufwandsrechnerischen Verfahren! ➡ ☐☐☐☐ an ☐☐☐

2. zur Bezahlung der Rechnung unter Abzug von Skonto! ➡ ☐☐☐ an ☐☐☐
   an ☐☐☐☐

19. Aufgabe

Der Königsberg-Klinik gGmbH ist es durch Verhandlungen mit einem Pharmahersteller gelungen, die Konditionen beim **Bezug eines teuren Arzneimittels** zu verbessern. Der Lieferrabatt wird von 8 % auf 12 % und der Skontosatz von 2 % auf 3 % angehoben. Der Bareinkaufspreis zu neuen Konditionen beläuft sich dann auf 405,46 EUR netto pro Einheit.

1. Ermitteln Sie **ohne** Umsatzsteuer

   a) den Listeneinkaufspreis! ➡ ☐☐☐,☐☐ EUR

   b) den Bareinkaufspreis zu alten Konditionen! ➡ ☐☐☐,☐☐ EUR

   c) die prozentuale Senkung des Bareinkaufspreises! ➡ ☐,☐☐ %

   d) den neuen Bezugspreis, wenn pro Einheit Bezugskosten von 38,40 EUR anfallen! ➡ ☐☐☐,☐☐ EUR

2. Ermitteln Sie den Betrag der Eingangsrechnung über die Lieferung von 25 Einheiten! ➡ ☐☐.☐☐☐,☐☐ EUR

3. Kontieren Sie die Eingangsrechnung! ➡ ☐☐☐☐ an ☐☐

20. Aufgabe

Die Königsberg-Klinik gGmbH stattet ihre Büroarbeitsplätze mit ergonomischen Bürodrehstühlen aus. Im Rahmen dieser **Beschaffung** ist eine Reihe von Tätigkeiten zu erledigen. Bringen Sie die nachfolgenden Arbeitsschritte in die richtige zeitliche Abfolge, indem Sie die Kennziffern **1.** bis **8.** in die entsprechenden Lösungskästchen eintragen!

Arbeitsschritte:

a) Überprüfung der Auftragsbestätigung auf Richtigkeit. ➡ ☐

b) Begleichung der Eingangsrechnung. ➡ ☐

c) Eingang der Bestellanforderung in der Abteilung Einkauf und Vorrätelogistik. ➡ ☐

d) Überwachung des Liefertermins. ➡ ☐

e) Verfassen von Anfragen an Lieferer aus der Lieferantenliste. ➡ ☐

f) Wareneingangsprüfung der Bürodrehstühle. ➡ ☐

g) Ermittlung des günstigsten Lieferers und Auftragsvergabe. ➡ ☐

h) Prüfung der Eingangsrechnung und Buchung. ➡ ☐

21. Aufgabe

Im **Kaufvertrag** können Verkäufer und Käufer viele Vertragsinhalte individuell vereinbaren und damit auch von der gesetzlichen Regelung abweichen.

Prüfen Sie, welche der folgenden vertraglichen Vereinbarungen in einem Kaufvertrag nach der gesetzlichen Grundregel

1. zutreffen,

9. nicht zutreffen!

Tragen Sie die Kennziffer vor der jeweils zutreffenden Antwort in das Lösungskästchen ein!

Vertragliche Regelungen in einem Kaufvertrag:

a) Erfüllungsort für Geldschulden ist der Wohn- bzw. Geschäftssitz des Käufers. Jedoch trägt der Käufer die Kosten der Geldübermittlung sowie die Verlustgefahr. ➡ ☐

b) Beim Versendungskauf trägt der Verkäufer die Transportkosten bis zur Versandstation, der Käufer muss alle weiteren Kosten übernehmen. ➡ ☐

c) Ist im Kaufvertrag nichts über die Qualität der zu liefernden Ware vereinbart, so hat der Verkäufer mindestens Waren mittlerer Qualität zu liefern. ➡ ☐

d) Die Kosten der Versandverpackung sind vom Verkäufer zu tragen. ➡ ☐

e) Wenn nichts anderes vereinbart ist, kann der Käufer die Warenlieferung innerhalb von 10 Tagen verlangen. ➡ ☐

f) Gerichtliche Streitigkeiten über Warenmängel werden am Geschäftssitz des Verkäufers verhandelt. ➡ ☐

22. Aufgabe

Im Kaufvertrag kann – abweichend von der gesetzlichen Regelung – eine Vereinbarung zwischen Verkäufer und Käufer über die Aufteilung der anfallenden **Versandkosten** getroffen werden. Für einen Versandauftrag mit 25 Packstücken von der Medico-Klinikbedarf GmbH & Co KG in Heidelberg zur Königsberg-Klinik gGmbH nach Bad Pyrmont fallen folgende Kosten an:

➤ Rollgeld für die Anfuhr zur Versandstation Heidelberg (12 km)　　1,70 EUR/km

➤ Verladekosten an der Versandstation Heidelberg　　40,00 EUR pauschal

➤ Bahnfracht für 418 km von Heidelberg nach Hannover　　0,75 EUR/km

➤ Entladekosten an der Empfangsstation Hannover　　2,40 EUR/Packstück

➤ Rollgeld für die Abfuhr nach Bad Pyrmont (62 km)　　1,65 EUR/km

Verkäufer	Vorlauf	Versand-station	Hauptlauf	Empfangs-station	Nachlauf	Käufer
①	②	③	④	⑤	⑥	⑦
Übergabe-kosten	Rollgeld Hausfracht	Verlade-kosten	Fracht	Entlade-kosten	Rollgeld Hausfracht	Abnahme-kosten

1. Ermitteln Sie für die Gesamtlieferung die von der Königsberg-Klinik gGmbH zu übernehmenden Transportkosten, wenn folgende Klausel vereinbart ist:

a) die gesetzliche Beförderungsklausel! ➡ ☐☐☐,☐☐ EUR

b) die Klausel „frachtfrei"! ➡ ☐☐☐,☐☐ EUR

c) die Klausel „ab Lager Heidelberg"! ➡ ☐☐☐,☐☐ EUR

d) die Klausel „unfrei"! ➡ ☐☐☐,☐☐ EUR

2. Berechnen Sie die Transportkosten je Packstück, wenn als Lieferungsbedingung gilt:

a) „frei Wagon"! ➡ ☐☐,☐☐ EUR

b) „frei Haus" bzw. „frei Lager"! ➡ ☐☐,☐☐ EUR

23. Aufgabe

Allgemeine Geschäftsbedingungen (AGB) sind alle für eine Vielzahl von Verträgen vorformulierten Vertragsbedingungen, die eine Vertragspartei, der sogenannte Verwender, der anderen Vertragspartei beim Abschluss eines Vertrages stellt. Sie sind mittlerweile im Bürgerlichen Gesetzbuch (BGB) gesetzlich geregelt.

Stellen Sie fest, welche der folgenden Aussagen zu den allgemeinen Geschäftsbedingungen in diesem Zusammenhang

1. richtig sind,

9. nicht richtig sind!

Tragen Sie die Kennziffer vor der jeweils zutreffenden Antwort in das Lösungskästchen ein!

Aussagen:

a) Allgemeine Geschäftsbedingungen werden nur Bestandteil des Vertrages, wenn der Verwender diese seiner Willenserklärung in schriftlicher Form beifügt. ➡ ☐

b) Überraschende und mehrdeutige Klauseln, mit denen der Vertragspartner des Verwenders nicht zu rechnen braucht, werden kein Bestandteil des Vertrages. ➡ ☐

c) Allgemeine Geschäftsbedingungen haben in jedem Fall Vorrang vor individuellen Vertragsabreden. ➡ ☐

d) Eine Voraussetzung für die Einbeziehung der allgemeinen Geschäftsbedingungen in den Vertrag ist, dass der Vertragspartner des Verwenders mit ihrer Geltung einverstanden ist. ➡ ☐

e) Bestimmungen in den allgemeinen Geschäftsbedingungen sind unwirksam, wenn diese den Vertragspartner des Verwenders unangemessen benachteiligen. ➡ ☐

24. Aufgabe

Durch den Kaufvertrag verpflichtet sich der Verkäufer, den Kaufgegenstand mangelfrei zu liefern. Weist die Ware einen Mangel auf, so muss der Käufer dem Verkäufer diesen Mangel mitteilen. Die Frist, innerhalb derer der Käufer die **Mängelrüge** vorzunehmen hat, richtet sich dabei danach, ob es sich um einen zweiseitigen Handelskauf, einen einseitigen Handelskauf oder einen bürgerlichen Kauf handelt.

Stellen Sie in diesem Zusammenhang fest, ob sich die folgenden Aussagen

1. nur auf den bürgerlichen Kauf,
2. nur auf den einseitigen Handelskauf (Verbrauchsgüterkauf),
3. nur auf den zweiseitigen Handelskauf,
4. sowohl auf den bürgerlichen Kauf als auch auf den einseitigen Handelskauf (Verbrauchsgüterkauf),
5. auf alle vorgenannten Arten des Kaufvertrages,
6. auf keine der vorgenannten Arten des Kaufvertrages

beziehen, wenn keine von der gesetzlichen Grundlage abweichenden Regelungen getroffen sind.

Tragen Sie die Kennziffer vor der jeweils zutreffenden Antwort in das Lösungskästchen ein!

Aussagen:

a) Eine Mängelanzeige ist in jedem Fall schriftlich abzugeben, wobei der Gesetzgeber allerdings die Erleichterung der elektronischen Form zulässt. ➡ ☐

b) Verschweigt der Lieferer einen ihm bei Ablieferung der Ware bekannten Mangel, so gilt als Rügefrist die allgemeine Verjährungsfrist von drei Jahren. ➡ ☐

c) Sofort bei der Ablieferung erkennbare Mängel hat der Käufer unverzüglich nach erfolgter Prüfung zu rügen. ➡ ☐

d) Sowohl offene als auch versteckte Mängel sind dem Verkäufer innerhalb von zwei Jahren nach der Ablieferung der Ware mitzuteilen. ➡ ☐

e) Zeigt sich innerhalb von sechs Monaten seit Gefahrenübergang ein Sachmangel, so gilt die gesetzliche Vermutung, dass dieser Sachmangel bereits bei Gefahrenübergang bestand. Dem Verkäufer obliegt es in diesen Fällen, den Beweis zu führen, dass die Ware bei Gefahrenübergang mängelfrei war (Beweislastumkehr). ➡ ☐

f) Die Mängelrüge ist ein einseitiges empfangsbedürftiges Rechtsgeschäft; die Rügefrist ist mit rechtzeitiger Absendung der Mängelrüge eingehalten. ➡ ☐

g) Ein bei Ablieferung nicht ohne Weiteres erkennbarer Mangel muss unverzüglich nach Entdeckung, spätestens innerhalb von zwei Jahren nach der Ablieferung gerügt werden. ➡ ☐

h) In der Mängelrüge muss der Mangel genau bezeichnet werden. ➡ ☐

25. Aufgabe

In der Königsberg-Klink gGmbH sind zwei Mitarbeiter mit der Annahme von bestellten Waren beauftragt.

Kennzeichnen Sie die folgenden Aussagen zur **Warenannahme** mit einer

1. wenn sie zutreffen,

9. wenn sie nicht zutreffen!

Aussagen:

a) In Anwesenheit des Transporteurs prüfen die Mitarbeiter u. a. die Anzahl der Packstücke sowie die Unversehrtheit der Verpackung. ➡ ☐

b) Den Empfang einer ordnungsgemäß gelieferten Warensendung quittieren die Mitarbeiter auf dem Lieferschein. ➡ ☐

c) Da der Transporteur lediglich im Auftrag des Verkäufers die Waren ausliefert, müssen festgestellte Schäden an der Verpackung dem Verkäufer mitgeteilt werden. ➡ ☐

d) Bei der Warenprüfung festgestellte Mängel müssen die Mitarbeiter unverzüglich dem Verkäufer melden. ➡ ☐

e) Die Mitarbeiter müssen die gelieferten Waren in jedem Fall sofort nach dem Eingang auf Mängel untersuchen. ➡ ☐

f) Die Prüfung der eingegangenen Waren auf Mängel wird erst vorgenommen, nachdem die Einlagerung vollzogen ist, weil nur so die Übersichtlichkeit des Lagers gewährleistet bleibt. ➡ ☐

g) Auch bei der Lieferung großer Warenmengen muss jedes einzelne Stück auf Mängel geprüft werden, bevor die Einlagerung erfolgen kann. ➡ ☐

26. Aufgabe

Im Zusammenhang mit dem Eingang bestellter Waren fallen in der Königsberg-Klinik gGmbH unterschiedliche Tätigkeiten an.

Bringen Sie die folgenden Arbeitsschritte dabei durch Eintragen der Kennziffern **1.** bis **7.** in die richtige Reihenfolge.

Arbeitsschritte:

a) Einlagerung der einwandfreien Waren. ➡ ☐

b) Annahme der Packstücke und Prüfung der Verpackung auf sichtbare Schäden. ➡ ☐

c) Prüfung der Eingangsrechnung auf sachliche und rechnerische Richtigkeit. ➡ ☐

d) Überwachung des Liefertermins. ➡ ☐

e) Einbuchen der eingegangenen Ware in der Lagerbuchführung. ➡ ☐

f) Prüfen der eingegangen Ware. ➡ ☐

g) Begleichung der Eingangsrechnung. ➡ ☐

27. Aufgabe

Bei der Beschaffung von Vorräten und Anlagegütern geschieht es gelegentlich, dass Lieferer der Königsberg-Klinik gGmbH ihren vertraglichen Verpflichtungen nicht nachkommen und mangelhafte Sachen liefern.

Prüfen Sie, welche der folgenden Aussagen zur **mangelhaften Lieferung** in diesem Zusammenhang unter Berücksichtigung der gesetzlichen Regelungen

1. richtig sind,

9. nicht richtig sind!

Tragen Sie die Kennziffer vor der jeweils zutreffenden Antwort in das Lösungskästchen ein!

Aussagen:

a) Eine mangelhafte Lieferung liegt u. a. vor, wenn die gelieferte Sache in der Art, in der Menge oder in der Qualität nicht mit den Vereinbarungen im Kaufvertrag übereinstimmt. ➡ ☐

b) Die Königsberg-Klinik gGmbH kann ihrem Lieferer Verzugszinsen in Rechnung stellen, die neun Prozentpunkte über dem Basiszinssatz der Europäischen Zentralbank liegen. ➡ ☐

c) Der Königsberg-Klinik gGmbH steht vorrangig das Recht der Nacherfüllung zu. Hierbei kann die Königsberg-Klinik gGmbH grundsätzlich nach ihrer Wahl die Nachbesserung, also die Beseitigung des vorliegenden Mangels, oder die Neulieferung, also die Lieferung einer mängelfreien Sache, verlangen. ➡ ☐

d) Hat der Lieferer die mangelhafte Lieferung zu vertreten, so hat die Königsberg-Klinik gGmbH einen Anspruch auf den Ersatz eines entstandenen Schadens. ➡ ☐

e) Hat der Lieferer die Nachbesserung einer mangelhaften Sache endgültig verweigert, so kann die Königsberg-Klinik gGmbH die Sache im Wege des Selbsthilfeverkaufs veräußern. ➡ ☐

f) Neben dem Rücktritt vom Kaufvertrag oder der Minderung des Kaufpreises kann die Königsberg-Klinik gGmbH in jedem Fall den Ersatz eines ihr entstandenen Schadens vom Lieferer verlangen. ➡ ☐

g) Die Nachbesserung einer mangelhaften Sache gilt nach dem zweiten erfolglosen Versuch als fehlgeschlagen. ➡ ☐

h) Hat die Königsberg-Klinik gGmbH einem Lieferer eine angemessene Nachfrist zur Nacherfüllung gesetzt und ist diese Frist erfolglos abgelaufen, so kann die Königsberg-Klinik gGmbH nach ihrer Wahl vom Vertrag zurücktreten oder eine Minderung des Kaufpreises verlangen. ➡ ☐

28. Aufgabe

Der Königsberg-Klinik gGmbH stehen vielfältige Rechte zu, wenn einer ihrer Lieferer den **Kaufvertrag** bzw. ein Patient den privaten Behandlungsvertrag nicht ordnungsgemäß erfüllen.

Kennzeichnen Sie die folgenden Aussagen zur **Erfüllung von Verträgen** mit einer

1. wenn sie zutreffend sind,

9. wenn sie nicht zutreffend sind!

Ordnen Sie zu, indem Sie die Kennziffer der jeweils zutreffenden Antwort in die Lösungskästchen bei den Aussagen eintragen!

Aussagen:

a) Ist mit einem Lieferer ein Fixkauf vereinbart, kann die Königsberg-Klinik gGmbH bei nicht termingerechter Lieferung ohne Nachfrist vom Vertrag zurücktreten.

b) Die Königsberg-Klinik gGmbH muss versteckte Mängel unverzüglich nach Entdeckung innerhalb von zwei Jahren bei ihrem Lieferer rügen.

c) Ist ein Lieferer im Lieferungsverzug, so kann die Königsberg-Klinik gGmbH Nacherfüllung verlangen.

d) Ein säumiger Selbstzahler der Königsberg-Klinik gGmbH kommt bei kalendermäßig nicht bestimmtem Zahlungstermin auch ohne Mahnung 30 Tage nach Fälligkeit und Zugang der Rechnung in Verzug, wenn er auf diesen Umstand besonders hingewiesen wurde.

e) Bevor die Königsberg-Klinik gGmbH im Zahlungsverzug eines Selbstzahlers auf Zahlung klagen kann, muss sie das gerichtliche Mahnverfahren beschritten haben.

f) Bei mangelhafter Lieferung hat die Königsberg-Klinik gGmbH das Recht, sofort eine Minderung des Kaufpreises zu verlangen.

1.2 Materialwirtschaft

29. Aufgabe

Die Königsberg-Klinik gGmbH verwendet zur Überwachung ihrer Lagerbestände bestimmte **Lagerkennzahlen,** um eine jederzeitige Bedarfsdeckung sicherzustellen.

Ordnen Sie den folgenden Aussagen die zutreffende Lagerbestandsgröße zu.

Lagerbestandsgrößen:

1. Mindestbestand

2. Meldebestand

3. Höchstbestand

Tragen Sie die Kennziffer der zutreffenden Lagerbestandsgröße in das Lösungskästchen bei den Aussagen ein. Sofern keine der genannten Lagerbestandsgrößen zutreffend ist, tragen Sie eine **9.** ein!

Aussagen:

a) Bei dieser Menge/diesem Bestand ist die Summe aus Einkaufs- und Lagerkosten am niedrigsten. ➡ ☐

b) Dieser Bestand darf grundsätzlich nicht unterschritten werden, um für unvorhergesehene Lieferverzögerungen einen ausreichenden Puffer zu haben. ➡ ☐

c) Nach jeder eintreffenden Warenlieferung wird dieser Bestand erreicht. ➡ ☐

d) Bei Erreichen dieses Bestandes muss der Beschaffungsvorgang ausgelöst werden. ➡ ☐

e) Erhöht sich die Beschaffungszeit, so erhöht sich bei gleichbleibender Tagesentnahme auch dieser Bestand. ➡ ☐

f) Dieser Bestand kann unter Einbeziehung des Jahresanfangsbestandes sowie der 12 Monatsendbestände ermittelt werden. ➡ ☐

30. Aufgabe

Welche Menge bezeichnet man als **optimale Bestellmenge?**

1. Sie ist die Menge mit den niedrigsten Beschaffungskosten je Bestelleinheit.
2. Sie ist die Beschaffungsmenge, bei der die Summe aus Bestell- und Lagerhaltungskosten am niedrigsten ist.
3. Sie ist die Beschaffungsmenge mit den niedrigsten Kapitalbindungskosten.
4. Sie ist die Beschaffungsmenge mit den günstigsten Mengenrabatten.
5. Sie ist die Beschaffungsmenge mit den annähernd gleichen Bestell- und Lagerhaltungskosten.

Tragen Sie die zutreffende Kennziffer in das Lösungskästchen ein! ➡ ☐

31. Aufgabe

Sie sind in der Abteilung Einkauf und Vorrätelogistik eingesetzt. Sie haben die Aufgabe, die **Bevorratung** von Krankenhausbedarfsartikeln kostengünstig zu organisieren. Für den Lagerartikel Antisept-Rapid, einem Desinfektionsmittel für abwaschbare Flächen, ermitteln Sie einen Bedarf von 60 Kanistern je Quartal. Die bestellfixen Kosten betragen 35,00 EUR je Bestellabwicklung. Die Lagerkosten betragen 11,20 EUR je Kanister.

1. Errechnen Sie die optimale Bestellmenge mittels einer Tabelle von 1 bis 5 Bestellungen im Quartal! ➡ ☐☐ Kanister

2. Errechnen Sie die dazugehörige Anzahl der Bestellungen pro Quartal! ➡ ☐ Bestellungen

Als Lösungshilfe benutzen Sie das folgende Rechenschema:

Anzahl der Bestellungen	Bestellmenge je Bestellung	Lagerkosten in EUR	Bestellkosten in EUR	Summe aus Bestell- und Lagerkosten in EUR
1				
2				
3				
4				
5				

32. Aufgabe

Die Königsberg-Klinik gGmbH hat aufgrund der Erfahrungen der vergangenen Jahre für die Feuchtwaschhaube „CapCur" einen eisernen Bestand von 90 Stück festgelegt. Pro Tag werden 15 Feuchtwaschhauben verbraucht. Die optimale **Bestellmenge** haben die Mitarbeiter des Controllings mit 360 Stück ermittelt.

1. Wie hoch ist unter diesen Voraussetzungen der Meldebestand, wenn die Beschaffungszeit 5 Tage beträgt? ➡ ☐☐☐ Stück

2. Auf welchen maximalen Bestand wächst das Lager nach jeder Anlieferung von Feuchtwaschhauben an? ➡ ☐☐☐ Stück

3. Wie lange liegen die Melde-/Bestellzeitpunkte auseinander? ➡ ☐☐ Tage

4. Um wie viel Prozent steigt der Meldebestand, wenn sich die Beschaffungszeit um 2 Tage verlängert? ➡ ☐☐ %

33. Aufgabe

Ein Krankenhaus hat einen Tagesbedarf von 250 Paar medizinischer Handschuhe. Die Lieferzeit des Herstellers beträgt 4 Tage. Die optimale Bestellmenge wurde mit 4.000 Paar ermittelt. Der Mindestbestand hat eine Reichweite von 5 Tagen. Aktuell ist der **Lagerhöchstbestand** erreicht.

1. Ermitteln Sie den Meldebestand! ➡ ☐.☐☐☐ Paar

2. Ermitteln Sie den Höchstbestand! ➡ ☐.☐☐☐ Paar

3. Ermitteln Sie das Bestellintervall unter der Annahme eines regelmäßigen Verbrauchs! ➡ ☐☐ Tage

34. Aufgabe

Auf den vier Bettenstationen und dem Krankenhauslabor der Königsberg-Klinik gGmbH sind folgende Kosten für **Verbrauchsmaterialien** angefallen:

35.150,00 EUR, Station Innere Medizin,

37.450,00 EUR, Station Chirurgie,

27.800,00 EUR, Station Gynäkologie,

32.600,00 EUR, Station HNO-Heilkunde,

24.050,00 EUR, Krankenhauslabor.

1. Ermitteln Sie die durchschnittlichen Kosten der Organisationseinheiten! ➡ ☐☐.☐☐☐,☐☐ EUR

2. Ermitteln Sie den Prozentsatz, mit dem die Station mit den höchsten Kosten über dem Durchschnitts-wert liegt! ➡ ☐☐,☐☐ %

35. Aufgabe

Die Seniorenresidenz Rosenhof KG zahlte für das Haus Friedensthal im vergangenen Geschäfts-jahr je Quartal 2.192,00 EUR Heizkostenvorauszahlung an den Wärmeversorger. Laut Jahres-endabrechnung wurde zu Beginn des neuen Geschäftsjahres eine Nachzahlung in Höhe von 580,00 EUR fällig. Der Wärmeversorger rechnet im neuen Geschäftsjahr mit einer Kostensteige-rung von 6 % im Vergleich zum Vorjahr.

1. Ermitteln Sie die durchschnittlichen monatlichen Heizkosten im vergangenen Geschäftsjahr! ➡ ☐☐☐,☐☐ EUR

2. Ermitteln Sie die Heizkostenvorauszahlung je Quar-tal im neuen Geschäftsjahr unter dem Gesichtspunkt einer Kostendeckung! ➡ ☐.☐☐☐,☐☐ EUR

36. Aufgabe

Die Geschäftsleitung der Königsberg-Klinik gGmbH plant anlässlich der Eröffnung einer Sta-tion für Gynäkologie einen Tag der offenen Tür. Zu diesem Zweck steht ein **Werbeetat** von 19.880,00 EUR zur Verfügung. Laut Planung des verantwortlichen Projektteams soll $\frac{1}{5}$ dieses Betrages als Honorar für prominente Referenten verwendet werden. $\frac{2}{7}$ sollen für Animatio-nen Eltern/Kind ausgegeben werden. Für Medienwerbung (Flyer, Zeitungsanzeigen, Lokalradio) werden 30 % des Werbeetats eingeplant. Der Rest wird für ein Preisausschreiben reserviert.

Ermitteln Sie den Betrag

1. für das Referentenhonorar! ➡ ☐☐.☐☐☐,☐☐ EUR

2. für die mediale Werbung! ➡ ☐☐.☐☐☐,☐☐ EUR

3. für das Preisausschreiben! ➡ ☐☐.☐☐☐,☐☐ EUR

37. Aufgabe

Das Gesetz zur Förderung der Kreislaufwirtschaft und Sicherung der umweltverträglichen Bewirtschaftung von Abfällen **(Kreislaufwirtschaftsgesetz – KrWG)** verpflichtet die Erzeuger von Abfällen zur Eigenverantwortlichkeit.

Welche der folgenden Maßnahmen einer Gesundheitseinrichtung gewährleistet das Vorsorge- und Nachhaltigkeitsprinzip zum **Schutz von Mensch und Umwelt** am besten?

1. Recycling von Abfällen.
2. Vorbereitung zur Wiederverwendung.
3. Energetische Verwertung (z. B. Wärmeerzeugung).
4. Abfallvermeidung.
5. Beseitigung von Abfällen auf Deponien.

Tragen Sie die zutreffende Kennziffer in das Lösungskästchen ein!

38. Aufgabe

Entscheiden Sie, welche Vorgänge für eine sichere und ordnungsgemäße **Abfallentsorgung** in Einrichtungen des Gesundheitsdienstes vorschriftsmäßig sind!

1. Die Entsorgung von toxischen Abfällen ist als gefährlicher Abfall zu dokumentieren.
2. Infektiöses Krankenhausmaterial kann folienverschweißt als gemischter Siedlungsabfall entsorgt werden.
3. Die Erzeugung von gemischten Siedlungsabfällen (Haushaltsmüll) ist überwachungsbedürftig.
4. Die Vollzugshilfe zur Entsorgung von Abfällen aus Einrichtungen des Gesundheitsdienstes (LAGA 18) ist als Handlungsanleitung für eine sichere Abfallentsorgung zu beachten.
5. Die Beseitigung von überwachungsbedürftigen Abfällen unterliegt der Eigenkontrolle der Gesundheitseinrichtungen.

Tragen Sie die zutreffenden Kennziffern in die Lösungskästchen ein!

1.3 Betriebliches Rechnungswesen

39. Aufgabe

In welche **Teilbereiche** wird ein leistungsfähiges **Rechnungswesen** gegliedert?

1. Offene-Posten-Buchhaltung, Kostenstellen- und Kostenträgerrechnung, Statistik.
2. Betriebs- und Lagerbuchhaltung, Kosten- und Leistungsrechnung, Statistik und Controlling.
3. Buchführung, Kostenarten- und Kostenträgerrechnung, Statistik und Controlling.
4. Debitoren- und Kreditorenbuchhaltung, Kostenarten- und Kostenträgerrechnung, Controlling.
5. Buchführung, Kosten- und Leistungsrechnung, Statistik, Planung und Controlling.

Tragen Sie die zutreffende Kennziffer in das Lösungskästchen ein!

40. Aufgabe

Die Teilbereiche des **Rechnungswesens** erfüllen verschiedene Aufgaben. Ordnen Sie zu, indem Sie die Kennziffer des jeweils zutreffenden Teilbereichs in das Lösungskästchen neben den Aufgabenbeschreibungen eintragen!

Teilbereiche des Rechnungswesens:

1. Buchführung
2. Kosten- und Leistungsrechnung
3. Statistik
4. Planungsrechnung

Aufgabenbeschreibungen:

a) Die Verteilung der Gemeinkosten mithilfe des Betriebsabrechnungsbogens. ➡ ☐

b) Die Aufbereitung der Zahlen für den Geschäftsbericht. ➡ ☐

c) Die Anfangsbestände der Bestandskonten werden aus dem Eröffnungsbilanzkonto übertragen. ➡ ☐

d) Anhand von Erfahrungswerten und vorhersehbaren Entwicklungen werden die Kosten für die nächsten zwei Jahre geplant. ➡ ☐

e) Die Bilanzkennzahlen werden errechnet und analysiert. ➡ ☐

f) Im Rahmen der Teilkostenrechnung werden die Deckungsbeiträge ermittelt. ➡ ☐

41. Aufgabe

Die Mitarbeiter der Abteilung Rechnungswesen der Königsberg-Klinik gGmbH erledigen im Rahmen der **Buchführung** fortlaufend verschiedenste Tätigkeiten. Ordnen Sie zu, indem Sie die Kennziffer der jeweils zutreffenden Funktion in das Lösungskästchen neben den Beispielen eintragen!

Funktionen der Buchführung:

1. Kontrollfunktion
2. Informationsfunktion
3. Dokumentationsfunktion
4. Steuerungsfunktion

Beispiele:

a) Ablage der Buchungsbelege. ➡ ☐

b) Überwachung der Zahlungseingänge. ➡ ☐

c) Weiterleitung des Monatsberichts an die Geschäftsführung. ➡ ☐

d) Auszahlungen werden termingerecht durchgeführt. ➡ ☐

e) Die Aufbewahrung der Bilanzen erfolgt nach den gesetzlichen Vorschriften. ➡ ☐

f) Abgleich der Istkosten mit den Plankosten. ➡ ☐

42. Aufgabe

Die **Buchführung** stellt in der Seniorenresidenz Rosenhof KG den grundlegenden Teil des betrieblichen Rechnungswesens dar, auf dem die anderen Bereiche (Kosten- und Leistungsrechnung, Statistik, Planungsrechnung) aufbauen.

Kennzeichnen Sie in diesem Zusammenhang die folgenden Aussagen mit einer

1. wenn sie zutreffen,

9. wenn sie nicht zutreffen!

Aussagen:

a) Die Zahlen der Buchführung dienen nicht nur betriebsinternen Adressaten, sondern müssen auch Personen bzw. Institutionen außerhalb der Seniorenresidenz Rosenhof KG zugänglich gemacht werden. ➡ ☐

b) Es steht der Seniorenresidenz Rosenhof KG frei, in ihrem Unternehmen eine Buchführung zu installieren. Auch die Ausgestaltung der Buchführung liegt weitestgehend in ihrem Ermessen. ➡ ☐

c) Die Buchführung zeichnet alle Geschäftsfälle der Seniorenresidenz Rosenhof KG aufgrund von Belegen auf. Dabei kann die Seniorenresidenz Rosenhof KG diese Aufzeichnung entweder nach zeitlichen oder nach sachlichen Gesichtspunkten organisieren. ➡ ☐

d) Mithilfe der Buchführung ermittelt die Seniorenresidenz Rosenhof KG mindestens einmal jährlich den Stand ihres Vermögens und ihrer Schulden. ➡ ☐

e) In der Buchführung der Seniorenresidenz Rosenhof KG werden neutrale Aufwendungen und Erträge nicht erfasst. ➡ ☐

f) Übersteigen in einer Geschäftsperiode die Erträge die Aufwendungen, so weist die Buchführung in der Gewinn- und Verlustrechnung ein positives Betriebsergebnis aus. ➡ ☐

g) Die Zahlen der Buchführung werden vor Gericht in Vermögensstreitigkeiten im Zweifel als richtig angesehen. ➡ ☐

43. Aufgabe

Die Königsberg-Klinik gGmbH hat nach handels-, steuer- und krankenhausrechtlichen Vorschriften alle Geschäftsfälle zu dokumentieren. Die **Buchführung** (Finanzbuchführung, Geschäftsbuchführung) bildet somit die Grundlage für alle anderen Bereiche des Rechnungswesens. Prüfen Sie, welche zwei Aussagen zur Buchführung **falsch** sind!

1. Unter kaufmännischer Buchführung versteht man u. a. das Festhalten der Anfangsbestände an Vermögen und Schulden sowie deren Veränderungen.

2. Vorgänge, die Veränderungen beim Vermögen und bei Schulden auslösen, nennt man Geschäftsfälle.

3. Die Unterlagen zur Inventur, das Inventar und die Bilanz müssen mindestens drei Jahre aufbewahrt werden.

4. Die Königsberg-Klinik gGmbH hat sich an den Grundsätzen ordnungsmäßiger Buchführung (GoB) zu halten.

5. Für die formale Darstellung des Inventars gibt es keine gesetzlichen Vorschriften.

6. Für die formale Darstellung der Bilanz gibt es keine gesetzlichen Vorschriften.

Tragen Sie die zutreffenden Kennziffern in die Lösungskästchen ein!

44. Aufgabe

Die Königsberg-Klinik gGmbH führt ihre Inventur seit Jahren im Zeitraum vom 02.01 bis 05.01. durch (Bilanzstichtag 31.12.). Um welches **Inventurverfahren** handelt es sich?

1. Festwertbildung
2. Stichprobeninventur
3. Permanente Inventur
4. Verlegte Inventur
5. Stichtagsinventur

Tragen Sie die zutreffende Kennziffer in das Lösungskästchen ein!

45. Aufgabe

Die **Inventur** muss nicht unbedingt am Abschlussstichtag durchgeführt werden. Die Senioren-residenz Rosenhof KG kann dabei vielmehr unter bestimmten Voraussetzungen einige Verein-fachungen in Anspruch nehmen.

Stellen Sie in diesem Zusammenhang fest, ob die folgenden Aussagen auf

1. die zeitnahe Inventur (Stichtagsinventur),
2. die verlegte Inventur,
3. die permanente Inventur,
4. keine der genannten Inventurvereinfachungen

zutreffen.

Tragen Sie die Kennziffer vor der jeweils zutreffenden Antwort in das Lösungskästchen ein!

Aussagen:

a) Der am Inventurtag ermittelte Bestand muss nicht mehr mengenmäßig, sondern nur noch wertmäßig auf den Abschlussstichtag fortgeschrieben bzw. zurückge-rechnet werden.

b) Die Inventurarbeiten können lediglich in einem Zeitraum von 15 Tagen vor bzw. 10 Tagen nach dem Abschlussstichtag vorgenommen werden.

c) Auf eine körperliche Inventur zum Bilanzstichtag kann verzichtet werden, wenn sich der mengenmäßige Bestand eines Vermögenspostens aufgrund bestimmter Unterlagen, wie z.B. Lagerkarteien, buchmäßig ermitteln lässt. Die körperliche Inventur muss dann zu einem beliebigen anderen Zeitpunkt innerhalb des Geschäftsjahres durchgeführt werden. ➡ ☐

d) Alle Zu- und Abgänge zwischen dem Inventurtag und dem Ende des Geschäftsjahres müssen mengen- und wertmäßig anhand von Belegen auf den Abschlussstichtag fortgeschrieben bzw. zurückgerechnet werden. ➡ ☐

e) Die Inventurarbeiten müssen spätestens 10 Tage nach dem Abschlussstichtag beendet sein. ➡ ☐

f) Eine körperliche Inventur ist nur noch alle zwei Jahre erforderlich, wenn ein fortlaufendes Verzeichnis, wie z.B. eine Lagerkartei, geführt wird. ➡ ☐

g) Will man die Bestandsfortschreibung bzw. -rückrechnung nur noch wertmäßig vornehmen, muss die Inventur spätestens zwei Monate nach dem Abschlussstichtag abgeschlossen sein. ➡ ☐

h) Vorteilhaft ist die Tatsache, dass die Inventurarbeiten auf das ganze Jahr verteilt werden können. ➡ ☐

46. Aufgabe

In der Seniorenresidenz Rosenhof KG führen die Mitarbeiter zum Ende des Geschäftsjahres die **Inventur** durch.

Kennzeichnen Sie in diesem Zusammenhang die folgenden Aussagen mit einer

1. wenn sie zutreffen,

9. wenn sie nicht zutreffen!

Aussagen:

a) Die Seniorenresidenz Rosenhof KG ist zur Durchführung der Inventur nach dem Handelsgesetzbuch (HGB) und nach der Pflegebuchführungsverordnung (PBV) verpflichtet. ➡ ☐

b) Die Seniorenresidenz Rosenhof KG darf die Inventur in jedem Fall zu einem ihr genehmen Zeitpunkt während des Geschäftsjahres vornehmen. ➡ ☐

c) Die körperliche Inventur wird je nach Art des Vermögensgegenstandes durch Zählen, Messen oder Wiegen und Bewerten durchgeführt. ➡ ☐

d) Werden im Rahmen der Inventur Differenzen zwischen den Buchbeständen und den Istbeständen festgestellt, so sind die Buchbestände an die Inventurbestände anzupassen. ➡ ☐

e) Die Werte der „nicht körperlichen" Vermögensposten werden im Rahmen einer buchmäßigen Inventur anhand von Belegen oder buchhalterischen Aufzeichnungen ermittelt. ➡ ☐

f) Die Seniorenresidenz Rosenhof KG muss die Inventur in jedem Fall am Ende des Geschäftsjahres durchführen, d.h. jeweils am 31. Dezember. ➡ ☐

5 Wessel u.a. - ISBN 978-3-8120-0626-2

Situation zur 47. bis 50. Aufgabe

Am Ende des Geschäftsjahres führt die Königsberg-Klink gGmbH die **Inventur** durch und kann somit das Vermögen und die Schulden bewerten.

47. Aufgabe

Prüfen Sie, welche Aussagen auf die **Buchinventur** oder die **körperliche Inventur** zutreffen. Ordnen Sie zu, indem Sie die Kennziffer des jeweils zutreffenden Inventurverfahrens in das Lösungskästchen neben den Inventurarbeiten eintragen!

Inventurverfahren:

1. Buchinventur
2. Körperliche Inventur

Inventurarbeiten:

a) Vorbereitungsarbeiten zur Bewertung der Forderungen. ➡ ☐

b) Abgleich der Sollbestände bei den Vorräten des medizinischen Bedarfs. ➡ ☐

c) Zählung der Lebensmittelvorräte. ➡ ☐

d) Prüfung der Kontoauszüge zur Ermittlung der Schlussbestände. ➡ ☐

e) Kassenbuchprüfung. ➡ ☐

48. Aufgabe

Wie ist das **Inventar** gegliedert?

1. Eigenkapital und Fremdkapital
2. Vermögen, Schulden, Reinvermögen
3. Vermögen, Unvermögen, Reinvermögen
4. Aktiva und Passiva
5. Anlagevermögen, Umlaufvermögen, Summe des Vermögens

Tragen Sie die zutreffende Kennziffer in das Lösungskästchen ein! ➡ ☐

49. Aufgabe

Ergänzen Sie das nachfolgende, auszugsweise abgedruckte **Inventar** der Seniorenresidenz Rosenhof KG, indem Sie die jeweilige Kennziffer der folgenden Inventarposten in die Lösungskästchen eintragen!

Inventarposten:

11. Vermögen

12. Vorräte

13. Reinvermögen

14. Guthaben bei Banken

15. Verbindlichkeiten a. L. u. L.

16. Kassenbestand

17. Summe des Vermögens

18. Technische Anlagen

19. Betriebsbauten

20. Schulden

Inventar der Seniorenresidenz Rosenhof KG zum 31. Dezember 20 . :

A. . . . . a) ➡ ☐☐

   I. Anlagevermögen

      1. . . . . b) ➡ ☐☐

      2. . . . . c) ➡ ☐☐

      3. Einrichtungen und Ausstattungen

   II. Umlaufvermögen

      1. . . . . d) ➡ ☐☐

      2. Forderungen aus Lieferungen und Leistungen

      3. . . . . e) ➡ ☐☐

      4. . . . . f) ➡ ☐☐

B. . . . . g) ➡ ☐☐

   1. . . . . h) ➡ ☐☐

   2. Verbindlichkeiten gegenüber Kreditinstituten

C. Ermittlung des Reinvermögens

. . . . i) ➡ ☐☐

   − Summe der Schulden

   = ... j) ➡ ☐☐

50. Aufgabe

Nach Abschluss der Inventur tragen die Mitarbeiter der Seniorenresidenz Rosenhof KG die Ergebnisse zum **Inventar** zusammen.

Beurteilen Sie die folgenden Aussagen zum Inventar auf ihre Richtigkeit, indem Sie mit einer

1. zutreffende Aussagen,

9. nicht zutreffende Aussagen

kennzeichnen!

Aussagen:

a) Das Inventar muss von der Seniorenresidenz Rosenhof KG bei Aufnahme der Geschäfte, zum Ende eines jeden Geschäftsjahres und bei Aufgabe der Geschäfte erstellt werden. ➡ ☐

b) Das Inventar muss von der Seniorenresidenz Rosenhof KG rechtsverbindlich unterschrieben werden. ➡ ☐

c) Das Inventar darf auch auf Bildträgern (Mikrofilm) oder auf anderen Datenträgern (Magnetplatte, Diskette) aufbewahrt werden, wenn die Daten innerhalb angemessener Frist lesbar gemacht werden können. ➡ ☐

d) Das Inventar besteht aus drei Teilen: dem Anlagevermögen, dem Umlaufvermögen und den Schulden. ➡ ☐

e) Das Inventar muss von der Seniorenresidenz Rosenhof KG jeweils zehn Jahre lang aufbewahrt werden. ➡ ☐

f) Das Inventar weist die Schulden nach dem Kriterium der Fälligkeit aus, wobei die längerfristigen vor den kürzerfristigen Verbindlichkeiten aufgeführt werden. ➡ ☐

g) Das Inventar weist als Differenz zwischen der Summe der Vermögensposten und der Summe der Schuldenposten das Eigenkapital oder Reinvermögen aus. ➡ ☐

51. Aufgabe

Prüfen Sie, bei welchen Aussagen der **Sollbestand** nach unten korrigiert werden muss!

1. Nach Überprüfung der Kasse wird festgestellt, dass der Kassenbestand höher ist als angenommen.

2. Der Bestand eines Kopfschmerzmittels beträgt 8 Packungen á 10 Tabletten. Anhand der Entnahmescheine sollen 10 Packungen á 10 Tabletten vorrätig sein.

3. Bei der Auflistung der Bestände gab es einen Zahlendreher. Auf dem Bankkonto waren nicht 19.338,00 EUR, sondern 19.833,00 EUR.

4. Der Istbestand an Einwegspritzen ist höher als der Sollbestand.

5. Der Sollbestand an Einwegspritzen ist höher als der Istbestand.

Tragen Sie die zutreffenden Kennziffern in die Lösungskästchen ein! ➡ ☐☐

52. Aufgabe

Welche Aussagen zur **Bilanz- und Ergebnisrechnung** sind richtig?

1. Eine zu niedrige Bewertung von Vermögensgegenständen führt auch zu einem zu niedrigen Eigenkapital.

2. Eine zu niedrige Bewertung von Vermögensgegenständen führt auch zu einem zu hohen Eigenkapital.

3. Eine zu hohe Bewertung von Vermögensgegenständen führt auch zu einem zu niedrigen Eigenkapital.

4. Eine zu hohe Bewertung von Vermögensgegenständen führt auch zu einem zu hohen Eigenkapital.

5. Eine zu niedrige Bewertung von Vermögensgegenständen führt auch zu einem zu niedrigen Fremdkapital.

6. Eine zu hohe Bewertung von Vermögensgegenständen führt auch zu einem zu niedrigen Fremdkapital.

Tragen Sie die zutreffenden Kennziffern in die Lösungskästchen ein!

53. Aufgabe

Welche der nachfolgend aufgeführten Sachverhalte betreffen in der **Bilanz** der Königsberg-Klinik gGmbH

1. ausschließlich Posten der Aktivseite,

2. ausschließlich Posten der Passivseite,

3. sowohl Posten der Aktiv- als auch der Passivseite?

Ordnen Sie zu, indem Sie die Kennziffer der jeweils zutreffenden Bilanzposten in die Lösungskästchen bei den Sachverhalten eintragen!

Sachverhalte:

a) Banküberweisung der Grunderwerbsteuer im Zusammenhang mit dem Kauf eines Grundstücks für ein neues Wirtschaftsgebäude. ➡ ☐

b) Auflösung einer nicht in Anspruch genommenen Steuerrückstellung. ➡ ☐

c) Abhebung vom Bankkonto zur Auffüllung der Geschäftskasse. ➡ ☐

d) Tilgung eines Lieferer darlehens mittels Banküberweisung. ➡ ☐

e) Kauf eines Kombiwagens auf Ziel. ➡ ☐

54. Aufgabe

Entscheiden Sie, welche **Bilanzgleichungen** als die rechnerische Gleichheit von Aktiva und Passiva korrekt dargestellt sind!

1. Vermögen = Eigenkapital
2. Eigenkapital = Anlagevermögen
3. Eigenkapital + Fremdkapital = Vermögen
4. Fremdkapital = Umlaufvermögen
5. Vermögen − Fremdkapital = Eigenkapital
6. Anlagevermögen + Umlaufvermögen = Eigenkapital + Fremdkapital

Tragen Sie die zutreffenden Kennziffern in die Lösungskästchen ein!

55. Aufgabe

Welche Gleichungen zur **Bilanz** sind falsch?

1. Gesamtvermögen = Anlagevermögen + Umlaufvermögen
2. Gesamtvermögen = Umlaufvermögen + Eigenkapital
3. Gesamtkapital = Eigenkapital + Fremdkapital
4. Anlagevermögen = Gesamtvermögen − Umlaufvermögen
5. Eigenkapital = Gesamtkapital − Fremdkapital
6. Fremdkapital = Anlagevermögen − Eigenkapital

Tragen Sie die zutreffenden Kennziffern in die Lösungskästchen ein!

56. Aufgabe

Entscheiden Sie, welche Sachverhalte auf die **Schlussbilanz** der Königsberg-Klinik gGmbH zutreffen!

1. Die Bilanz stellt das Verhältnis von Vermögenswerten und Kapitalwerten dar.
2. Die Bilanz ist die sachlich geordnete Gliederung der Geschäftsfälle.
3. Die Bilanz stellt den Werteverzehr (Aufwand) und den Wertezuwachs (Ertrag) einander gegenüber.
4. Die Bilanz ist das zusammenfassende Ergebnis der Kosten- und Leistungsrechnung.
5. Jeder Geschäftsfall wirkt sich mindestens auf zwei Bilanzposten aus.

Tragen Sie die zutreffenden Kennziffern in die Lösungskästchen ein!

57. Aufgabe

Die Abteilungsleiterin des Finanz- und Rechnungswesens beauftragt Sie, die **zeitliche Abgrenzung** im Zuge des Jahresabschlusses vorzunehmen. Ordnen Sie zu, indem Sie die Kennziffer des jeweils zutreffenden Abgrenzungskontos in das Lösungskästchen neben den Buchungsvorgängen eintragen!

Abgrenzungskonten:

1. Sonstige Forderungen
2. Sonstige Verbindlichkeiten

3. Aktive Rechnungsabgrenzung
4. Passive Rechnungsabgrenzung

Buchungsvorgänge:

a) Die Miete (01.10.–31.03.) für einen Lagerraum zahlt unser Mieter bereits Anfang Oktober.

b) Die Miete (01.10.–31.03.) für einen Lagerraum zahlt unser Mieter erst Anfang April des nächsten Jahres.

c) Die Miete (01.10.–31.03.) für einen angemieteten Lagerraum überweisen wir vorab Anfang Oktober.

d) Die Miete (01.10.–31.03.) für einen angemieteten Lagerraum überweisen wir erst Ende März des nächsten Jahres.

58. Aufgabe

Die Stromkosten für den Monat November werden erst im Januar des folgenden Jahres überwiesen. Die Rechnung liegt bereits im alten Jahr vor. Um welche **Art der Abgrenzung** handelt es sich?

1. Sonstige Forderungen
2. Sonstige Verbindlichkeiten

3. Aktive Rechnungsabgrenzung
4. Passive Rechnungsabgrenzung

Tragen Sie die zutreffende Kennziffer in das Lösungskästchen ein!

59. Aufgabe

Die Königsberg-Klinik gGmbH überweist am 20. Dezember die Kfz-Steuer für einen Dienstwagen im Voraus für das kommende Jahr. Um welche **Art der Abgrenzung** handelt es sich?

1. Sonstige Forderungen
2. Sonstige Verbindlichkeiten

3. Aktive Rechnungsabgrenzung
4. Passive Rechnungsabgrenzung

Tragen Sie die zutreffende Kennziffer in das Lösungskästchen ein!

60. Aufgabe

Sie sind als Auszubildender seit zwei Monaten in der Abteilung Finanz- und Rechnungswesen der Königsberg-Klinik gGmbH und haben am 31.12.2015 den Auftrag, die **zeitliche Abgrenzung** für die Buchung vom 01.09.2015 (siehe Kontoauszug) vorzunehmen!

			IBAN	BIC	erstellt am	Auszug	Blatt
Commerzbank AG Bad Pyrmont			DE53 4764 0051 0012 0282 2233 01	COBADEFFXXX	01.09.2015	118	1

01.09.	01.09.	Zinsbelastung für Kredit lt. Kreditvertrag 01.09.2015–31.08.2016, Kreditsumme: 30.000,00 EUR Zinssatz 4,5 %	EUR 1.350,00 S

Königsberg-Klinik gGmbH
Am Rosenhof 36–40
31812 Bad Pyrmont

Kontoauszug

Bitte Rückseite beachten.

Wie lautet der korrekte Buchungssatz?

		Soll	Haben
1.	Aktive Rechnungsabgrenzung an Zinsaufwand	450,00 EUR	450,00 EUR
2.	Zinsaufwand an Passive Rechnungsabgrenzung	450,00 EUR	450,00 EUR
3.	Sonstige Verbindlichkeiten an Zinsaufwand	450,00 EUR	450,00 EUR
4.	Aktive Rechnungsabgrenzung an Zinsaufwand	900,00 EUR	900,00 EUR
5.	Zinsaufwand an Passive Rechnungsabgrenzung	900,00 EUR	900,00 EUR
6.	Sonstige Verbindlichkeiten an Zinsaufwand	900,00 EUR	900,00 EUR

Tragen Sie die zutreffende Kennziffer in das Lösungskästchen ein!

61. Aufgabe

Zum Ende des Geschäftsjahres müssen in der Buchhaltung der Königsberg-Klinik gGmbH alle Konten abgeschlossen werden. Geben Sie in diesem Zusammenhang das Gegenkonto für die **Abschlussbuchungen** folgender Konten an, indem Sie die Kontonummer aus dem KHBV-Kontenplan in die Lösungskästchen eintragen.

Konten:

1. Arbeitgeberanteil zur Sozialversicherung. ➡ ☐☐☐

2. Zweifelhafte Forderungen. ➡ ☐☐☐☐

3. Vorsteuer (2 Möglichkeiten). ➡ ☐☐☐☐
   ➡ ☐☐☐☐

4. Abschreibungen auf Forderungen. ➡ ☐☐☐

5. Aktive Rechnungsabgrenzung. ➡ ☐☐☐☐

62. Aufgabe

Die Abteilung Finanz- und Rechnungswesen der Königsberg-Klinik gGmbH führt zum Ende des Geschäftsjahres die **Abschlussbuchungen** durch. Kontieren Sie unter Verwendung des KHBV-Kontenplans die nachfolgenden Sachverhalte!

Sachverhalte:

1. Die im Dezember einbehaltenen Lohn- und Kirchensteuerbeträge sowie der Solidaritätszuschlag sind noch nicht abgeführt worden. ➡ ☐☐☐☐☐ an ☐☐☐☐

2. Der Vorsteuerüberhang wird ermittelt. ➡ ☐☐☐☐ an ☐☐☐☐

3. Der Vorsteuerüberhang wird aktiviert. ➡ ☐☐☐☐ an ☐☐☐☐

4. Laut Inventur ergibt sich auf dem Konto Vorräte des medizinischen Bedarfs eine Bestandserhöhung. ➡ ☐☐☐☐ an ☐☐☐

5. Der Kassenbestand wird in der Bilanz ausgewiesen. ➡ ☐☐☐☐ an ☐☐☐

6. Zum Ende des Geschäftsjahres werden die Mietaufwendungen abgegrenzt, die erfolgsrechnerisch das kommende Geschäftjahr betreffen. Sie sind aber bereits im laufenden Geschäftsjahr beglichen worden. ➡ ☐☐☐ an ☐☐☐☐

63. Aufgabe

Die Königsberg-Klinik gGmbH führt am Ende des Geschäftsjahres die Inventur durch, um anschließend das Inventar und die Bilanz zu erstellen. Welcher Vorgang gehört **nicht** zum **Jahresabschluss?**

1. Zählung der Medikamente in der Abteilung HNO-Heilkunde.
2. Kontrolle der Sollbestände mit den Istbeständen.
3. Neubewertung zweifelhafter Forderungen.
4. Optimierung der Prozessabläufe.
5. Bewertung der Vermögenswerte und Schulden.
6. Korrektur der Inventurdifferenzen.

Tragen Sie die zutreffende Kennziffer in das Lösungskästchen ein!

64. Aufgabe

Welche Aussage zum Prozessablauf beim **Jahresabschluss** der Königsberg-Klinik gGmbH ist richtig?

1. Anhand der Buchbestände wird zunächst das Inventar erstellt. Die zusammengefassten Positionen werden dann in der Bilanz dargestellt.
2. Anhand der Inventurdaten und der ggf. korrigierten Bestände wird zunächst das Inventar erstellt. Alle Positionen des Inventars werden dann in der Bilanz dargestellt.
3. Anhand der Inventurdaten und der ggf. korrigierten Bestände wird zunächst die Bilanz erstellt. Die Positionen werden dann in dem Inventar dargestellt.
4. Anhand der Buchbestände wird zunächst die Bilanz erstellt. Die Positionen werden dann in dem Inventar dargestellt.
5. Anhand der Buchbestände wird zunächst das Inventar erstellt. Alle Positionen werden dann in der Bilanz dargestellt.
6. Anhand der Inventurdaten und der ggf. korrigierten Bestände wird zunächst das Inventar erstellt. Die zusammengefassten Positionen werden dann in der Bilanz dargestellt.

Tragen Sie die zutreffende Kennziffer in das Lösungskästchen ein!

65. Aufgabe

Der **Jahresabschluss** eines nach dem Krankenhausfinanzierungsgesetz (KHG) geförderten Krankenhauses besteht gemäß § 4 Krankenhausbuchführungsverordnung (KHBV) aus

1. der Bilanz, der Gewinn- und Verlustrechnung und dem Testat der Bilanzprüfer.
2. der Bilanz und der Berechnung des zu versteuernden Einkommens.
3. der Bilanz, dem Unternehmensergebnis und dem Betriebsergebnis.
4. der Bilanz, dem Inventar und der Ergebnistabelle.
5. der Bilanz, der Gewinn- und Verlustrechnung und dem Anhang einschließlich des Anlagennachweises.

Tragen Sie die zutreffende Kennziffer in das Lösungskästchen ein!

66. Aufgabe

Im Rahmen der Jahresabschlussarbeiten erstellt die Seniorenresidenz Rosenhof KG eine Bilanz. Einzelne Positionen werden zueinander in Beziehung gesetzt, sodass **Bilanzkennzahlen** gebildet werden. Ordnen Sie zu, indem Sie die Kennziffer der jeweils zutreffenden Bilanzkennzahl in das Lösungskästchen neben den Rechenformeln eintragen!

Bilanzkennzahlen:

1. Eigenkapitalrendite
2. Gesamtkapitalrendite
3. Eigenkapitalquote
4. Anlagenintensität

Rechenformeln:

a) $\dfrac{\text{Eigenkapital}}{\text{Gesamtkapital}} \cdot 100$ ➡ ☐

b) $\dfrac{\text{Anlagevermögen}}{\text{Gesamtvermögen}} \cdot 100$ ➡ ☐

c) $\dfrac{\text{Gewinn}}{\text{Eigenkapital}} \cdot 100$ ➡ ☐

d) $\dfrac{\text{Gewinn}}{\text{Gesamtkapital}} \cdot 100$ ➡ ☐

Situation zur 67. bis 69. Aufgabe

Die Seniorenresidenz Rosenhof KG hat am 31.12. eine Bilanz aufgestellt. Zur betriebswirtschaftlichen Auswertung des Jahresabschlusses werden verschiedene **Bilanzkennzahlen** ermittelt.

Aktiva		Bilanz der Seniorenresidenz Rosenhof KG		Passiva
I. Anlagevermögen			I. Eigenkapital	1.070.000,00
1. Grundstücke und Bauten	900.000,00		II. Verbindlichkeiten	
2. Technische Anlagen	120.000,00		1. Verb. geg. Kreditinstituten	460.000,00
3. Einrichtungen und Ausstattung	180.000,00		2. Verbindlichkeiten a. L. u. L.	170.000,00
II. Umlaufvermögen				
1. Vorräte	200.000,00			
2. Forderungen a. L. u. L.	240.000,00			
3. Bankguthaben und Kasse	60.000,00			
Bilanzsumme	**1.700.000,00**		**Bilanzsumme**	**1.700.000,00**

---

67. Aufgabe

Berechnen Sie die **Eigenkapitalquote!**

Tragen Sie das Ergebnis in die Lösungskästchen ein! ➡ ☐☐,☐☐ %

68. Aufgabe

Berechnen Sie die **Anlagenintensität** (Anteil des Anlagevermögens)!

Tragen Sie das Ergebnis in die Lösungskästchen ein! ➡ ☐☐,☐☐ %

69. Aufgabe

Berechnen Sie die **Eigenkapitalrendite** bei einem Gewinn von 40.660,00 EUR!

Tragen Sie das Ergebnis in die Lösungskästchen ein! ➡ ☐,☐ %

70. Aufgabe

In welcher **Kontenklasse 0 bis 8** gemäß KHBV erfassen die Mitarbeiter der Abteilung Finanz- und Rechnungswesen in der Königsberg-Klinik gGmbH die nachfolgenden Geschäftsfälle?

Tragen Sie die jeweils zutreffende Kontenklasse in das Lösungskästchen ein!

Geschäftsfälle:

a) Grundsteuer für das bebaute Klinikgrundstück. ➡ ☐

b) Gehaltsvorschüsse an Mitarbeiter. ➡ ☐

c) Notariatsgebühren beim Kauf eines Grundstücks mit Wirtschaftsgebäude. ➡ ☐

d) Transportkosten beim Kauf einer EDV-Anlage. ➡ ☐

e) Abschreibung eines Anlagegegenstandes. ➡ ☐

f) Erstattung des Vorsteuerüberhangs. ➡ ☐

71. Aufgabe

Auf welchen **Kontengruppen** werden die nebenstehend aufgeführten Steuern und Gebühren in der Buchführung der Königsberg-Klinik gGmbH gebucht? Ordnen Sie zu, indem Sie die Kennziffer der jeweils zutreffenden Kontengruppe in das Lösungskästchen neben den Steuern und Gebühren eintragen!

Kontengruppen:

1. Aktivkonto
2. Passivkonto
3. Aufwandskonto

Steuern und Gebühren:

a) Zulassungskosten für den Rettungswagen. ➡ ☐

b) Umsatzsteuer. ➡ ☐

c) Grundbuchgebühren beim Erwerb eines Wirtschaftsgebäudes. ➡ ☐

d) Grundsteuer. ➡ ☐

e) Kfz-Steuer für den Dienstwagen des Geschäftsführers. ➡ ☐

f) Einbehaltene Lohnsteuer, Kirchensteuer, Solidaritätszuschlag. ➡ ☐

72. Aufgabe

Identifizieren Sie verschiedene Konten als Bestands- oder Erfolgskonto. Ordnen Sie zu, indem Sie die Kennziffer der jeweils zutreffenden **Kontenart** in das Lösungskästchen neben den Konten eintragen! Mehrfachzuordnungen sind erforderlich.

Kontenarten:

1. Aktives Bestandskonto
2. Passives Bestandskonto
3. Ertragskonto
4. Aufwandskonto
5. Abschlusskonto

Konten:

a) Einrichtungen und Ausstattungen (070). ➡️ ☐

b) Gebrauchsgüter (076). ➡️ ☐

c) Guthaben bei Kreditinstituten (135). ➡️ ☐

d) Verbindlichkeiten a. L. L. (32). ➡️ ☐

e) Umsatzsteuer (3776). ➡️ ☐

f) Medizinischer Bedarf (66). ➡️ ☐

g) Abschreibungen auf wiederbeschaffte Gebrauchsgüter (7610). ➡️ ☐

73. Aufgabe

Mit welchem Buchungssatz geben Sie die Anforderungen von sterilen Einwegsets an das Klinik-Zentrallager mittels **Materialentnahmeschein** und den anschließenden Verbrauch auf den Bettenstationen richtig wieder?

1. 6604 Ärztliches und pflegerisches Verbrauchsmaterial
   an 32 Verbindlichkeiten aus Lieferungen und Leistungen
2. 6604 Ärztliches und pflegerisches Verbrauchsmaterial
   an 101 Vorräte des medizinischen Bedarfs
3. 12 Forderungen aus Lieferungen und Leistungen
   an 101 Vorräte des medizinischen Bedarfs
4. 101 Vorräte des medizinischen Bedarfs
   an 32 Verbindlichkeiten aus Lieferungen und Leistungen
5. 7610 Abschreibungen auf wiederbeschaffte Gebrauchsgüter
   an 076 Gebrauchsgüter

Tragen Sie die zutreffende Kennziffer in das Lösungskästchen ein! ➡️ ☐

74. Aufgabe

In der Abteilung Finanz- und Rechnungswesen der Königsberg-Klinik gGmbH sind die nachfolgenden Geschäftsfälle noch nicht gebucht worden. Kontieren Sie unter Verwendung des **KHBV-Kontenplans** die nachfolgenden Geschäftsfälle!

Geschäftsfälle:

1. Die Klinik kauft zwei höhenverstellbare Schreibtische für die Verwaltung und zahlt den Kaufpreis von 1.740,00 EUR bar.

   ➡️ ☐☐☐ an ☐☐☐

2. Eine bereits gebuchte Eingangsrechnung über 696,00 EUR für Vorräte des Wirtschaftsbedarfs wird durch Banküberweisung beglichen.

   ➡️ ☐☐☐ an ☐☐☐

3. Ein Selbstzahler überweist Verzugszinsen für eine verspätete Zahlung in Höhe von 87,53 EUR auf das Bankkonto der Klinik.

   ➡️ ☐☐☐ an ☐☐

4. Die Pacht für den fremd bewirtschafteten Krankenhausparkplatz in Höhe von 4.046,00 EUR einschl. 19 % USt. geht auf dem Bankkonto der Klinik ein.

   ➡️ ☐☐☐ an ☐☐☐

   an ☐☐☐☐

5. Die Klinik nimmt bei ihrer Hausbank ein Darlehen über 200.000,00 EUR auf.

   ➡️ ☐☐☐ an ☐☐

6. Ein Mitarbeiter der Klinik erhält einen Gehaltsvorschuss von 300,00 EUR bar.

   ➡️ ☐☐☐☐ an ☐☐☐

7. Für den Dienstwagen des Geschäftsführers werden die Kfz-Versicherung von 1.200,00 EUR und die Kfz-Steuer in Höhe von 360,00 EUR per Banküberweisung beglichen.

   ➡️ ☐☐☐

   ☐☐☐ an ☐☐☐

75. Aufgabe

Die Königsberg-Klinik gGmbH beabsichtigt ihren Service für Krankenhausbesucher mit der Aufstellung von Warenautomaten zu verbessern. Über die Anschaffung der Warenautomaten erhält die Klinik die nachfolgend abgedruckte **Eingangsrechnung** der Theissen KG aus Duisburg.

1. Kontieren Sie den Eingang der Rechnung!

   ➡️ ☐☐☐

   ☐☐☐☐ an ☐☐

2. Ermitteln Sie den Überweisungsbetrag unter Abzug von Skonto!

   ➡️ ☐☐.☐☐☐,☐☐ EUR

3. Ermitteln Sie den Betrag der Steuerberichtigung!

   ➡️ ☐☐☐,☐☐ EUR

4. Kontieren Sie die Bezahlung der Rechnung!

   ➡️ ☐☐ an ☐☐☐

   an ☐☐☐

   an ☐☐☐☐

| Theissen KG | Duisburg |

Theissen KG ✦ Bergstr. 75 ✦ 47198 Duisburg

Königsberg-Klinik gGmbH
Am Rosenhof 36–40
31812 Bad Pyrmont

Ihre Kundennummer: 44805–659
Ihre Bestellung vom: 22.02.20..
Lieferdatum: 18.04.20..

Ihr Ansprechpartner: Herr Bertram
Telefon: 0203 94526-18
Fax: 0203 94526-11
E-Mail: Peter.Bertram@theissen-duisburg.de
http://www.theissen-duisburg.de

Datum: 23.04.20..

Rechnung Nr. 602958

Pos.	Menge	Best-Nr.	Bezeichnung/Gegenstand	Einzelpreis	Gesamtbetrag
1	4	VA569	Warenautomat Reisner XP569	4.625,00 EUR	18.500,00 EUR
			Transportkosten		1.500,00 EUR
					20.000,00 EUR
			Umsatzsteuer (19 %)		3.800,00 EUR
					23.800,00 EUR

Offene Mängel können nur innerhalb von 10 Tagen nach Erhalt der Ware berücksichtigt werden!

Die Ware bleibt bis zur endgültigen Bezahlung unser Eigentum!

Komplementär
Bernd Theissen jr.
AG Duisburg
HRA 26894

Zahlungsbedingungen
Zahlbar innerhalb von 10 Tagen unter
Abzug von 3 % Skonto oder netto 30 Tage;
kein Skontoabzug für Transportkosten

Bankverbindung
Deutsche Bank AG Duisburg
IBAN: DE73 3507 0000 0008 5962 31

Erfüllungsort/Gerichtsstand
Für beide Teile Duisburg

Situation zur 76. bis 82. Aufgabe

Sie arbeiten im Rechnungswesen der Königsberg-Klinik gGmbH. Über die Ersatzbeschaffung eines Langzeit-EKG-Gerätes auf der Station Innere Medizin geht Ihnen die **Eingangsrechnung** des Klinik-Großhandels Michael Teubner e. K. zu.

MICHAELTEUBNER

Klinik-Großhandel

MICHAEL TEUBNER e.K. · Hamburger Str. 18 · 25335 Elmshorn

Königsberg-Klinik gGmbH
Am Rosenhof 36–40
31812 Bad Pyrmont

Bei Rückfragen bitte stets angeben:

Kundennummer:	1357
Rechnungsnummer:	8733
Rechnungsdatum:	25.06.20..
Bestellnummer:	268F1
Auftragsdatum:	08.06.20..
Telefon:	04121 7914-35

Rechnung

Pos.	Menge	Bezeichnung	Einzelpreis EUR	Gesamtpreis EUR
1	1	Langzeit-EKG-Gerät MT-3	1.720,00	
2	1	Langzeit-EKG-Kabel	80,00	1.800,00
		15% Rabatt		270,00
		Warenwert		1.530,00
		Verpackungs- und Versandkosten		15,00
		Gesamtsumme		1.545,00
		19% Umsatzsteuer		293,55
		Rechnungsbetrag		1.838,55

Zahlungsbedingungen: Innerhalb 10 Tagen abzüglich 2% Skonto,
Innerhalb 30 Tagen rein netto.
Die Ware bleibt bis zur vollständigen Zahlung mein Eigentum (§ 449 BGB).
Das Rechnungsdatum entspricht dem Leistungsdatum.

MICHAEL TEUBNER e.K.
Sitz: 25335 Elmshorn

Fon: 04121 7914-35
Fax: 04121 7914-34

www.michaelteubner.de
info@michaelteubner.de
GESCHÄFTSFÜHRER
Michael Teubner

Registergericht Elmshorn
HRB 34873

Steuer-Nr. 25/336/34873
USt.-IdNr. DE 757914358

BANKVERBINDUNG
Sparkasse Elmshorn
BIC NOLADE21ELH
IBAN DE06 2215 0000 0048 1270 65

Für die Buchungsvorgänge im Zusammenhang mit der Eingangsrechnung des Klinik-Groß-handels Michael Teubner e. K. stehen Ihnen nachfolgende Konten zur Verfügung. Treffen Sie bei den Kontierungsaufgaben die richtige Auswahl!

1. Einrichtungen und Ausstattungen (070).
2. Gebrauchsgüter (076).
3. Guthaben bei Kreditinstituten (135).
4. Verbindlichkeiten aus Lieferungen und Leistungen (32).
5. Umsatzsteuer (3776).
6. Medizinischer Bedarf (66).
7. Abschreibungen auf wiederbeschaffte Gebrauchsgüter (7610).
8. Abschreibungen auf Einrichtungen, die nach § 9 III KHG pauschal gefördert wurden (7615).

Das Langzeit-EKG-Gerät hat gemäß der AfA-Tabelle für den Wirtschaftszweig Gesundheits-wesen eine durchschnittliche Nutzungsdauer von 8 Jahren.

76. Aufgabe

Kontieren Sie die **Eingangsrechnung** des Klinik-Großhandels Michael Teubner e. K.!

Tragen die Kennziffern der verwendeten Konten in die Lösungskästchen ein! ➡ ☐ an ☐

77. Aufgabe

Sie bezahlen die **Eingangsrechnung** des Klinik-Großhandels Michael Teubner e. K. innerhalb der Skontofrist. Ermitteln Sie den Überweisungsbetrag unter Berücksichtigung der Skontoziehung!

Tragen Sie das Ergebnis in die Lösungskästchen ein! ➡ ☐.☐☐☐,☐☐ EUR

78. Aufgabe

Kontieren Sie die Bezahlung der **Eingangsrechnung** des Klinik-Großhandels Michael Teubner e. K.!

Tragen Sie die Kennziffern der verwendeten Konten in die Lösungskästchen ein! ➡ ☐ an ☐
an ☐

79. Aufgabe

Ermitteln Sie nach der linearen Methode den **Abschreibungsbetrag** für das EKG-Gerät im Jahr der Anschaffung!

Tragen Sie das Ergebnis in die Lösungskästchen ein! ➡ ☐☐☐,☐☐ EUR

6 Wessel u.a. - ISBN 978-3-8120-0626-2

80. Aufgabe

Kontieren Sie die **Abschreibung** des EKG-Gerätes im Rahmen der vorbereitenden Abschluss-buchungen!

Tragen die Kennziffern der verwendeten Konten in die Lösungskästchen ein! ➡ ☐ an ☐

81. Aufgabe

Berechnen Sie den **Buchwert,** mit dem das Langzeit-EKG-Gerät in der Eröffnungsbilanz des auf die Anschaffung folgenden Jahres berücksichtigt wird!

Tragen Sie das Ergebnis in die Lösungskästchen ein! ➡ ☐.☐☐☐,☐☐ EUR

82. Aufgabe

Prüfen Sie, welche Aussage einen richtigen Sachverhalt im Zusammenhang mit der **Eingangs-rechnung** des Klinik-Großhandels Michael Teubner e. K. wiedergibt!

1. Die Buchung der Eingangsrechnung vermindert das Eigenkapital der Königsberg-Klinik gGmbH.
2. Die Bezahlung der eingebuchten Verbindlichkeiten a. L. u. L. vermindert das Eigenkapital.
3. Die Erhöhung des Anlagenkapitals vermehrt das Eigenkapital der Königsberg-Klinik gGmbH.
4. Die Abschreibung des Anlagegutes am Ende des Geschäftsjahres führt zu einer Erlös-schmälerung.
5. Die Abschreibung des Anlagegutes am Ende des Geschäftsjahres ist erfolgswirksam.
6. Die Buchung der enthaltenen Umsatzsteuer ist erfolgsneutral.

Tragen Sie die zutreffende Kennziffer in das Lösungskästchen ein! ➡ ☐

83. Aufgabe

Prüfen Sie die folgenden Aussagen zum Thema **Erfolgskonten** auf ihre Richtigkeit, indem Sie mit einer

1. zutreffende Aussagen,
9. nicht zutreffende Aussagen

kennzeichnen!

Aussagen:

a) Jeder erfolgswirksame Geschäftsfall verändert das Eigenkapital. ➡ ☐

b) Die Aufwendungen erscheinen auf den Aufwandskonten auf der Habenseite, die Erträge erscheinen auf den Ertragskonten auf der Sollseite, es sei denn, es han-delt sich um eine Korrekturbuchung. ➡ ☐

c) Aufwands- und Erfolgskonten fasst man unter dem Oberbegriff Ertragskonten zusammen. ➡ ☐

d) Aufwandskonten werden über das GuV-Konto abgeschlossen. ➡ ☐

e) Jahreserfolg und Jahresgewinn sind gleichbedeutende Begriffe. ➡ ☐

f) Ertragskonten sind Unterkonten des Eigenkapitalkontos. ➡ ☐

84. Aufgabe

In der Abteilung Rechnungswesen der Königsberg-Klinik gGmbH werden die Mitarbeiter regelmäßig an die Einhaltung der **Grundsätze ordnungsmäßiger Buchführung** erinnert.

Beurteilen Sie in diesem Zusammenhang die folgenden Aussagen zu den Grundsätzen ordnungsmäßiger Buchführung auf ihre Richtigkeit, indem Sie mit einer

1. zutreffende Aussagen,

9. nicht zutreffende Aussagen

kennzeichnen!

Aussagen:

a) Die Grundsätze ordnungsmäßiger Buchführung sind nicht in jedem Einzelfall in einem Gesetz niedergelegt. ➡ ☐

b) Viele Grundsätze ordnungsmäßiger Buchführung erfahren ihre gesetzliche Verankerung im Handelsgesetzbuch (HGB) und in der Abgabenordnung (AO). ➡ ☐

c) Wird die Buchführung DV-gestützt durchgeführt, muss das Grundbuch zum Ende des Jahres konventionell (z. B. auf Papier) ausgegeben und aufbewahrt werden. ➡ ☐

d) Die Buchführung muss so beschaffen sein, dass ein sachverständiger Dritter sich innerhalb angemessener Zeit einen Überblick über die Lage des Unternehmens verschaffen kann. ➡ ☐

e) Ist ein Fremdbeleg verloren gegangen und kann ein Ersatzbeleg in diesem Zusammenhang nicht mehr beschafft werden, so darf der betreffende Geschäftsfall nicht gebucht werden. ➡ ☐

f) Werden die Bücher auf Datenträgern aufbewahrt, so muss sichergestellt sein, dass die Daten während der Aufbewahrungsfrist innerhalb angemessener Zeit lesbar gemacht werden können. ➡ ☐

85. Aufgabe

In der Königsberg-Klinik gGmbH werden u.a. die verschiedenen „Bücher" geführt.

Welche der folgenden Aussagen beziehen sich auf

1. das Grundbuch,
2. das Hauptbuch,
3. das Kreditorenbuch,
4. das Debitorenbuch,
5. das Anlagenbuch,
6. das Lagerbuch,
7. keines der genannten Bücher?

Tragen Sie die Kennziffer vor dem jeweils zutreffenden Buch in das Lösungskästchen ein!

Aussagen:

a) Im ... werden die Geschäftsfälle in der zeitlichen Reihenfolge ihres tatsächlichen Anfalls erfasst.

b) Im ... werden die Verbindlichkeiten gegenüber den Lieferern näher aufgeschlüsselt.

c) Das ... weist z.B. Anschaffungsdatum, betriebsgewöhnliche Nutzungsdauer und Abschreibungen aus.

d) Im ... werden die Geschäftsfälle nach sachlichen Gesichtspunkten mithilfe von Konten aufgezeichnet.

e) Das ... enthält alle Forderungen an die Kunden.

f) Das ... muss nach dem Handelsgesetzbuch 6 Jahre lang aufbewahrt werden.

86. Aufgabe

Die unterschiedlichen Ansprüche der Königsberg-Klinik gGmbH unterliegen unterschiedlich langen **Verjährungsfristen**.

Welche der folgenden Ansprüche verjähren in diesem Zusammenhang

1. nach 6 Monaten,
2. nach 2 Jahren,
3. nach 3 Jahren,
4. nach 5 Jahren,
5. nach 10 Jahren,
6. nach 30 Jahren?

Tragen Sie die Kennziffer vor der jeweils zutreffenden Verjährungsfrist in das Lösungskästchen ein!

Ansprüche:

a) Mangel aus dem Kaufvertrag über einen Kaffeeautomaten in der Kantine.

b) Forderung aus einem Mietvertrag über eine Mietwohnung.

c) Mangel an dem neu gebauten Verwaltungsgebäude.

d) Anspruch auf die Rückzahlung eines Darlehens an eine verbundene Einrichtung.

e) Rechtskräftig festgestellter Anspruch aufgrund einer Zahlungsklage.

87. Aufgabe

Die Königsberg-Klinik gGmbH führt die folgende **Offene-Posten-Liste** über säumige Schuldner:

Schuldner	Rechnung	Betrag	Fälligkeit	Bemerkungen	
Paul Becker Hameln	BEC2394 vom 06. 11. 2015	1.450,00 EUR	06. 12. 2015	1. Mahnung 2. Mahnung 3. Mahnung	15. 12. 2015 30. 01. 2016 13. 03. 2016
Klara Koch Bielefeld	KOC2411 vom 07. 12. 2015	8.700,00 EUR	07. 01. 2016	1. Mahnung 2. Mahnung	15. 01. 2016 27. 02. 2016

1. Wann endet die Verjährungsfrist für die Forderung an Paul Becker aus Hameln? (TT.MM.JJJJ) ➡ ☐☐.☐☐.☐☐☐☐

2. Wann endet die Verjährungsfrist für die Forderung an Klara Koch aus Bielefeld? (TT.MM.JJJJ) ➡ ☐☐.☐☐.☐☐☐☐

88. Aufgabe

Die Königsberg-Klinik gGmbH, Bad Pyrmont, hat an Rainer Schmidt, Paderborn, eine fällige Forderung aus Wahlleistungen in Höhe von 1.380,00 EUR. Entscheiden Sie, welche der nachfolgenden Aussagen zum gerichtlichen und zum außergerichtlichen **Mahnverfahren** zutreffend sind.

Aussagen zum Mahnverfahren:

1. Die Königsberg-Klinik gGmbH muss zunächst das außergerichtliche Mahnverfahren beschreiten, bevor das gerichtliche Mahnverfahren in Gang gesetzt werden kann.

2. Für das außergerichtliche Mahnverfahren sind drei schriftliche Mahnungen zwingend vorgeschrieben.

3. Herr Rainer Schmidt kann gegen einen von der Königsberg-Klinik gGmbH beantragten Mahnbescheid innerhalb von zwei Wochen seit Zustellung Widerspruch einlegen.

4. Legt Rainer Schmidt fristgerecht Widerspruch gegen den Mahnbescheid ein, kommt es auf Antrag der Königsberg-Klinik gGmbH zu einem streitigen Verfahren vor dem zuständigen Gericht.

5. Reagiert Rainer Schmidt auf den Mahnbescheid nicht, so muss die Königsberg-Klinik gGmbH zur Durchsetzung ihrer Ansprüche den Klageweg beschreiten.

Tragen Sie die zutreffenden Kennziffern in die Lösungskästchen ein! ➡ ☐☐

89. Aufgabe

Ein säumiger Selbstzahler der Königsberg-Klinik gGmbH begleicht am 25.05.2016 eine offene Rechnung von 9.520,00 EUR, Fälligkeit 10.04.2016. Die Bankgutschrift auf dem Konto der Klinik erledigt die offene Rechnung zuzüglich **Verzugszinsen** von 5 %.

1. Ermitteln Sie die Zinstage für den Verzugszeitraum! ➡ ☐☐ Zinstage

2. Ermitteln Sie die Verzugszinsen! ➡ ☐☐,☐☐ EUR

3. Ermitteln Sie die Höhe der Bankgutschrift! ➡ ☐.☐☐☐,☐☐ EUR

4. Kontieren Sie den Vorgang! ➡ ☐☐☐ an ☐☐☐
   an ☐☐

90. Aufgabe

Die Königsberg-Klinik gGmbH hat eine Forderung über 10.353,00 EUR an einen Privatpatienten, über dessen Vermögen am 19.06.2016 das **Insolvenzverfahren** eröffnet worden ist. Das Insolvenzverfahren wird am 07.09.2016 durch Zahlung von 1.552,95 EUR seitens des Insolvenzverwalters beendet.

1. Kontieren Sie den Sachverhalt zum Zeitpunkt der Insolvenzeröffnung! ➡ ☐☐☐ an ☐☐☐

2. Kontieren Sie den Abschluss des Insolvenzverfahrens! ➡ ☐☐☐
   ☐☐☐ an ☐☐☐

3. Ermitteln Sie die Insolvenzquote! ➡ ☐☐ %

4. Ermitteln Sie den Verlust der Königsberg-Klink gGmbH! ➡ ☐.☐☐☐,☐☐ EUR

5. Am 16.01.2017 geht auf die bereits abgeschriebene Forderung unerwartet ein Betrag von 458,15 EUR auf dem Bankkonto der Königsberg-Klinik gGmbH ein. Kontieren Sie den Vorgang! ➡ ☐☐☐ an ☐☐☐

91. Aufgabe

Wenn der Schuldner seiner Zahlungspflicht nicht nachkommt, kann die Königsberg-Klinik gGmbH versuchen, ihre Forderung mithilfe des gerichtlichen **Mahnverfahrens** durchzusetzen.

Bringen Sie die folgenden Schritte des gerichtlichen Mahnverfahrens in die richtige Abfolge, indem Sie die Ziffern **1.** bis **7.** in das entsprechende Kästchen eintragen.

Schritte des gerichtlichen Mahnverfahrens:

a) Das zuständige Gericht erlässt auf Antrag der Königsberg-Klinik gGmbH den Vollstreckungsbescheid und stellt ihn dem Schuldner zu. ➡ ☐

b) Die Königsberg-Klinik gGmbH lässt in das Vermögen des Schuldners vollstrecken. ➡ ☐

c) Das zuständige Gericht erlässt den Mahnbescheid und stellt ihn dem Schuldner zu. ➡ ☐

d) Der Schuldner zahlt nicht und erhebt keinen Einspruch. ➡ ☐

e) Das Pfandobjekt wird verwertet und der Anspruch der Königsberg-Klinik gGmbH mit dem Verwertungserlös befriedigt. ➡ ☐

f) Der Schuldner zahlt nicht und erhebt keinen Widerspruch. ➡ ☐

g) Die Königsberg-Klinik gGmbH beantragt den Erlass des Mahnbescheids. ➡ ☐

92. Aufgabe

Kennzeichnen Sie die folgenden Aussagen zu **Vorsteuer** und **Umsatzsteuer** im Krankenhaus mit einer

1. wenn sie richtig sind,

9. wenn sie nicht richtig sind!

Ordnen Sie zu, indem Sie die Kennziffer der jeweils zutreffenden Antwort in das Lösungskästchen neben den Aussagen zu Vorsteuer und Umsatzsteuer eintragen!

Aussagen zu Vorsteuer und Umsatzsteuer:

a) Umsatzsteuerpflichtig ist nur die Besucher-Cafeteria, auf Dienstleistungen ohne therapeutische Zielsetzung wird keine Umsatzsteuer erhoben. ➡ ☐

b) Für die Königsberg-Klinik gGmbH ist die Umsatzsteuer bei umsatzsteuerpflichtigen Leistungen ein durchlaufender Posten. ➡ ☐

c) Die Umsatzsteuer-Voranmeldung ist von der Klinik jeweils zum 15. eines Monats für den vorangegangenen Kalendermonat beim Finanzamt einzureichen. ➡ ☐

d) Ergibt sich aufgrund der Umsatzsteuer-Voranmeldung ein Vorsteuerüberhang, so wird der Klinik der entsprechende Betrag vom Finanzamt erstattet. ➡ ☐

e) Bemessungsgrundlage für die Umsatzsteuer ist der Nettopreis der Lieferung oder Leistung. ➡ ☐

f) Durch Rabatte und Skonti kann die Bemessungsgrundlage für die Umsatzsteuer, ggf. auch nachträglich, vermindert werden. ➡ ☐

g) Die Umsatzsteuer wird vom privaten Endverbraucher getragen. ➡ ☐

h) Das Konto Umsatzsteuer wird für den Jahresabschluss über das Konto Gewinn und Verlust abgeschlossen. Die Umsatzsteuer ist somit Bestandteil der Betriebskosten der Klinik. ➡ ☐

93. Aufgabe

Prüfen Sie für einen umsatzsteuerpflichtigen Krankenhaus-Kiosk folgende Aussagen auf ihre Richtigkeit, indem Sie mit einer

1. zutreffende Aussagen,

9. nicht zutreffende Aussagen

kennzeichnen!

Aussagen:

a) Der Umsatzsteuersatz beträgt im Regelfall 19 % der Bemessungsgrundlage; in bestimmten Fällen (z.B. bei Lebensmitteln und Druckerzeugnissen) ermäßigt sich der Satz auf 7 %. ➡ ☐

b) Die Umsatzsteuer ist eine Aufwandssteuer; bei der Kalkulation der Verkaufspreise muss der Krankenhaus-Kiosk auch die gezahlte Vorsteuer angemessen berücksichtigen. ➡ ☐

c) Der Umsatzsteuerbetrag muss auf Rechnungen an Unternehmen und Selbstständige gesondert ausgewiesen werden; bei Kleinbetragsrechnungen bis 300,00 EUR genügt die Angabe des Steuersatzes. ➡ ☐

d) Übersteigt die vom Krankenhaus-Kiosk innerhalb eines Monats vereinnahmte Umsatzsteuer die im selben Monat gezahlte Vorsteuer, so ergibt sich eine Umsatzsteuer-Zahllast, die an das Finanzamt abzuführen ist. ➡ ☐

e) Das Konto Vorsteuer ist ein passives Bestandskonto, weil es Verbindlichkeiten des Krankenhaus-Kiosk gegenüber dem Finanzamt beinhaltet. ➡ ☐

f) Am Jahresende wird eine vom Krankenhaus-Kiosk ermittelte Umsatzsteuer-Zahllast passiviert. ➡ ☐

g) Das System der Umsatzsteuer ist als Mehrwertsteuersystem ausgestaltet; auf jeder Stufe des Warenweges wird nur jeweils der Mehrwert dieser Stufe besteuert. ➡ ☐

94. Aufgabe

Aus der Buchführung eines umsatzsteuerpflichtigen Krankenhaus-Kioskes gehen zum Ende des Geschäftsjahres u. a. folgende Zahlen (in EUR) hervor:

S	Vorsteuer	H	S	Umsatzsteuer	H
890,00		350,00	3.680,00		4.600,00
3.200,00					935,00
9.320,00					12.650,00
1.500,00					8.775,00

1. Ermitteln Sie die Zahllast bzw. den Vorsteuerüberhang! ➡ ☐.☐☐☐,☐☐ EUR

2. Bilden Sie unter Verwendung des KHBV-Kontenplans den Buchungssatz für die Passivierung der Zahllast bzw. die Aktivierung des Vorsteuerüberhangs zum Ende des Geschäftsjahres! ➡ ☐☐☐☐ an ☐☐☐☐

3. Bilden Sie unter Verwendung des KHBV-Kontenplans den Buchungssatz für die Eröffnung der benötigten Konten zu Beginn des neuen Geschäftsjahres!

➡ ☐☐☐☐ an ☐☐☐☐

4. Bilden Sie unter Verwendung des KHBV-Kontenplans den Buchungssatz für die Überweisung der Zahllast bzw. den Eingang des Vorsteuerüberhangs auf dem Bankkonto im neuen Geschäftsjahr!

➡ ☐☐☐☐ an ☐☐☐

95. Aufgabe

Aus der Buchführung eines umsatzsteuerpflichtigen Krankenhaus-Kioskes gehen zum Ende des Geschäftsjahres u. a. folgende Zahlen (in EUR) hervor:

S	Vorsteuer	H	S	Umsatzsteuer	H
3.620,00		170,00		4.600,00	12.800,00
1.200,00					11.509,00
14.600,00					4.510,00
8.312,00					360,00

1. Ermitteln Sie die Zahllast bzw. den Vorsteuerüberhang!

➡ ☐.☐☐☐,☐☐ EUR

2. Bilden Sie unter Verwendung des KHBV-Kontenplans den Buchungssatz für die Passivierung der Zahllast bzw. die Aktivierung des Vorsteuerüberhangs zum Ende des Geschäftsjahres!

➡ ☐☐☐☐ an ☐☐☐☐

3. Bilden Sie unter Verwendung des KHBV-Kontenplans den Buchungssatz für die Eröffnung der benötigten Konten zu Beginn des neuen Geschäftsjahres!

➡ ☐☐☐☐ an ☐☐☐☐

4. Bilden Sie unter Verwendung des KHBV-Kontenplans den Buchungssatz für die Überweisung der Zahllast bzw. den Eingang des Vorsteuerüberhangs auf dem Bankkonto im neuen Geschäftsjahr!

➡ ☐☐☐ an ☐☐☐☐

1.4 Kosten- und Leistungsrechnung

96. Aufgabe

Die Königsberg-Klinik gGmbH unterteilt das Rechnungswesen u. a. in die Bereiche **Finanzbuchhaltung** sowie **Kosten- und Leistungsrechnung**. Ordnen Sie zu, indem Sie die Kennziffer des jeweils zutreffenden Bereichs in das Lösungskästchen neben den Aussagen eintragen!

Bereich:

1. Finanzbuchhaltung
2. Kosten- und Leistungs-
   rechnung

Aussagen:

a) Sie hängt stark von gesetzlichen Vorschriften (HGB, KHBV und Steuergesetze) ab. ➡ ☐

b) Sie erfasst alle Geschäftsfälle, die durch den Verkehr mit der Außenwelt anfallen. ➡ ☐

c) Aufwendungen, die nicht unter den Versorgungsvertrag nach SGB V fallen, werden von den übrigen Aufwendungen getrennt. ➡ ☐

d) Sie ist die Grundlage für die Kalkulation von Behandlungsfällen und der Kontrolle der Wirtschaftlichkeit. ➡ ☐

e) Sie ist Grundlage für den Jahresabschluss. ➡ ☐

f) Das Krankenhaus wird in Kostenstellen unterteilt. ➡ ☐

97. Aufgabe

Das **Gesamtergebnis** der Königsberg-Klinik gGmbH als Saldo auf dem Gewinn- und Verlustkonto ist die Differenz zwischen ...

1. Aufwendungen und Leistungen.
2. Aufwendungen und Erträgen.
3. Kosten und Erträgen.
4. Kosten und Leistungen.
5. neutralen Aufwendungen und neutralen Erträgen.

Tragen Sie die zutreffende Kennziffer in das Lösungskästchen ein! ➡ ☐

98. Aufgabe

Die **Kosten- und Leistungsrechnung (KLR)** bildet einen selbstständigen Bereich des Rechnungswesens. In welche drei Teilbereiche gliedert sich die KLR?

1. Abgrenzungsrechnung, Jahresabschlussrechnung, Erfolgsrechnung
2. Kostenartenrechnung, Kostenstellenrechnung, Kostenträgerrechnung
3. Kostenartenrechnung, Abgrenzungsrechnung, Erfolgsrechnung
4. Abgrenzungsrechnung, Erfolgsrechnung, Kalkulation

Tragen Sie die zutreffende Kennziffer in das Lösungskästchen ein! ➡ ☐

99. Aufgabe

Die Kosten und Leistungsrechnung der Königsberg-Klinik gGmbH hat besonders für interne Zwecke eine hohe Bedeutung. Sie liefert Kenntnisse über die Wirtschaftlichkeit von angebotenen Leistungen. Prüfen Sie, welche Aussagen **nicht zur Kosten- und Leistungsrechnung** gehören!

1. Die Trennung der Kosten in Einzel- und Gemeinkosten erfolgt, um diese verursachungsgerecht den Kostenträgern zuzuordnen.
2. Bei der Aufnahme neuer Patienten werden personenbezogene Daten erhoben.
3. Kostenstellen bilden organisatorisch separate Einheiten eines Krankenhauses ab.
4. Kostenträger im Krankenhaus sind die einzelnen Behandlungsfälle.
5. Die Buchhaltung erfasst jeden Geschäftsfall und registriert die entsprechenden Belege.
6. Kosten der Vorkostenstellen werden an die Hauptkostenstellen weiterverrechnet.

Tragen Sie die zutreffenden Kennziffern in die Lösungskästchen ein! ➡ ☐ ☐

100. Aufgabe

Welche Gleichungen zu den Ergebnissen der **Abgrenzungstabelle** sind richtig?

1. Erträge – Kosten = Gesamtergebnis
2. Leistungen – Kosten = Betriebsergebnis
3. Neutrale Erträge – Aufwendungen = Neutrales Ergebnis
4. Gesamtergebnis – Neutrales Ergebnis = Betriebsergebnis
5. Leistungen – Kosten = Gesamtergebnis

Tragen Sie die zutreffenden Kennziffern in die Lösungskästchen ein! ➡ ☐ ☐

101. Aufgabe

Die **neutralen Aufwendungen** lassen sich in vier Bereiche einteilen. Ordnen Sie zu, indem Sie die Kennziffer der jeweils zutreffenden neutralen Aufwendungen in das Lösungskästchen neben den Beispielen eintragen!

Neutrale Aufwendungen:

1. Betriebsfremde Aufwendungen
2. Periodenfremde Aufwendungen
3. Außerordentliche Aufwendungen
4. Aufwendungen im Zusammenhang mit Umstrukturierungen

Beispiele für neutrale Aufwendungen:

a) Steuernachzahlungen. ➡ ☐

b) Verluste aus nicht durch Versicherungen gedeckten Schäden. ➡ ☐

c) Verluste aus Finanzanlagen. ➡ ☐

d) Verluste aus dem Abgang von Gegenständen des Sachanlagevermögens. ➡ ☐

e) Nachzahlungen von Gehältern. ➡ ☐

102. Aufgabe

Die **neutralen Erträge** lassen sich in vier Gruppen einteilen. Ordnen Sie zu, indem Sie die Kennziffer der jeweils zutreffenden neutralen Erträge in das Lösungskästchen neben den Beispielen eintragen!

Neutrale Erträge:

1. Betriebsfremde Erträge
2. Periodenfremde Erträge
3. Außerordentliche Erträge
4. Erträge im Zusammenhang mit Umstrukturierungen

Beispiele für neutrale Erträge:

a) Erträge aus der Auflösung von Rückstellungen. ➡ ☐

b) Steuerrückzahlungen aus vergangenen Jahren. ➡ ☐

c) Erträge aus Vermietung und Verpachtung. ➡ ☐

d) Erträge aus dem Abgang von Vermögensgegenständen. ➡ ☐

e) Eingang einer abgeschriebenen Forderung aus dem Vorjahr. ➡ ☐

103. Aufgabe

In der **Abgrenzungstabelle** wird zwischen neutralen Erträgen und Leistungen bzw. zwischen neutralen Aufwendungen und Kosten unterschieden. Als Mitarbeiter des Rechnungswesens in einer Pflegeeinrichtung liegen Ihnen 8 Geschäftsfälle vor. Ordnen Sie zu, indem Sie die Kennziffer des jeweils zutreffenden Fachbegriffs in das Lösungskästchen neben den Geschäftsfällen eintragen!

Fachbegriffe:

1. Neutrale Erträge
2. Leistungen
3. Neutrale Aufwendungen
4. Kosten

Geschäftsfälle:

a) Verluste aus dem Verkauf von Wertpapieren. ➡ ☐

b) Reparatur eines Schadens, der nicht durch die Versicherung abgedeckt war. ➡ ☐

c) Erträge aus Pflegeleistungen. ➡ ☐

d) Zahlung gesetzlicher Sozialleistungen an die Mitarbeiter. ➡ ☐

e) Ertrag aus dem Verkauf eines abgeschriebenen Transporters. ➡ ☐

f) Kauf von Verbandsmaterialien. ➡ ☐

g) Zinserträge aus Bankgeschäften. ➡ ☐

h) Erträge aus Wahlleistungen. ➡ ☐

104. Aufgabe

Die bilanzmäßigen Abschreibungen in einem Krankenhaus betragen insgesamt 580.000,00 EUR. Die Wiederbeschaffungskosten der entsprechenden Anlagegüter entnehmen Sie der nachfolgenden Tabelle.

Anlagegut	Abschreibungssatz	Wiederbeschaffungswert
Gebäude	4%	3.000.000,00 EUR
Technische Anlagen	15%	950.000,00 EUR
Einrichtungen und Ausstattungen	10%	4.200.000,00 EUR

Berechnen Sie die **kalkulatorischen Abschreibungen** für kostenrechnerische Korrekturen in der Abgrenzungstabelle und tragen Sie Ihre Ergebnisse in die Lösungskästchen ein!

1. Gebäude ➡ ☐☐☐.☐☐☐,☐☐ EUR

2. Technische Anlagen ➡ ☐☐☐.☐☐☐,☐☐ EUR

3. Einrichtungen und Ausstattungen ➡ ☐☐☐.☐☐☐,☐☐ EUR

105. Aufgabe

Als Mitarbeiter im Controlling der Königsberg-Klinik gGmbH sollen Sie die **Abgrenzungstabelle** für das Jahr 20.. vervollständigen.

Die vorläufige Ergebnistabelle weist folgende Zahlen aus:

Aufwendungen vorläufig:	18.500 TEUR
davon neutrale Aufwendungen:	1.500 TEUR
Erträge vorläufig:	20.500 TEUR
davon neutrale Erträge:	1.000 TEUR

Um die **Ergebnistabelle abzuschließen,** müssen noch folgende Aufwands- und Ertragsarten zugeordnet werden:

1.	Personalaufwendungen	12.500 TEUR
2.	Abschreibungen	5.625 TEUR
3.	Außerordentliche Aufwendungen	375 TEUR
4.	Periodenfremde Aufwendungen	1.000 TEUR
5.	Erlöse aus Krankenhausleistungen	17.000 TEUR
6.	Erträge aus dem Abgang von Vermögensgegenständen	1.250 TEUR
7.	Erträge aus Vermietung und Verpachtung	1.000 TEUR
8.	Außerordentliche Erträge	500 TEUR

Berechnen Sie unter Einbeziehung der folgenden Tabelle

Vorgang	Aufwendungen gesamt in TEUR	Erträge gesamt in TEUR	neutrale Aufwendungen in TEUR	neutrale Erträge in TEUR	Kosten in TEUR	Leistungen in TEUR
vorläufig	18.500	20.500	1.500	1.000		
1.	12.500					
2.	5.625					
3.	375					
4.	1.000					
5.		17.000				
6.		1.250				
7.		1.000				
8.		500				
Summe						

a) das Gesamtergebnis! ➡ ☐.☐☐☐ TEUR

b) das Betriebsergebnis! ➡ ☐.☐☐☐ TEUR

c) das neutrale Ergebnis! ➡ ☐.☐☐☐ TEUR

d) die Wirtschaftlichkeit! ➡ ☐,☐☐☐

106. Aufgabe

Neben der Finanzbuchhaltung hat die Königsberg-Klinik gGmbH auch eine **Kosten- und Leistungsrechnung** eingerichtet, die sich vorrangig mit der Erfassung der betriebszweckbezogenen Aufwendungen und Erträge befasst.

Kennzeichnen Sie in diesem Zusammenhang die folgenden Aussagen zur Kosten- und Leistungsrechnung mit einer

1. wenn sie zutreffend sind,

9. wenn sie nicht zutreffend sind!

Aussagen:

a) Die Kosten- und Leistungsrechnung ist in Grundzügen in KHBV-Vorschriften reguliert.

b) Die Kosten- und Leistungsrechnung informiert in erster Linie externe Adressaten, die ein berechtigtes Interesse am Zahlenwerk einer Gesellschaft haben.

c) Je nach betrieblichen Erfordernissen werden in der Kostenrechnung die Vollkostenrechnung, die Teilkostenrechnung und die Plankostenrechnung, oft auch parallel, eingesetzt.

d) Die Kostenrechnung vollzieht sich im Allgemeinen in den drei Teilbereichen Kostenartenrechnung, Kostenstellenrechnung und Kostenvergleichsrechnung.

e) Der sich in der Kosten- und Leistungsrechnung ergebende Saldo aus Leistungen einerseits und Kosten andererseits wird als Betriebsergebnis bezeichnet.

f) In der Ergebnistabelle werden aus den Aufwendungen und Erträgen der Gewinn- und Verlustrechnung durch unternehmensbezogene Abgrenzungen und kostenrechnerische Korrekturen die Kosten und Leistungen abgeleitet.

107. Aufgabe

Welche Aussagen treffen auf die **Kostenartenrechnung** eines Krankenhauses zu?

1. Mithilfe der Kostenartenrechnung wird zwischen fixen und variablen Kosten unterschieden.
2. Mithilfe der Kostenartenrechnung werden Einrichtungen im Gesundheitswesen in einzelne Bereiche unterteilt.
3. Mithilfe der Kostenartenrechnung werden Erträge nach Abteilungen verursachungsgerecht zugeordnet.
4. Mithilfe der Kostenartenrechnung werden Erträge nach dem Beschäftigungsgrad unterteilt.
5. Mithilfe der Kostenartenrechnung wird zwischen Einzel- und Gemeinkosten unterschieden.
6. Mithilfe der Kostenartenrechnung werden Kosten nach Normal-, Ist- und Plankosten unterteilt.

Tragen Sie die zutreffenden Kennziffern in die Lösungskästchen ein!

108. Aufgabe

Welche Aussagen treffen auf die **Kostenstellenrechnung** eines Krankenhauses zu?

1. Mithilfe von Kostenstellen können Verantwortungsbereiche festgelegt werden.
2. Mithilfe von Kostenstellen erfolgt eine betriebsübergreifende Kostenkontrolle.
3. Mithilfe von Kostenstellen können kostenbezogene Schwachstellen in einer Einrichtung identifiziert werden.
4. Mithilfe von Kostenstellen können die anfallenden Kosten detaillierter geplant und kontrolliert werden.

5. Mithilfe von Kostenstellen können die Erträge aus Wahlleistungen einer Einrichtung gesteigert werden.

6. Mithilfe von Kostenstellen werden die Kosten einer Einrichtung gesenkt.

Tragen Sie die zutreffenden Kennziffern in die Lösungskästchen ein!

109. Aufgabe

Welche Aussage trifft auf die **Kostenträgerrechnung** eines Krankenhauses zu?

1. Mithilfe der Kostenträgerrechnung werden die anfallenden Kosten einer Abteilung zugeordnet.

2. Mithilfe der Kostenträgerrechnung werden die gesamten Kosten des Krankenhauses ermittelt.

3. Mithilfe der Kostenträgerrechnung werden die anfallenden Kosten einem Behandlungsfall zugeordnet.

4. Mithilfe der Kostenträgerrechnung werden die anfallenden Kosten einer Abteilung festgelegt.

5. Mithilfe der Kostenträgerrechnung werden die anfallenden Kosten von den Erlösen getrennt bewertet.

6. Mithilfe der Kostenträgerrechnung werden die anfallenden Kosten von allen Abteilungen des Krankenhauses getragen.

Tragen Sie die zutreffende Kennziffer in das Lösungskästchen ein!

110. Aufgabe

Bei der Zuordnung von Kosten zu den Kostenträgern unterscheiden wir **Einzelkosten** und **Gemeinkosten**. Ordnen Sie zu, indem Sie die Kennziffer der jeweils zutreffenden Kostenart in das Lösungskästchen neben den Aufwendungen eintragen!

Kostenarten:

1. Einzelkosten

2. Gemeinkosten

Aufwendungen:

a) Verluste aus einem nicht gedeckten Versicherungsschaden.

b) Zahlung der Gebäudeversicherung.

c) Steuernachzahlung.

d) Auflösung von Rückstellungen.

e) Einsatz einer Hüftendoprothese.

111. Aufgabe

Welche der folgenden Kosten sind **Einzelkosten?**

1. Personalkosten in der Abteilung Allgemeine Chirurgie.
2. Kosten für ein künstliches Hüftgelenk.
3. Heizungskosten der Abteilung Allgemeine Chirurgie.
4. Kosten für ein Blutprodukt im Wert von 400,00 EUR.
5. Kosten für Reinigungsmittel.
6. Verwaltungskosten in der Abteilung Allgemeine Chirurgie.

Tragen Sie die zutreffenden Kennziffern in die Lösungskästchen ein!

112. Aufgabe

Welche der folgenden Kosten sind **Fixkosten?**

1. Personalkosten in der Abteilung Allgemeine Chirurgie.
2. Kosten für ein künstliches Hüftgelenk.
3. Kosten für Haftpflichtversicherungen.
4. Kosten für ein Blutprodukt im Wert von 400,00 EUR.
5. Kosten für Medikamente.
6. Kosten für Verbandsmaterialien.

Tragen Sie die zutreffenden Kennziffern in die Lösungskästchen ein!

Situation zur 113. und 114. Aufgabe

Das **Controlling** der Königsberg-Klinik gGmbH erstellt quartalsweise Auswertungen für die Geschäftsführung. Dazu gehören **Statistiken** und **Diagramme** über die Kostenentwicklung.

113. Aufgabe

Welche Aussagen zum Kostenverlauf von **fixen Kosten** sind richtig?

1. Fixe Fallkosten (k_f) bleiben unabhängig von der Behandlungszahl konstant.
2. Fixkosten je Behandlungsfall (k_f) sinken mit zunehmender Anzahl der Behandlungsfälle.
3. Fixe Fallkosten (k_f) nehmen mit zunehmender Behandlungszahl zu.
4. Fixe Kosten (K_f) bleiben unabhängig von der Anzahl der Behandlungsfälle konstant.
5. Fixe Kosten (K_f) nehmen mit zunehmender Behandlungszahl ab.
6. Fixe Kosten (K_f) nehmen mit zunehmender Behandlungszahl zu.

Tragen Sie die zutreffenden Kennziffern in die Lösungskästchen ein!

7 Wessel u.a. - ISBN 978-3-8120-0626-2

114. Aufgabe

Welche Aussagen zum Kostenverlauf von **variablen Kosten** sind richtig?

1. Variable Fallkosten (k_v) steigen mit der Anzahl der Behandlungsfälle.
2. Variable Fallkosten (k_v) fallen mit der Anzahl der Behandlungsfälle.
3. Variable Fallkosten (k_v) bleiben unabhängig von der Anzahl der Behandlungsfälle konstant.
4. Variable Kosten (K_v) bleiben unabhängig von der Behandlungszahl konstant.
5. Variable Kosten (K_v) steigen mit der Anzahl der Behandlungsfälle.
6. Variable Kosten (K_v) fallen mit der Anzahl der Behandlungsfälle.

Tragen Sie die zutreffenden Kennziffern in die Lösungskästchen ein!

115. Aufgabe

Ordnen Sie die folgenden Bezeichnungen der Grafik zu!

1. Fixkosten
2. EUR
3. Gesamtkosten
4. Erlöse
5. Fallzahlen
6. Break-even-Point

116. Aufgabe

Die Seniorenresidenz Rosenhof KG berechnet für einzelne Pflegeleistungen die Deckungsbeiträge. Bei welchem Kostenrechnungsverfahren werden **Deckungsbeiträge** ermittelt?

1. Vollkostenrechnung
2. Teilkostenrechnung
3. Plankostenrechnung
4. Normalkostenrechnung
5. Istkostenrechnung
6. Kostenstellenrechnung

Tragen Sie die zutreffende Kennziffer in das Lösungskästchen ein!

117. Aufgabe

Ein Auszubildender der Seniorenresidenz Rosenhof KG möchte mehr über die Kostenrechnung erfahren und befragt den Verwaltungsleiter. Welche Aussage zum **Deckungsbeitrag** ist sachlich richtig?

1. Der Deckungsbeitrag gibt an, welchen Beitrag ein Kostenträger (z. B. Pflegefall) zur Deckung der Gesamtkosten leistet.
2. Der Deckungsbeitrag gibt an, welcher Gewinn nach Abzug aller Kosten anfällt.
3. Der Deckungsbeitrag gibt an, wie hoch die Differenz zwischen Fixkosten pro Fall und den variablen Fallkosten ist.

4. Der Deckungsbeitrag gibt an, welchen Beitrag ein Kostenträger (z.B. Pflegefall) zur Deckung der fixen Kosten leistet.

5. Der Deckungsbeitrag gibt an, welchen Beitrag ein Kostenträger (z.B. Pflegefall) zur Deckung der variablen Kosten leistet.

6. Der Deckungsbeitrag gibt an, wie hoch die Differenz zwischen Kosten und Erlösen ist.

Tragen Sie die zutreffende Kennziffer in das Lösungskästchen ein!

118. Aufgabe

Welche Aussage zur **mehrstufigen Deckungsbeitragsrechnung** ist sachlich richtig?

1. Bei der mehrstufigen Deckungsbeitragsrechnung werden nacheinander in drei Schritten die variablen Kosten, die abteilungsfixen Kosten und die restlichen Fixkosten von den Erträgen abgezogen, um den Betriebsgewinn zu ermitteln.

2. Bei der mehrstufigen Deckungsbeitragsrechnung werden nacheinander in drei Schritten, die variablen Kosten, die Fixkosten und die abteilungsfixen Kosten von den Erträgen abgezogen, um den Betriebsgewinn zu ermitteln.

3. Bei der mehrstufigen Deckungsbeitragsrechnung werden nacheinander in drei Schritten die Fixkosten, die abteilungsfixen Kosten und die variablen Kosten von den Erträgen abgezogen, um den Betriebsgewinn zu ermitteln.

4. Bei der mehrstufigen Deckungsbeitragsrechnung werden nacheinander in drei Schritten die Fixkosten, die variablen Kosten und die abteilungsfixen Kosten von den Erträgen abgezogen, um den Betriebsgewinn zu ermitteln.

5. Bei der mehrstufigen Deckungsbeitragsrechnung werden nacheinander in drei Schritten die abteilungsfixen Kosten, die variablen Kosten und die restlichen Fixkosten von den Erträgen abgezogen, um den Betriebsgewinn zu ermitteln.

6. Bei der mehrstufigen Deckungsbeitragsrechnung werden nacheinander in drei Schritten, die abteilungsfixen Kosten, die Fixkosten und die variablen Kosten von den Erträgen abgezogen, um den Betriebsgewinn zu ermitteln.

Tragen Sie die zutreffende Kennziffer in das Lösungskästchen ein!

119. Aufgabe

Welche Kostenarten müssen getrennt ermittelt werden als Voraussetzung für eine Gewinnschwellen-Analyse **(Break-even-Point)?**

1. Trennung der Einzel- und Gemeinkosten.

2. Trennung der variablen und fixen Kosten.

3. Trennung der Kosten in Plan- und Istkosten.

4. Trennung der Kosten in Ist- und Normalkosten.

5. Trennung der Kosten von den gesamten Aufwendungen.

Tragen Sie die zutreffende Kennziffer in das Lösungskästchen ein!

120. Aufgabe

Die Königsberg-Klinik gGmbH führt für angebotene Leistungen Kosten- und Nutzenanalysen durch. Welche Aussage zum **Break-even-Point** ist richtig?

1. Der Break-even-Point gibt an, bei welcher Behandlungszahl die höchste Auslastung erreicht wird.
2. Der Break-even-Point gibt an, bei welcher Behandlungszahl die variablen Kosten gedeckt sind.
3. Der Break-even-Point gibt an, bei welchem Bestand der Bestellvorgang ausgelöst wird.
4. Der Break-even-Point gibt an, bei welcher Behandlungszahl die Gewinnschwelle erreicht wird.
5. Der Break-even-Point gibt an, bei welcher Behandlungszahl die Fixkosten gedeckt sind.
6. Der Break-even-Point gibt an, bei welcher Behandlungszahl die Personalkosten gedeckt sind.

Tragen Sie die zutreffende Kennziffer in das Lösungskästchen ein!

121. Aufgabe

Welcher Vorgang gehört im betrieblichen Rechnungswesen zur **Kostenanalyse?**

1. Buchung von Eingangsrechnungen.
2. Entnahme von Vorräten des medizinischen Bedarfs aus dem Lager.
3. Sachliche und preisliche Prüfung von Eingangsrechnungen.
4. Einsatzplanung der Pflegekräfte.
5. Dokumentation der Leistungserstellung.
6. Kritische Würdigung von Plan- und Istkosten.

Tragen Sie die zutreffende Kennziffer in das Lösungskästchen ein!

Situation zur 122. bis 124. Aufgabe

Ein Hersteller für Kleingeräte des medizinischen Bedarfs produziert Defibrillatoren. Im letzten Jahr wurden 1.200 Stück hergestellt und verkauft. Es fielen insgesamt Kosten in Höhe von 984.000,00 EUR an. Die Fixkosten betrugen 480.000,00 EUR. Die Defibrillatoren wurden für jeweils 910,00 EUR an Großhändler für medizinische Ausstattung verkauft.

122. Aufgabe

Ermitteln Sie die **variablen Stückkosten!**

Tragen Sie das Ergebnis in die Lösungskästchen ein! ➡ ☐☐☐,☐☐ EUR

123. Aufgabe

Ermitteln Sie den **Gewinn** pro Defibrillator!

Tragen Sie das Ergebnis in die Lösungskästchen ein! ➡ ☐☐,☐☐ EUR

124. Aufgabe

Im folgenden Jahr soll die Produktion der Defibrillatoren auf 1.250 Stück erhöht werden. Der Absatz ist durch Verträge mit den Abnehmern gesichert. Die **Fixkosten** bleiben gegenüber dem Vorjahr konstant. Um wie viel EUR kann der **Fixkostenanteil** pro Defibrillator gesenkt werden?

Tragen Sie das Ergebnis in die Lösungskästchen ein! ➡ ☐☐,☐☐ EUR

Situation zur 125. und 126. Aufgabe

Die Königsberg-Klinik gGmbH verfügt über 4 Abteilungen, die als Kostenstellen geführt werden. Im vergangenen Jahr wurden für die Kostenstelle Innere Medizin **Plankosten** in Höhe von 12.600.000,00 EUR festgelegt. Die **Istkosten** betrugen allerdings 13.176.000,00 EUR.

125. Aufgabe

Berechnen Sie die prozentuale Abweichung der Istkosten von den Plankosten!

Tragen Sie das Ergebnis in die Lösungskästchen ein! ➡ ☐,☐ %

126. Aufgabe

Der größte Kostenblock im Krankenhaus sind die **Personalkosten**. Diese hatten an den Gesamtkosten des vergangenen Geschäftsjahres einen Anteil von 68 %. Wie hoch waren die Personalkosten der Kostenstelle Innere Medizin?

Tragen Sie das Ergebnis in die Lösungskästchen ein! ➡ ☐.☐☐☐.☐☐☐,☐☐ EUR

Situation zur 127. und 128. Aufgabe

Die Königsberg-Klinik gGmbH betreibt u. a. die Abteilungen Innere Medizin und HNO-Heilkunde. Die Innere Medizin verfügt über 96 Betten und die HNO-Heilkunde über 40 Betten. Für eine aussagekräftige **Kostenanalyse** und Berechnung der **Bettenauslastung** werden die Belegungstage erfasst. In der Abteilung Innere Medizin wurden 5.256 Patienten für 31.536 Belegungstage und in der Abteilung HNO-Heilkunde 2.482 Patienten für 12.410 Belegungstage aufgenommen.

127. Aufgabe

Ermitteln Sie den **Bettenauslastungsgrad** (Nutzungsgrad der Betten) in der Abteilung Innere Medizin!

Tragen Sie das Ergebnis in die Lösungskästchen ein! %

128. Aufgabe

Ermitteln Sie die durchschnittliche **Verweildauer** in der Abteilung HNO-Heilkunde!

Tragen Sie das Ergebnis in das Lösungskästchen ein! ➡ ☐ Tage

129. Aufgabe

Die Königsberg-Klinik gGmbH hat die **Kosten- und Leistungsrechnung** u. a. eingerichtet, um der Geschäftsleitung für Planungen und Vorhaben eine zahlenmäßig fundierte Entscheidungshilfe bereitzustellen.

Dabei fallen der Kosten- und Leistungsrechnung im Wesentlichen folgende Aufgaben zu:

1. Ermittlung der Betriebsergebnisse.
2. Berechnung der Selbstkosten von angebotenen Zusatzleistungen.
3. Bewertung der Vorräte in der Bilanz.
4. Kontrolle der Wirtschaftlichkeit.
5. Berechnung der Selbstkosten von Behandlungen.

Ordnen Sie den folgenden Aussagen die oben genannten Aufgaben der Kosten- und Leistungsrechnung zu, indem Sie die Kennziffer vor der jeweils zutreffenden Aufgabe in das Lösungskästchen eintragen!

Kennzeichnen Sie diejenigen Aussagen mit einer **9.**, die sich nicht auf eine Aufgabe der Kosten- und Leistungsrechnung beziehen!

Aussagen:

a) Mithilfe der Kosten- und Leistungsrechnung kann die Königsberg-Klinik gGmbH die Wirtschaftlichkeit von Behandlungsfällen errechnen. ➡ ☐

b) Die Kosten- und Leistungsrechnung bietet der Geschäftsführung der Königsberg-Klinik gGmbH die Möglichkeit, sich auch kurzfristig (i. d. R. monatlich) über die wirtschaftliche Entwicklung der Einrichtung zu informieren. ➡ ☐

c) Die Kostenrechnung ermöglicht es der Königsberg-Klinik gGmbH die Selbstkosten von angebotenen Zusatzleistungen festzustellen. ➡ ☐

d) Das Verhältnis von Leistungen zu Kosten unterliegt der ständigen Überwachung. Ziel ist es in diesem Zusammenhang vor allem, die Höhe der Kosten zu beeinflussen. ➡ ☐

e) Die Kostenrechnung ermöglicht es der Königsberg-Klinik gGmbH, die Preise für angebotene Zusatzleistungen (keine Übernahme der GKV) festzulegen. ➡ ☐

f) In der Kostenrechnung findet die Könisberg-Klinik gGmbH ein Hilfsmittel für die Berechnung der Behandlungskosten. ➡ ☐

g) Die Königsberg-Klinik gGmbH ermittelt den Bestand von Medikamenten, um den Verbrauch zu kontrollieren. ➡ ☐

h) Die Kostenrechnung kontrolliert die Richtigkeit der Erfolgskonten und somit die Gewinn- und Verlustrechnung. ➡ ☐

130. Aufgabe

Die Königsberg-Klinik gGmbH hat ihre Kostenrechnung u. a. als **Vollkostenrechnung** ausgestaltet. In diesem Kostenrechnungssystem erfolgt eine Erfassung der Kosten nach Kostenarten, eine Aufteilung der Kosten auf Kostenstellen und eine Zurechnung der Kosten zu Kostenträgern.

Welche der folgenden Aussagen treffen in diesem Zusammenhang auf

1. die Kostenartenrechnung,
2. die Kostenstellenrechnung,
3. die Kostenträgerrechnung,
4. keines der vorgenannten Kostenrechnungsysteme

zu?

Aussagen:

a) Mithilfe des Betriebsabrechnungsbogens werden die Gemeinkosten der Königsberg-Klinik gGmbH entweder direkt aufgrund von Belegen oder indirekt aufgrund von Verteilungsschlüsseln verteilt. ➡ ☐

b) die Königsberg-Klinik gGmbH unterteilt die Kosten in Fix- und Einzelkosten bzw. Einzel- und Gemeinkosten. ➡ ☐

c) Für die einzelnen Kostenverantwortungsbereiche ist eine Kontrolle der Kostenentwicklung im Zeitablauf genauso möglich wie ein Vergleich der Istkosten mit den Normalkosten. ➡ ☐

d) Die Königsberg-Klinik gGmbH berechnet die Kennzahlen zur Kapitalstruktur. ➡ ☐

e) Die Königsberg-Klinik gGmbH kontrolliert in einer Nachkalkulation, ob eine auf der Basis der Normalkosten kalkulierte und durchgeführte Behandlung auch tatsächlich zu diesen Kosten realisiert werden konnte. ➡ ☐

f) Die Aufstellung des Betriebsabrechnungsbogens vollzieht sich in zwei Arbeitsschritten als Primärkostenrechnung und einer anschließenden Sekundärkostenrechnung. ➡ ☐

g) Die Deckungsbeitragsrechnung legt die Frage nahe, bei welcher Leistungsmenge die Fixkosten durch Deckungsbeiträge genau gedeckt sind. ➡ ☐

131. Aufgabe

An die Kostenartenrechnung schließt sich in der Königsberg-Klinik gGmbH als zweite Stufe die **Kostenstellenrechnung** an.

Kennzeichnen Sie in diesem Zusammenhang die folgenden Aussagen mit einer

1. wenn sie auf die Kostenstellenrechnung,

9. wenn sie nicht auf die Kostenstellenrechnung

zutreffen!

Aussagen:

a) Mithilfe des Betriebsabrechnungsbogens werden die fixen Kosten auf Kostenstellen verteilt, die variablen Kosten werden unmittelbar in die Kostenträgerrechnung übernommen. ➡ ☐

b) Die Königsberg-Klinik gGmbH kann die Bildung von Kostenstellen frei nach den betriebswirtschaftlichen Erfordernissen vornehmen; sinnvoll ist dabei eine Kostenstellenbildung nach Verantwortungsbereichen gemäß Kostenstellenrahmen der KHBV. ➡ ☐

c) Die den Kostenträgern (z. B. Behandlungsfälle) nicht direkt zurechenbaren Kosten werden im Betriebsabrechnungsbogen auf die gebildeten Kostenstellen umgelegt. ➡ ☐

d) Die Kostenstellenrechnung ist, ähnlich wie die Kostenartenrechnung, durch umfangreiche gesetzliche Vorgaben reglementiert, um interessierten Personenkreisen objektives und vergleichbares Zahlenmaterial liefern zu können. ➡ ☐

e) Mithilfe einer aussagefähigen Kostenstellenrechnung kann die Königsberg-Klinik gGmbH eine Kostenkontrolle für die jeweiligen Kostenverantwortungsbereiche durchführen, und zwar sowohl als Zeitvergleich als auch als Soll-Ist-Vergleich. ➡ ☐

f) Im Betriebsabrechnungsbogen werden die Einzelkosten nach Belegen (z. B. Lohn- und Gehaltsliste, Reparaturrechnungen) oder aufgrund von Verrechnungsschlüsseln auf die Kostenstellen verteilt. ➡ ☐

g) Mit dem Betriebsabrechnungsbogen werden die Kosten für einzelne Behandlungsfälle ermittelt. ➡ ☐

132. Aufgabe

Um die Verteilung der Kosten auf die Kostenstellen im Betriebsabrechnungsbogen vorzubereiten, untersuchen die Mitarbeiter der Abteilung Rechnungswesen der Königsberg-Klinik gGmbH alle in der **Ergebnistabelle** ermittelten Kosten auf ihre direkte Zurechenbarkeit zu den Kostenträgern (z. B. Fallgruppen).

Stellen Sie in diesem Zusammenhang fest, ob es sich bei den folgenden Sachverhalten um

1. Gemeinkosten,

2. Einzelkosten

handelt, indem Sie die Kennziffer vor der jeweils zutreffenden Antwort in das Lösungskästchen eintragen!

Sollte keine der oben genannten Antworten zutreffen, kennzeichnen Sie den entsprechenden Sachverhalt mit einer **9**.

Sachverhalte:

a) Der Jahresabschluss für das Geschäftsjahr 01 wurde durch einen Steuerberater erstellt. ➡ ☐

b) Im Zusammenhang mit dem Einkauf von teuren Arzneimitteln stellt der Lieferant der Königsberg-Klinik gGmbH Transportkosten in Rechnung. ➡ ☐

c) Die Mitarbeiter der Abteilung Patientenverwaltung erhalten ein monatliches Gehalt. ➡ ☐

d) Die Klinikgebäude werden mit Erdgas der EON-Gaswerke beheizt. ➡ ☐

e) Der Wirtschafts- und Verwaltungsdienst der Königsberg-Klinik gGmbH verbraucht pro Monat 15.000 Blatt Kopierpapier. ➡ ☐

f) Im Rahmen einer Sonderaktion verkauft die Königsberg-Klinik gGmbH nicht mehr benötigte Pflegebetten über Buchwert. ➡ ☐

133. Aufgabe

Die Königsberg-Klinik gGmbH wendet verschiedene Mittel und **Methoden des Rechnungswesens** an, um die finanzielle Ausstattung und wirtschaftliche Entwicklung der Einrichtung zu kontrollieren. Ordnen Sie zu, indem Sie die Kennziffer des jeweils zutreffenden Mittels bzw. der zutreffenden Methode des Rechnungswesens in das Lösungskästchen neben den Aussagen zum Rechnungswesen eintragen!

Mittel und Methoden des Rechnungswesens:

1. Bilanzkennzahlen

2. Kostenartenrechnung

3. Break-even-Analyse (Gewinnschwelle)

4. Deckungsbeitragsrechnung

Aussagen zum Rechnungswesen:

a) Für eine Fallgruppe werden die Leistungen und Kosten gegenübergestellt, um die erforderliche Anzahl der Behandlungsfälle bis zur Kostendeckung zu ermitteln. ➡ ☐

b) Mithilfe dieser Angaben lassen sich die betriebswirtschaftliche Lage und Entwicklung der Einrichtung beurteilen. ➡ ☐

c) Eine Kostenrechnung, die zunächst nur einen Teil der Kosten (variable Kosten) in die Kostenberechnung einbezieht, nennt man Teilkostenrechnung. ➡ ☐

d) Die Kostenkontrolle erfolgt mithilfe von Normalkosten, Istkosten und Plankosten. ➡ ☐

134. Aufgabe

Die Königsberg-Klinik gGmbH in Bad Pyrmont verfügt über 4 Abteilungen.

Folgende Werte wurden für den Monat April erfasst:

Abteilung	Innere Medizin	Chirurgie	Gynäkologie	HNO-Heilkunde
Bettenzahl	96 Betten	72 Betten	42 Betten	40 Betten
Auslastung in %	80 %	90 %	85 %	75 %
Fallzahlen	384	162	153	225
⌀ Fallpauschale	2.950,00 EUR	3.300,00 EUR	2.900,00 EUR	2.800,00 EUR
⌀ variable Kosten je Fall	1.300,00 EUR	1.500,00 EUR	1.150,00 EUR	1.400,00 EUR
Fixkosten	519.750,00 EUR	230.400,00 EUR	367.500,00 EUR	254.800,00 EUR

Sie erhalten von der Klinikleitung den Auftrag, die Zahlen auszuwerten und eine tabellarische Aufstellung für den Monat April zu erstellen. Folgende Leistungsdaten sollen je Abteilung ermittelt werden!

1. Wie viele **Belegungstage** sind in den jeweiligen Abteilungen maximal möglich?
2. Wie viele Betten sind **durchschnittlich** in den Abteilungen **belegt?**
3. Wie viele **Belegungstage** sind in den jeweiligen Abteilungen **tatsächlich angefallen?**
4. Wie lang ist die **durchschnittliche Verweildauer** in den jeweiligen Abteilungen?
5. Wie hoch ist der **Deckungsbeitrag pro Fall** in den jeweiligen Abteilungen?
6. Wie hoch ist der **Deckungsbeitrag** in der **jeweiligen Abteilung?**
7. Wie hoch ist der **Deckungsbeitrag pro Tag** Verweildauer?
8. Wo liegt die **Gewinnschwelle** pro Abteilung?
9. Wie hoch ist der **Gewinn** oder **Verlust** in der jeweiligen Abteilung?

Lösungstabelle:

	Innere Medizin	Chirurgie	Gynäkologie	HNO-Heilkunde
1.				
2.				
3.				
4.				
5.				
6.				
7.				
8.				
9.				

135. Aufgabe

Ein Akutkrankenhaus will die in der Kosten- und Leistungsrechnung ermittelten **kalkulatorischen Zinsen** in Höhe von 109.200,00 EUR den verschiedenen Betriebsbereichen zurechnen. Als sachgerecht wird eine Aufteilung im Verhältnis 15 : 11 : 9 : 7 : 6 angesehen:

Ermitteln Sie die anteiligen kalkulatorischen Zinsen in obiger Reihenfolge für

1. Normalpflege! ➡ ☐☐.☐☐☐,☐☐ EUR

2. Abweichende Pflege! ➡ ☐☐.☐☐☐,☐☐ EUR

3. Medizinische Institutionen! ➡ ☐☐.☐☐☐,☐☐ EUR

4. Versorgungseinrichtungen! ➡ ☐☐.☐☐☐,☐☐ EUR

5. Verwaltung und Sozialdienst! ➡ ☐☐.☐☐☐,☐☐ EUR

Als Lösungshilfe benutzen Sie das folgende Rechenschema:

Betriebsbereich	Anteile	Betrag in EUR	Berechnung	Schrittfolge
1. Normalpflege				2. Schritt
2. Abweichende Pflege				3. Schritt
3. Medizinische Institutionen				4. Schritt
4. Versorgungseinrichtungen				5. Schritt
5. Verwaltung und Sozialdienst				6. Schritt
				1. Schritt

136. Aufgabe

Zur Unterstützung eines aussagekräftigen **Controllings** sollen in einem Akutkrankenhaus die monatlichen Energiekosten in Höhe von 13.175,00 EUR den verschiedenen Betriebsbereichen entsprechend der jeweiligen Nutzfläche zugerechnet werden: Normalpflege 1.350 m^2, abweichende Pflege 945 m^2, Versorgung und Verwaltung 1.215 m^2, medizinische Institutionen 675 m^2.

1. Ermitteln Sie die Energiekosten für die Pflegefachbereiche! ➡ ☐.☐☐☐,☐☐ EUR

2. Ermitteln Sie die Energiekosten für die medizinischen Institutionen! ➡ ☐.☐☐☐,☐☐ EUR

137. Aufgabe

Eine Fachklinik führt spezielle Augenoperationen mit einem Laser durch. Der Erlös pro Behandlungsfall (Fallpauschale) beträgt 1.500,00 EUR. Die variablen Fallkosten betragen 300,00 EUR. Es wird geplant, dass mindestens 1.600 Operationen im Jahr durchgeführt werden **(Break-even-Point).**

1. Wie hoch sind die **Fixkosten** bei der geplanten Anzahl von Operationen im Break-even-Point? ➡ ☐.☐☐☐.☐☐☐,☐☐ EUR

2. Wie hoch ist der **Gewinn,** wenn die Operation 1.900-mal im Jahr bei unveränderten Fixkosten durchgeführt wird? ➡ ☐☐☐.☐☐☐,☐☐ EUR

3. Berechnen Sie die **Wirtschaftlichkeit** bei 1.900 Operationen im Jahr! ➡ ☐,☐☐☐

138. Aufgabe

Die **Kosten- und Leistungsrechnung** der Königsberg-Klink gGmbH liefert im Monat April für die **DRG-Fallgruppen A, B und C** folgende Zahlen.

	DRG-Fallgruppe A	DRG-Fallgruppe B	DRG-Fallgruppe C
⌀ Fallpauschale je Behandlungsfall	4.230,00 EUR	3.890,00 EUR	2.820,00 EUR
⌀ variable Kosten je Behandlungsfall	870,00 EUR	720,00 EUR	475,00 EUR
Fallzahlen	27	18	32
Fixe Kosten pro Monat		214.500,00 EUR	

Berechnen Sie mithilfe der Lösungstabelle

1. den Deckungsbeitrag der DRG-Fallgruppe A! ➡ ☐☐.☐☐☐,☐☐ EUR

2. den Deckungsbeitrag der DRG-Fallgruppe B! ➡ ☐☐.☐☐☐,☐☐ EUR

3. den Deckungsbeitrag der DRG-Fallgruppe C! ➡ ☐☐.☐☐☐,☐☐ EUR

4. den Deckungsbeitrag insgesamt! ➡ ☐☐☐.☐☐☐,☐☐ EUR

5. das Betriebsergebnis für den Monat April! ➡ ☐.☐☐☐,☐☐ EUR

Lösungstabelle:

	Fallgruppe A	Fallgruppe B	Fallgruppe C	Summen
Umsatzerlöse (E)				
− var. Kosten (K_v)				
= Deckungsbeiträge (DB)				
DB je Behandl.-Fall				
− fixe Kosten (K_f)				
= Betriebsgewinn				

139. Aufgabe

Die Seniorenresidenz Rosenhof KG führt die Häuser Luisenstein und Friedensthal für Patienten mit unterschiedlichem Pflegeaufwand. Auch innerhalb der Häuser werden die Pflegefälle in zwei Gruppen eingeteilt. Folgende Daten für den Monat November liegen vor:

	Haus Luisenstein		Haus Friedensthal	
	Pflegegruppe A	Pflegegruppe B	Pflegegruppe C	Pflegegruppe D
⌀ Erträge	2.800,00 EUR	3.110,00 EUR	3.545,00 EUR	3.820,00 EUR
⌀ variable Pflegekosten	1.360,00 EUR	1.440,00 EUR	1.615,00 EUR	1.720,00 EUR
Pflegefälle	18	15	14	12
Fixkosten pro Pflegegruppe	11.200,00 EUR	12.050,00 EUR	13.540,00 EUR	14.660,00 EUR
Fixkosten pro Haus	14.440,00 EUR		13.620,00 EUR	
Fixkosten Pflegeheim	18.100,00 EUR			

Berechnen Sie mithilfe der Lösungstabelle

1. den Deckungsbeitrag der Pflegegruppe A!   ➡ ☐☐.☐☐☐,☐☐ EUR

2. den Deckungsbeitrag der Pflegegruppe C!   ➡ ☐☐.☐☐☐,☐☐ EUR

3. den Deckungsbeitrag des Hauses Luisenstein!   ➡ ☐☐.☐☐☐,☐☐ EUR

4. den Deckungsbeitrag des Hauses Friedensthal!   ➡ ☐☐.☐☐☐,☐☐ EUR

5. den Deckungsbeitrag des Pflegeheims!   ➡ ☐☐.☐☐☐,☐☐ EUR

6. das Betriebsergebnis für den Monat November!   ➡ ☐☐.☐☐☐,☐☐ EUR

Lösungstabelle:

	Haus Luisenstein		Haus Friedensthal		Summen
Pflegegruppe Pflegefälle Erlöse pro Pflegefall	A 18 2.800,00 EUR	B 15 3.110,00 EUR	C 14 3.545,00 EUR	D 12 3.820,00 EUR	
Umsatzerlöse					
− var. Pflegekosten					
= Deckungsbeitrag I					
− Fixkosten Pflegegruppe					
= Deckungsbeitrag II					
Deckungsbeitrag Haus					
− Fixkosten pro Haus					
= Deckungsbeitrag III					
− Fixkosten Pflegeheim					
= Betriebsergebnis					

Situation zur 140. und 141. Aufgabe

Sie arbeiten in einem Sanitätshaus, das auch orthopädische Hilfsmittel herstellt. Ihre Aufgabe ist es, die **Deckungsbeiträge** der Produkte und das Betriebsergebnis zu ermitteln. Folgende Daten liegen vor:

Monat April 20..	Produkt A	Produkt B	Produkt C
Nettopreis	129,50 EUR	149,00 EUR	139,00 EUR
Variable Stückkosten	93,20 EUR	118,00 EUR	119,00 EUR
Absatzmenge	36	48	32
Fixe Kosten		2.900,00 EUR	

140. Aufgabe

Ermitteln Sie tabellarisch den **Betriebsgewinn** für den Monat April!

	Produkt A	Produkt B	Produkt C	Summen
Umsatzerlöse (E)				
– var. Kosten (K_v)				
= Deckungsbeiträge				
– fixe Kosten (K_f)				
= Betriebsgewinn				

141. Aufgabe

Prüfen Sie, welche Aussagen zu den **Deckungsbeiträgen** korrekt sind!

1. Produkt A hat den höchsten Deckungsbeitrag pro Stück.
2. Produkt B hat den höchsten Deckungsbeitrag pro Stück.
3. Produkt C hat den höchsten Deckungsbeitrag pro Stück.
4. Produkt A erzielt den größten Deckungsbeitrag insgesamt.
5. Produkt B erzielt den größten Deckungsbeitrag insgesamt.
6. Produkt C erzielt den größten Deckungsbeitrag insgesamt.

Tragen Sie die zutreffenden Kennziffern in die Lösungskästchen ein!

142. Aufgabe

Die Königsberg-Klinik gGmbH wendet verschiedene Mittel und **Methoden des Rechnungs-wesens** an, um die finanzielle Ausstattung und wirtschaftliche Entwicklung der Einrichtung zu kontrollieren. Ordnen Sie zu, indem Sie die Kennziffer des jeweils zutreffenden Mittels bzw. der zutreffenden Methode des Rechnungswesens in das Lösungskästchen neben den Aussagen zum Rechnungswesen eintragen!

Mittel und Methoden des Rechnungswesens:

1. Erfolgsermittlung (GuV-Konto)
2. Abgrenzungstabelle/Ergebnistabelle
3. Kostenstellenrechnung
4. Kostenträgerrechnung

Aussagen zum Rechnungswesen:

a) Die tatsächlich anfallenden Erträge und Aufwendungen werden gemäß der KHBV aufgelistet und gegenübergestellt.

b) Eine ganzheitliche Kostenkontrolle gibt der Krankenhausführung kaum Hinweise auf Schwachstellen im Krankenhaus. Daher werden die Kosten nach Bereichen und Abteilungen differenziert aufgelistet.

c) Neben Leistungen und Kosten werden auch neutrale Erträge und Aufwendungen beachtet.

d) Um die Wirtschaftlichkeit eines Behandlungsfalles zu prüfen, müssen dessen Kosten den Fallerlösen gegenübergestellt werden.

1.5 Finanzierung

143. Aufgabe

Die Geschäftsleitung der Seniorenresidenz Rosenhof KG plant die **Investitionen,** die im kommenden Geschäftsjahr durchgeführt werden sollen. Stellen Sie fest, welche der nachfolgenden Aussagen in diesem Zusammenhang

1. richtig sind,

9. nicht richtig sind!

Tragen Sie die Kennziffer der Antwort in das Lösungskästchen neben den Aussagen ein!

Aussagen:

a) Als Investitionen bezeichnet man die Mittelverwendung zur Erreichung der unternehmerischen Ziele.

b) Vor jeder Investitionsentscheidung sollte eine Planung der Finanzierungsalternativen erfolgen.

c) Die Rentabilität einer Investition lässt sich unmittelbar aus der Bilanz der KG ablesen.

d) Soll die Bewohnerkapazität der Seniorenresidenz Rosenhof KG erhalten werden, sind Ersatzinvestitionen erforderlich. Eine Erhöhung der Bewohnerkapazität erfordert Erweiterungsinvestitionen.

e) Investitionen in Erweiterungsbauten sollten i.d.R. durch kurz- und mittelfristige Fremdmittel finanziert werden, um so eine schnelle Tilgung der Verbindlichkeiten zu erreichen.

f) Neben den Investitionen in Sachmittel kann die Seniorenresidenz Rosenhof KG auch in Beteiligungen an anderen Unternehmen investieren. Diese Investitionen nennt man Finanzinvestitionen.

144. Aufgabe

Viele betriebliche Vorgänge wirken sich in der Seniorenresidenz Rosenhof KG auf den Bestand an **liquiden Mitteln** (Kasse, Bank) aus. Stellen Sie fest, welche der folgenden Sachverhalte in diesem Zusammenhang

1. eine Erhöhung der liquiden Mittel bewirken,
2. eine Verringerung der liquiden Mittel bewirken,
3. keine Veränderung der liquiden Mittel bewirken!

Tragen Sie die Kennziffer der Antwort in das Lösungskästchen neben den Sachverhalten ein!

Sachverhalte:

a) Die Firmenfahrzeuge werden betankt. Die Bezahlung erfolgt mittels Electronic Cash. ➡ ☐

b) Ein Kombiwagen wird unter Buchwert gegen Barzahlung verkauft. ➡ ☐

c) Vorräte an Lebensmitteln werden auf Ziel eingekauft. ➡ ☐

d) Den Selbstzahlern der Einrichtung werden die Monatsabrechnungen ausgestellt. ➡ ☐

e) Die einbehaltenen Sozialabgaben der Mitarbeiter für den abgelaufenen Gehaltsmonat werden an die Krankenkassen abgeführt. ➡ ☐

f) Die Kommanditisten der Seniorenresidenz Rosenhof KG entnehmen die auf sie entfallenden Gewinnanteile des abgelaufenen Geschäftsjahres. ➡ ☐

g) Die Komplementäre der Seniorenresidenz Rosenhof KG stocken ihre Kapitalkonten durch Sacheinlagen auf. ➡ ☐

145. Aufgabe

Die Seniorenresidenz Rosenhof KG verfügt über verschiedene Möglichkeiten, ihre geplanten **Investitionen** zu finanzieren.

Welche der folgenden Sachverhalte beschreiben in diesem Zusammenhang

A. nach der Herkunft des Kapitals

1. die Innenfinanzierung,
2. die Außenfinanzierung,

und

B. nach der Rechtsstellung des Kapitalgebers

3. die Eigenfinanzierung,
4. die Fremdfinanzierung?

Tragen Sie die Kennziffer vor der jeweils zutreffenden Finanzierungsart in die Lösungskästchen der Spalte A und der Spalte B ein.

8 Wessel u.a. - ISBN 978-3-8120-0626-2

Sachverhalte: A   B

a) In die Seniorenresidenz Rosenhof KG tritt mit Beginn des neuen Geschäftsjahres Horst Grabosch als Kommanditist ein. ➡ ☐ ☐

b) Der Gewinnanteil des Komplementärs Jürgen Steinbrecher war für das abgelaufene Geschäftsjahr höher als dessen Privatentnahmen. ➡ ☐ ☐

c) Für eine voraussichtliche Gewerbesteuernachzahlung bildet die Seniorenresidenz Rosenhof KG eine Rückstellung. ➡ ☐ ☐

d) Zur Finanzierung eines neuen Verwaltungsgebäudes nimmt die Seniorenresidenz Rosenhof KG bei ihrer Hausbank ein Hypothekendarlehen auf. ➡ ☐ ☐

e) Die Seniorenresidenz Rosenhof KG erhält eine Eingangsrechnung für die neu erworbene EDV-Anlage. ➡ ☐ ☐

146. Aufgabe

Kennzeichnen Sie die folgenden Aussagen zur **Finanzierung** der Seniorenresidenz Rosenhof KG mit einer

1. wenn sie richtig sind,

9. wenn sie nicht richtig sind!

Ordnen Sie zu, indem Sie die Kennziffer der jeweils zutreffenden Antwort in das Lösungskästchen bei den Aussagen zur Finanzierung eintragen!

Aussagen zur Finanzierung:

a) Auskunft über die Finanzierung der Seniorenresidenz Rosenhof KG gibt die Passivseite der Bilanz. ➡ ☐

b) Bei der Finanzierung aus Rückstellungen entsteht Eigenkapital, ohne dass der Seniorenresidenz Rosenhof KG Mittel von außen zufließen. ➡ ☐

c) Die Kreditfinanzierung wird als externe Fremdfinanzierung bezeichnet. ➡ ☐

d) Als Selbstfinanzierung bezeichnet man die Einbehaltung von Gewinnen. ➡ ☐

147. Aufgabe

Die weitgehend zusammengefasste Bilanz der Seniorenresidenz Rosenhof KG gibt u.a. nachfolgend auf S. 115 Auskunft über deren **Finanzierung.**

Ermitteln Sie in diesem Zusammenhang, welche Beträge die Seniorenresidenz Rosenhof KG aufgebracht hat durch

1. Eigenfinanzierung ➡ ☐☐☐ TEUR

2. Fremdfinanzierung ➡ ☐☐☐ TEUR

3. Innenfinanzierung ➡ ☐☐☐ TEUR

4. Außenfinanzierung ➡ ☐.☐☐☐ TEUR

Aktiva (TEUR)		Bilanz	Passiva (TEUR)	
Technische Anlagen	200	Einlagen Komplementäre		360
Einrichtungen und Ausstattungen	920	Einlagen Kommandisten		140
Vorräte	100	Rückstellungen		200
Forderungen a. L. u. L.	90	Hypothekendarlehen		500
Kasse, Bank	40	Verbindlichkeiten a. L. u. L.		150
	1.350			1.350

1.6 Medizinische Dokumentation und Berichtswesen, Datenschutz

148. Aufgabe

Die Dokumentation von Patientendaten im Gesundheitswesen ist eine Pflicht der dort Beschäftigten. Stellen Sie fest, welche 3 der folgenden Rechtsgrundlagen diese **Dokumentationspflichten** beinhalten!

1. Bundesmantelverträge für Vertragsärzte (BMV-Ä/EKV).

2. Sozialgesetzbuch VI.

3. Behandlungsvertrag zwischen Leistungserbringer und Leistungsempfänger.

4. Musterberufsordnung für Ärzte (MBO).

5. Krankenhausfinanzierungsgesetz (KHG).

6. Bundespflegesatzverordnung.

Tragen Sie die zutreffenden Kennziffern in die Lösungskästchen ein! ➡ ☐ ☐ ☐

149. Aufgabe

Die Leistungserbringer im Gesundheitswesen haben die Vollständigkeit und Nutzbarmachung der Dokumentation zu garantieren. Bringen Sie die **5 Arbeitsschritte der Dokumentierung,** die notwendig sind, um der berufsrechtlichen Dokumentationspflicht nachzukommen, in die richtige Reihenfolge! Zur Lösung tragen Sie die Kennziffern **1.** bis **5.** in die Lösungskästchen neben den einzelnen Verfahrensschritten ein.

Verfahrensschritte der Dokumentation:

a) Ordnung ➡ ☐

b) Sammlung ➡ ☐

c) Auswertung der Daten ➡ ☐

d) Speicherung ➡ ☐

e) Wiederzugänglichmachung ➡ ☐

150. Aufgabe

Sie werden beauftragt, in einer ärztlichen Berufsausübungsgemeinschaft das analoge und digitale Archivmaterial auf **Aufbewahrungsfristen** zu überprüfen. Die verbindlichen Vorgaben finden sich in der Berufsordnung der Ärztekammer und in den Bundesmantelverträgen für Vertragsärzte sowie in datenschutzrechtlichen Bestimmungen.

> **Hinweis**
>
> **§ 10 III: Berufsordnung der Ärztekammer Niedersachsen** (Auszug)
>
> Ärztliche Aufzeichnungen sind für die Dauer von zehn Jahren nach Abschluss der Behandlung aufzubewahren, soweit nicht nach gesetzlichen Vorschriften eine längere Aufbewahrungspflicht besteht.

Wählen Sie aus der Liste der Akten, Aufzeichnungen und Dokumente diejenigen aus, die Sie am 17. 08. 2015 wegen Überschreitung der Aufbewahrungsfrist entsorgen können!

Liste der Akten, Aufzeichnungen und Dokumente:

1. Patientenkartei von Heinz Meier, geb. 13. 04. 1951, Behandlungsbeginn 25. 04. 1992, Abschluss 12. 12. 2004.
2. Patientenkartei von Linus Vogt, geb. 22. 03. 1990, Abschluss der Behandlung nach der Jugendgesundheitsuntersuchung J2 am 13. 08. 2005.
3. Röntgenbilder vom 30. 05. 2004 von Dennis Huber, geb. 01. 02. 1989.
4. Durchschriften-Ordner der Berichtsvordrucke Gesundheitsuntersuchung („Check up 35") des Jahres 2009.
5. Durchschriften der Betäubungsmittelrezepte des Jahres 2012.

Tragen Sie die zutreffenden Kennziffern in die Lösungskästchen ein!

151. Aufgabe

Die **pflegerische Dokumentation** im Krankenhaus orientiert sich an der Pflege, der Betreuung und Versorgung des Patienten. Was müssen Pflegekräfte nicht dokumentieren?

1. Pflegeaufklärung
2. Pflegeanamnese
3. Pflegediagnose
4. Pflegeplanung
5. Pflegesätze
6. Pflegedurchführung

Tragen Sie die zutreffende Kennziffer in das Lösungskästchen ein!

152. Aufgabe

Die **Pflegedokumentation** hat sich an den Grundsätzen der Wahrheit und Klarheit zu orientieren. Welcher Umstand widerspricht einer korrekten Umsetzungspraxis?

1. Die Pflegedokumentation muss inhaltlich im Rahmen der Kenntnis richtig sein. Bei Korrekturen eines vorangegangenen Fehlers muss das Korrigierte vollständig getilgt sein.

2. Vollständige Dokumentation bedeutet eine Aufzeichnung der wesentlichen Daten sowie der Abweichungen vom Standard. Routinehandlungen sind in der Regel nicht festzuhalten.

3. Eine zeitnahe Dokumentation erfolgt im Idealfall unverzüglich nach jeder Handlung. Zumindest sollte die Aufzeichnungstätigkeit innerhalb eines Arbeitstages im Rahmen der allgemeinen Arbeitsorganisation erfolgen.

4. Die Dokumentation erfolgt schriftlich – analog oder/und digital.

5. Die Dokumentation ist mit einer identifizierbaren Unterschrift (Kürzel ist möglich) und einem Datum zu versehen.

6. Voraussetzung zur eindeutigen Dokumentation ist die Strukturierung der Daten. Dazu ist ein durchgängiges und verständliches System zu wählen, sodass Daten wieder auffindbar sind.

7. Die Dokumentation wird in der allgemeingültigen Fachsprache der ärztlichen und nichtärztlichen Berufe verfasst, wobei Abkürzungen und Symbole eindeutig, festgelegt und einheitlich angewandt werden.

Tragen Sie die zutreffende Kennziffer in das Lösungskästchen ein!

153. Aufgabe

Datenschutz und **Datensicherheit** sind wesentliche Elemente der Dokumentation im Gesundheitswesen. Stellen Sie fest, welche der nachfolgenden Aussagen

1. den Datenschutz betreffen,

2. die Datensicherheit betreffen,

3. sowohl den Datenschutz als auch die Datensicherheit betreffen,

4. weder den Datenschutz noch die Datensicherheit betreffen!

Tragen Sie die zutreffende Kennziffer in das jeweilige Lösungskästchen der Aussage ein!

Aussagen zum Datenschutz und zur Datensicherheit:

a) Daten können durch Bedienungsfehler unabsichtlich gelöscht werden.

b) Daten werden durch Passwörter vor unberechtigtem Zugriff bewahrt.

c) Daten werden vor Missbrauch (zum Schutz der Privatsphäre der Patienten) abgeschirmt.

d) Im papierlosen Büro der Zukunft werden alle Daten digital erfasst, verarbeitet und gespeichert.

e) Der Einzelne ist gesetzlich davor geschützt, dass er durch den Umgang mit seinen personenbezogenen Daten in seinem Persönlichkeitsrecht beeinträchtigt wird.

154. Aufgabe

Welche Personengruppen unterliegen der gesetzlichen **Schweigepflicht** gemäß § 203 StGB – Verletzung von Privatgeheimnissen?

1. Dokumentationsassistenten

2. Arztsekretärinnen

3. Auszubildende zur Medizinischen Fachangestellten

4. Reinigungsfachkräfte einer Praxis

5. In der Praxis aushelfende Arztehefrau

Tragen Sie die zutreffenden Kennziffern in die Lösungskästchen ein! ➡ □ □ □ □

Hinweis

Strafgesetzbuch: § 203 Verletzung von Privatgeheimnissen (Auszug)

(1) Wer unbefugt ein fremdes Geheimnis, namentlich ein zum persönlichen Lebensbereich gehörendes Geheimnis oder ein Betriebs- oder Geschäftsgeheimnis, offenbart, das ihm als

1. Arzt, Zahnarzt, Tierarzt, Apotheker oder Angehörigen eines anderen Heilberufs, der für die Berufsausübung oder die Führung der Berufsbezeichnung eine staatlich geregelte Ausbildung erfordert, anvertraut worden oder sonst bekannt geworden ist, wird mit Freiheitsstrafe bis zu einem Jahr oder mit Geldstrafe bestraft.

⋮

(3) Den in Absatz 1 und Satz 1 Genannten stehen ihre berufsmäßig tätigen Gehilfen und die Personen gleich, die bei ihnen zur Vorbereitung auf den Beruf tätig sind.

---

155. Aufgabe

Entscheiden Sie, in welchen **Fällen des Datenschutzes** richtig gehandelt wurde!

1. Einer privatärztlichen Verrechnungsstelle können die abrechnungstechnischen Daten ohne Einwilligung des Patienten überlassen werden.

2. Bei Übergabe einer Praxis aus Altersgründen stehen dem Nachfolger alle Patientenakten zur Verfügung.

3. Bei Minderjährigen unter 15 Jahren ist der Arzt i. d. R. berechtigt, die Eltern/Sorgeberechtigten in vollem Umfang zu unterrichten, da eine Einsichtsfähigkeit der Minderjährigen normalerweise nicht gegeben ist.

4. Die Erteilung von Auskünften über den Krankheitsverlauf eines Verstorbenen an seine Kinder ist grundsätzlich nicht erlaubt.

5. Zur Begutachtung werden dem Medizinischen Dienst der Krankenversicherung (MDK) alle Patientendaten überlassen.

Tragen Sie die zutreffenden Kennziffern in die Lösungskästchen ein! ➡ □ □

---

156. Aufgabe

Sie sind Mitarbeiter in der Patientenverwaltung der Königsberg-Klinik gGmbH. Der Abteilungsleiter Technik und Bauwesen des Krankenhauses fordert die Herausgabe bestimmter Patientenakten, die er für die Planung eines Umbaus benötige. Wie verhalten Sie sich im Rahmen des **Datenschutzes** richtig?

1. Ich gebe ihm die Akten gegen Unterschrift befristet heraus.
2. Ich gebe ihm die Akten nicht, weil die Patientenakten keine notwendigen Daten für ein Bauprojekt liefern.
3. Ich muss sie ihm geben, weil der Abteilungsleiter im Auftrag des Geschäftsführers handelt und damit Einsichtsrecht hat.
4. Ich gewähre ihm nur die Einsicht und gebe die Akten nicht heraus.
5. Ich informiere den Datenschutzbeauftragten über diese Forderung des Abteilungsleiters.

Tragen Sie die zutreffenden Kennziffern in die Lösungskästchen ein!

157. Aufgabe

Datenschutzbeauftragte sollen Unternehmen in Fragen des Datenschutzes beraten. Unter welchen Voraussetzungen sind **Datenschutzbeauftragte** tätig?

1. In allen öffentlichen Krankenhäusern muss ein Datenschutzbeauftragter bestellt werden.
2. In allen nichtöffentlichen Unternehmen muss erst ein Datenschutzbeauftragter bestellt werden, wenn 5 Arbeitnehmer ständig mit personenbezogenen Daten beschäftigt sind.
3. Der Datenschutzbeauftragte kontrolliert das Unternehmen hinsichtlich des Datenschutzes.
4. Der Datenschutzbeauftragte ist an die Weisungen der Unternehmensleitung gebunden.
5. Der Datenschutzbeauftragte unterliegt einem besonderen Kündigungsschutz.

Tragen Sie die zutreffenden Kennziffern in die Lösungskästchen ein!

1.7 Leistungsabrechnung, Besonderheiten des Rechnungswesens im Gesundheitsbereich

158. Aufgabe

Der DRG-Code F72A ist ein alphanumerisches Zeichen mit bestimmter Systematik. Die drei Elemente dieses DRG-Codes haben eine festgelegte Bedeutung. Ordnen Sie zu, indem Sie die Kennziffern von 3 zutreffenden Klassifikationsdaten des DRG-Systems in die Lösungskästchen bei den Elementen eines DRG-Codes eintragen!

Klassifikationsdaten des DRG-Systems:

1. ICD-Schlüssel
2. Operationen- und Prozedurenschlüssel (OPS)
3. Hauptdiagnosegruppe (MDC)
4. MDC-Nummer
5. Behandlungsart (Prozedur)
6. Schweregrad (Splitter)

Elemente eines DRG-Codes:

a) Buchstabe F

b) Zahl 72

c) Buchstabe A

Situation zur 159. bis 161. Aufgabe

Patientin Birgit Schäfer wird am 12.03.20.. auf der Station Innere Medizin der Königsberg-Klinik gGmbH in Bad Pyrmont aufgenommen. Die Diagnose lautet Thrombophlebitis im linken Unterschenkel. Das ist eine Venenentzündung mit Ausbildung einer Blutpfropfbildung. Der Behandlungsfall wird von äußerst schweren Komplikationen begleitet, die den Genesungsverlauf erheblich verzögern. Patientin Schäfer kann daher erst am 10.04.20.. als geheilt entlassen werden. Der Grouper ermittelt die DRG F63A für eine Behandlung in einer Hauptabteilung. Es wird für die Klinik ein fiktiver Landesbasisfallwert von 3.300,00 EUR zugrunde gelegt.

159. Aufgabe

Ermitteln Sie die **abrechenbare Verweildauer** der Patientin Birgit Schäfer im Krankenhaus!

Tragen Sie den Wert in die Lösungskästchen ein!   ➡ ☐☐ Tage

160. Aufgabe

Ermitteln Sie anhand des Fallpauschalen-Katalogs im Anhang (S. 252 f.) die Abrechnungstage mit **zusätzlichem Entgelt!**

Tragen Sie den Wert in das Lösungskästchen ein!   ➡ ☐ Tage

161. Aufgabe

Summieren Sie anhand des Fallpauschalen-Katalogs im Anhang (S. 252 f.) die **Erlöse aus Krankenhausleistungen** für den DRG-Grundbetrag und den **Zuschlag bei verlängertem Aufenthalt** bei Langliegern!

Tragen Sie den Wert in die Lösungskästchen ein!   ➡ ☐.☐☐☐,☐☐ EUR

Situation zur 162. bis 165. Aufgabe

Sie arbeiten im Rechnungswesen der Königsberg-Klinik gGmbH. Dort liegt Ihnen die Leistungsabrechnung an den Privatpatienten Will Bauer vor. Der Patient unterzog sich einer Tonsillektomie (Mandeloperation). Die Fakturierung der Krankenhausleistungen erfolgt direkt an den Privatpatienten. Gemäß § 8 IX KHEntgG sind Rechnungen des Krankenhauses für selbst zahlende Patientinnen oder selbst zahlende Patienten in einer verständlichen und nachvollziehbaren Form zu gestalten. Werden DRG-Fallpauschalen abgerechnet, gelten diese für privat und gesetzlich Versicherte gleichermaßen. Die **Krankenhausrechnung** ist nachfolgend als Beleg abgedruckt.

Königsberg-Klinik gGmbH
Kreiskrankenhaus der Regelversorgung
Abteilung für **H**als-**N**asen-**O**hren-Heilkunde

Am Rosenhof 36–40
31812 Bad Pyrmont
IK-Nr. 26 02 3885 2

Fon: 05281 23456-0
Fax: 05281 23456-19

Königsberg-Klinik gGmbH | Am Rosenhof 36–40 | 31812 Bad Pyrmont

Herrn
Will Bauer
Kornweg 22
32756 Detmold

26.03.20..

Patient: Will Bauer, geb. 09.10.1954, Kornweg 22, 32756 Detmold
Stationärer Aufenthalt, Aufnahmedatum: 17.03.20.., Entlassungsdatum: 23.03.20..

Bei Zahlung bitte angeben:
Rechnungs-Nr.: 2109793 | Rechnungsdatum: 26.03.20.. | Debitorennummer: 51192609

Schlussrechnung Stationärer Aufenthalt

Leistung		von/bis	Anzahl	Einzelpreis	Gesamtpreis
D30B	Tonsillektomie außer bei bösartiger Neubildung oder verschiedene Eingriffe an Ohr, Nase, Mund und Hals ohne äußerst schwere CC, ohne aufwendigen Eingriff, ohne komplexe Diagnose	17.03.20..– 22.03.20..	1	2.300,57 EUR	2.300,57 EUR
ZUVER	Versorgungszuschlag gem. § 8 X S. 1 KHEntgG	17.03.20..– 22.03.20..	1	57,18 EUR	57,18 EUR
ZU-HY	Zuschlag Hygiene-Förderprogramm gem. § 4 XI KHEntgG	17.03.20..– 22.03.20..	1	4,61 EUR	4,61 EUR
AZUBI	Zuschlag für Ausbildung gem. § 17a KHG	17.03.20..– 17.03.20..	1	94,65 EUR	94,65 EUR
SYS	DRG-Systemzuschlag vollstationär gem. § 17b II KHG	17.03.20..– 17.03.20..	1	1,13 EUR	1,13 EUR
ZGBA	Zuschlag Gemeinsamer Bundesausschuss gem. § 91 SGB V	17.03.20..– 17.03.20..	1	1,36 EUR	1,36 EUR
QS-Z	Qualitätssicherungszuschlag gem. § 17b II KHG	17.03.20..– 22.03.20..	1	1,19 EUR	1,19 EUR
zu zahlender Betrag					**2.460,69 EUR**

Zahlungsbedingung: zahlbar innerhalb 14 Tagen ab Rechnungsdatum!

Geschäftsführer Dipl.-Kfm. Ralf Fänger
Amtsgericht Hameln HRB 123456
Steuernummer 22/202/01234
USt-ID-Nr. DE177766999

Bankverbindung:
Sparkasse Weserbergland
BIC: NOLADE21SWB
IBAN: DE38 2545 0110 0001 2345 67

In Trägerschaft des
Kreises Hameln-Pyrmont
Süntelstraße 9,
31785 Hameln

162. Aufgabe

Stellen Sie fest, welche Komponenten Sie benötigen, um den **DRG-Grundbetrag** von 2.300,57 EUR zu ermitteln!

1. Versorgung durch Haupt- oder Belegabteilung, DRG-Code, Bewertungsrelation, Landesbasisfallwert

2. DRG-Code, Bewertungsrelation, Case-Mix-Index, Landesbasisfallwert

3. DRG-Code, Partition, Bezeichnung der Leistung, Bewertungsrelation, Landesbasisfallwert

4. DRG-Code, Bewertungsrelation, Case-Mix, Versorgung durch Haupt- oder Belegabteilung

5. DRG-Code, Bewertungsrelation, Verweildauer, untere und obere Grenzverweildauer

Tragen Sie die zutreffende Kennziffer in das Lösungskästchen ein! ➡ ☐

163. Aufgabe

Der Grouper ermittelte den DRG-Code D30B mit der Bewertungsrelation 0,721. Ermitteln Sie aus den vorliegenden Daten den **Landesbasisfallwert,** der der Abrechnung zugrunde liegt!

Tragen Sie den Wert in die Lösungskästchen ein! ➡ ☐.☐☐☐,☐☐ EUR

164. Aufgabe

Kontieren Sie unter Verwendung des **KHBV-Kontenplans** die Ausgangsrechnung an den Privatpatienten Will Bauer!

Tragen Sie den Buchungssatz in die Lösungskästchen ein! ➡ ☐☐☐ an ☐☐☐☐

an ☐☐☐☐

an ☐☐☐☐

an ☐☐☐☐

an ☐☐☐

an ☐☐☐☐

an ☐☐☐

Situation zur 165. bis 167. Auflage

Patientin Annette Weber wird am 12.03.20.. wegen anfallartig auftretender Schmerzen hinter dem Brustbein auf der Station Innere Medizin der Königsberg-Klink gGmbH in Bad Pyrmont aufgenommen. Die Diagnose lautet Angina pectoris, eine Erkrankung der Herzkranzgefäße. Wegen äußerst schwerer Komplikationen sieht sich das Ärzteteam gezwungen, die Patientin am 17.03.20.. in das Zentrum Innere Medizin der Medizinischen Hochschule Hannover zu verlegen.

Bearbeiten Sie anhand des Auszugs aus dem Fallpauschalen-Katalog im Anhang (S. 253) und des § 3 der Fallpauschalen-Verordnung die Abrechnung des Behandlungsfalles. Der Grouper ermittelte die DRG F66A für eine Behandlung in einer Hauptabteilung. Es wird für die Klinik ein fiktiver Landesbasisfallwert von 3.300,00 EUR zugrunde gelegt.

Hinweis

§ 3 Abschläge bei Verlegung (Auszug aus der Fallpauschalen-Verordnung)

(1) Im Falle einer Verlegung in ein anderes Krankenhaus ist von dem verlegenden Krankenhaus ein Abschlag vorzunehmen, wenn die im Fallpauschalen-Katalog ausgewiesene mittlere Verweildauer unterschritten wird. Die Höhe des Abschlags je Tag wird ermittelt, indem die bei Versorgung in einer Hauptabteilung in Spalte 11 oder bei belegärztlicher Versorgung in Spalte 13 des Fallpauschalen-Katalogs ausgewiesene Bewertungsrelation mit dem Basisfallwert multipliziert wird.

Die Zahl der Tage, für die ein Abschlag vorzunehmen ist, wird wie folgt ermittelt:

    Mittlere Verweildauer nach dem Fallpauschalen-Katalog, kaufmännisch auf die nächste ganze Zahl gerundet
– Belegungstage insgesamt (tatsächliche Verweildauer nach § 1 VII)
= Zahl der Abschlagstage

---

165. Aufgabe

Ermitteln Sie die **Verweildauer** der Patientin Annette Weber in der Königsberg-Klinik gGmbH!

Tragen Sie den Wert in das Lösungskästchen ein!   ➡ ☐ Tage

166. Aufgabe

Ermitteln Sie die **Abschlagstage** wegen Unterschreitung der mittleren Verweildauer!

Tragen Sie den Wert in das Lösungskästchen ein!   ➡ ☐ Tage

167. Aufgabe

Ermitteln Sie den Erlös aus der DRG F66A (siehe Anhang, S. 253) für die Patientin Annette Weber!

Tragen Sie den Wert in die Lösungskästchen ein!   ➡ ☐.☐☐☐,☐☐ EUR

168. Aufgabe

Am 12.03.20.. wird die Patientin Insa Möller mit Herzinsuffizienz und Schock, allerdings ohne äußerst schwere Komplikationen auf der Station Innere Medizin aufgenommen. Sie kann ohne Dialyse erfolgreich behandelt werden und wird bereits am 14.03.20.. entlassen.

Berechnen Sie die **Erlöse aus DRG-Fallpauschalen** am Beispiel dieser Patientin anhand der Auszüge aus dem Fallpauschalen-Katalog im Anhang (S. 253)! Berechnungsgrundlage ist ein fiktiver Landesbasisfallwert von 3.300,00 EUR.

Tragen Sie den Wert in die Lösungskästchen ein!  EUR

169. Aufgabe

Der DRG-Fallerlös für eine Behandlung im Akutkrankenhaus ist bei Normalliegern innerhalb der Regelverweildauer unabhängig von der Anzahl der Belegungstage, also pauschal. Um aber Fehlanreize zu unterbinden, Patienten vorzeitig zu entlassen **(Kurzlieger)** und die Heilung zu gefährden, gibt es Vorkehrungen in der Fallpauschalen-Vereinbarung.

Welche der folgenden Vorkehrungen verhindern eine **„blutige Entlassung"** der Patienten aus dem Krankenhaus?

1. Ist die Verweildauer eines Patienten oder einer Patientin länger als die obere Grenzverweildauer, wird für den dafür im Fallpauschalen-Katalog ausgewiesenen Tag und jeden weiteren Belegungstag des Krankenhausaufenthalts zusätzlich zur Fallpauschale ein tagesbezogenes Entgelt berechnet.

2. Ist die Verweildauer von nicht verlegten Patientinnen und Patienten kürzer als die untere Grenzverweildauer, ist für die bis zur unteren Grenzverweildauer nicht erbrachten Belegungstage ein Abschlag von der Fallpauschale vorzunehmen.

3. Werden Patienten oder Patientinnen wegen einer in den Verantwortungsbereich des Krankenhauses fallenden Komplikation im Zusammenhang mit der durchgeführten Leistung innerhalb der oberen Grenzverweildauer wieder aufgenommen, hat das Krankenhaus eine Zusammenfassung der Falldaten zu einem Fall vorzunehmen (Ausnahme: onkologische Therapien).

4. Im Falle einer Verlegung in ein anderes Krankenhaus ist von dem verlegenden Krankenhaus ein Abschlag vorzunehmen, wenn die im Fallpauschalen-Katalog ausgewiesene mittlere Verweildauer unterschritten wird.

Tragen Sie die zutreffenden Kennziffern in die Lösungskästchen ein!

Situation zur 170. bis 175. Aufgabe

Das Ehepaar Bäumer wird nach einem Autounfall am 15. Januar 20.. in das Kreiskranken-haus Königsberg-Klinik gGmbH eingeliefert.

Patient Holger Bäumer wird wegen eines Unterschenkelbruchs am Folgetag operiert. Nach einem etwas langwierigen Heilungsprozess kann der Patient am 1. Februar 20.. entlassen werden. Die abzurechnende DRG ist I13E.

Patientin Iris Bäumer erlitt mehrere Rippenbrüche (Rippenserienfraktur) und infolge dessen eine Lungenkontusion. Sie wird zunächst auf einer Station der Inneren Medizin versorgt. Für die Patientin wird eine E64C kodiert. Ihr Zustand verschlechtert sich trotz Sauerstoffgabe über eine Nasensonde. Die weitere Diagnostik deutet auf eine Rippenfell-Infektion.

Daher wird Patientin Iris Bäumer am 19. Januar 20.. in eine Lungenfachklinik nach Hannover verlegt. Dort wird sie weiter versorgt und am 31. Januar 20.. entlassen. Die DRG ist hier E64A (siehe Anhang, S. 252).

Bereits am 4. Februar 20.. wird Frau Bäumer von ihrem Hausarzt mit einer Lungenentzün-dung erneut in die Lungenfachklinik Hannover eingewiesen und nach endgültiger Heilung am 11. Februar 20.. entlassen. Die codierte DRG ist wiederum E64A.

Mit der Wiederaufnahme der Patientin Iris Bäumer am 4. Februar 20.. in der Lungenfach-klinik wird der Tatbestand der Fallzusammenführung erfüllt, weil die Wiederaufnahme wegen Komplikationen im Zusammenhang mit der durchgeführten Leistung innerhalb der OGVD ab dem ersten Aufnahmedatum bis zur Wiederaufnahme erfolgte.

Als Mitarbeiter in der Patientenabrechnung der Königsberg-Klinik gGmbH informieren Sie sich vorab über den grundsätzlichen Aufbau des Fallpauschalen-Katalogs. Anschließend ermitteln Sie auf der Grundlage der angegebenen Daten und der Auszüge aus dem Fallpau-schalen-Katalog im Anhang (S. 252 f.) die Erlöse für die folgenden Fälle.

---

170. Aufgabe

Welche Aussagen zum **Fallpauschalen-Katalog** sind zutreffend?

1. Das Kürzel „CC" (siehe Spalte 3) steht für die Schwere und Vielfalt der Erkrankung(en).
2. Die jeweilige Bewertungsrelation einer DRG in Spalte 4 bleibt über Jahre bundeseinheitlich konstant.
3. Die Bewertungsrelation 1,0 ist die durchschnittliche Fallschwere im Bundesgebiet.
4. Für einen Patienten mit der Einstufung E65C wird bei 8 Belegungstagen ein Zuschlag wegen der Liegedauer berechnet.
5. Die Kennzeichnung in Spalte 13 bedeutet, dass Patienten mit der DRG E40C nach einer Ent-lassung nicht wieder mit derselben DRG aufgenommen werden können.
6. Für eine Patientin, die mit der DRG E66A eingestuft und nach einem Belegungstag entlassen wird, wird ein Abschlag fällig.

Tragen Sie die zutreffenden Kennziffern in die Lösungskästchen ein!   ➡ ☐ ☐ ☐

171. Aufgabe

Errechnen Sie den **DRG-Erlös**, den die Königsberg-Klinik gGmbH mit der Fallpauschale I13E für den Patienten Holger Bäumer erhält. Kalkulieren Sie mit einem Landesbasisfallwert von 3.300,00 EUR!

DRG	Bewertungs-relation bei Hauptabteilung	Mittlere Verweil-dauer	Untere Grenzverweildauer		Obere Grenzverweildauer	
			Erster Tag mit Abschlag	Bewertungs-relation/Tag	Erster Tag zus. Entgelt	Bewertungs-relation/Tag
1	4	6	7	8	9	10
I13E	1,428	8,0	2	0,255	17	0,067

Tragen Sie den DRG-Erlös in die Lösungskästchen ein! ➡ ☐.☐☐☐,☐☐ EUR

172. Aufgabe

Errechnen Sie den **DRG-Erlös,** den die Königsberg-Klinik gGmbH mit der DRG-Fallpauschale E64C für die Patientin Iris Bäumer erhält. Kalkulieren Sie mit einem Landesbasisfallwert von 3.300,00 EUR!

Tragen Sie den DRG-Erlös in die Lösungskästchen ein! ➡ ☐.☐☐☐,☐☐ EUR

173. Aufgabe

Errechnen Sie den **DRG-Erlös** für den ersten Aufenthalt der Patientin Iris Bäumer in der Lungenfachklinik vom 19. bis 31. Januar 20.. Kalkulieren Sie mit der DRG E64A und einem Landesbasisfallwert von 3.300,00 EUR!

Tragen Sie den DRG-Erlös in die Lösungskästchen ein! ➡ ☐.☐☐☐,☐☐ EUR

174. Aufgabe

Errechnen Sie den DRG-Erlös für den **zweiten** Aufenthalt der Patientin Iris Bäumer in der Lungenfachklinik vom 4. bis 11. Februar 20.. Kalkulieren Sie die erforderliche **Fallzusammenführung** von erstem und zweitem Aufenthalt in der Lungenfachklinik mit der DRG E64A und einem Landesbasisfallwert von 3.300,00 EUR!

Tragen Sie den DRG-Erlös in die Lösungskästchen ein! ➡ ☐.☐☐☐,☐☐ EUR

175. Aufgabe

Was bedeutet die **Fallzusammenführung** bei der Patientin Iris Bäumer für die beiden Abrechnungen der Lungenfachklinik?

1. Die erste Rechnung wird storniert.
2. Die zweite Rechnung wird storniert.
3. Der Betrag der zweiten Rechnung wird vom Betrag der ersten Rechnung abgesetzt.
4. Beide Rechnungen bewirken bestandskräftige Forderungen an den Kostenträger.
5. Allein die zweite Rechnung bewirkt eine bestandskräftige Forderung an den Kostenträger.
6. Die Fallzusammenführung hat nur statistischen Wert für interne Zwecke.

Tragen Sie die zutreffenden Kennziffern in die Lösungskästchen ein!

176. Aufgabe

Herr Axel Sellmeyer wird am 31.07.20.. vorstationär labormedizinisch in der Königsberg-Klinik gGmbH untersucht, am 02.08.20.. dort aufgenommen und im Rahmen der D30B („Tonsillektomie … ohne aufwendigen Eingriff …") operiert. Am 05.08.20.. wird er entlassen und vom 06.08.20.. bis 10.08.20.. täglich nachstationär wegen Wundheilungsstörungen behandelt. Die obere Grenzverweildauer beträgt 9 (Erster Tag zus. Entgelt).

Inwieweit können **nachstationäre Behandlungen** vergütet werden?

1. Gar nicht.
2. Durch eine nachstationäre Behandlungspauschale.
3. Durch zwei nachstationäre Behandlungspauschalen.
4. Durch drei nachstationäre Behandlungspauschalen.
5. Durch fünf nachstationäre Behandlungspauschalen.

Tragen Sie die zutreffende Kennziffer in das Lösungskästchen ein!

Situation zur 177. und 178. Aufgabe

Patient Henner Schulze wird am 11.11.20.. in die Königsberg-Klinik gGmbH wegen Schwindel aufgenommen (DRG D61B). Während des Klinikaufenthaltes stürzt er und zieht sich einen Bänderriss am Sprunggelenk zu. Daher wird Patient Schulze am 14.11.20.. in die Orthopädie des christlichen Krankenhauses der Stadt verlegt. Die OP findet noch am selben Tag statt. Dort wiederum behandeln sie den Patienten erfolglos wegen des Schwindels, sodass er am 24.11.20.. wieder in die Königsberg-Klinik gGmbH zurückverlegt werden muss (DRG D61B). Diese verlässt er am 30.11.20..

DRG	Bewertungs- relation bei Hauptabtei- lung	Mittlere Verweil- dauer	Untere Grenzverweildauer		Obere Grenzverweildauer		Externe Verle- gung Abschlag/ Tag (Bewer- tungsrelation)
			Erster Tag mit Abschlag	Bewertungs- relation/Tag	Erster Tag zus. Entgelt	Bewertungs- relation/Tag	
1	4	6	7	8	9	10	11
D61B	0,547	4,3	1	0,317	9	0,088	0,102

177. Aufgabe

Wird die Königsberg-Klinik gGmbH die Erstaufnahme und die **Rückverlegung** zu einer DRG-Abrechnung zusammenführen? Wählen Sie die korrekte Aussage!

1. Die Klinikaufenthalte (Königsberg-Klinik gGmbH) werden zusammengefasst, weil die Prüffrist von 30 Kalendertagen ab dem Entlassungsdatum bis zur wiederholten Aufnahme unterschritten wird.

2. Die Klinikaufenthalte werden zusammengefasst, weil die Prüffrist vom ersten Aufnahmedatum bis zum zweiten in die Königsberg-Klinik gGmbH 30 Kalendertage unterschreitet.

3. Die Klinikaufenthalte werden nicht zusammengefasst und damit zwei DRG berechnet, weil alle Belegtage in der Königsberg-Klinik gGmbH zusammen die mittlere Verweildauer überschreiten.

4. Die Klinikaufenthalte werden nicht zusammengefasst, weil die Prüffrist vom ersten Entlassungsdatum bis zum zweiten Aufnahmedatum in die Königsberg-Klinik gGmbH die OGVD überschreitet.

Tragen Sie die zutreffende Kennziffer in das Lösungskästchen ein!

178. Aufgabe

Wählen Sie für den obigen Behandlungsfall des Patienten Henner Schulze den korrekten **DRG-Grunderlös** DRG D61B, den die Königsberg-Klinik gGmbH bei einem Landesbasisfallwert von 3.300,00 EUR berechnet!

1. 1.514,70 EUR   2. 1.805,10 EUR   3. 2.095,50 EUR   4. 2.385,90 EUR

Tragen Sie die zutreffende Kennziffer in das Lösungskästchen ein!

179. Aufgabe

Belegärzte sind niedergelassene Vertragsärzte, die ihre Patienten sowohl in der Praxis ambulant als auch stationär im Krankenhaus behandeln können. Sie sind nicht im Krankenhaus angestellt, müssen aber als Belegarzt für das Krankenhaus anerkannt sein. Geben Sie an, welche Aussagen zur Abrechnung dieser Leistungen richtig dargestellt sind!

1. Die Belegärzte erhalten vom Krankenhaus eine Vergütung für ihre Leistung.

2. Die Belegärzte rechnen nach dem Einheitlichen Bewertungsmaßstab (EBM) mit der Kassenärztlichen Vereinigung (KV) ab.

3. Die Belegärzte rechnen mit den Privatversicherten nach der Gebührenordnung für Ärzte (GOÄ) ab.

4. Die Belegärzte zahlen dem Krankenhaus Entgelte für die Bereitstellung der Sachmittel, der Einrichtung und der Notdienste nach dem KHEntgG.

5. Die Krankenhäuser berechnen eine DRG nach dem Fallpauschalenkatalog Teil b) für die Bereitstellung ihrer Leistungen ab.

Tragen Sie die zutreffenden Kennziffern in die Lösungskästchen ein!

180. Aufgabe

Wie werden die folgenden Kostengewichte bezüglich ihres Ressourcenaufwands im Krankenhaus richtig beschrieben? Ordnen Sie zu, indem Sie die Kennziffer des jeweils zutreffenden
Kostengewichts in die Lösungskästchen beim Ressourcenaufwand eintragen!

Kostengewichte:

1. Basisfallwert (base rate)
2. Bewertungsrelation (Relativgewicht)

3. Case-Mix (CM)
4. Case-Mix-Index (CMI)

Ressourcenaufwand:

a) Summe der Relativgewichte aller Behandlungsfälle eines Krankenhauses oder ➡ ☐
   einer Abteilung.

b) Relativer Ressourcenaufwand eines Krankenhauses oder einer Abteilung pro ➡ ☐
   Behandlungsfall.

c) Relativer Ressourcenaufwand eines DRG-Behandlungsfalles aufgrund der Fall- ➡ ☐
   schwere.

d) Durchschnittlicher Ressourcenaufwand eines DRG-Behandlungsfalles in EUR. ➡ ☐

Situation zur 181. und 182. Aufgabe

Die Königsberg-Klinik gGmbH stellt einen Leistungsvergleich ihrer Fachabteilungen Hals-
Nasen-Ohren und Innere Medizin mithilfe des **Case-Mix** an. Dazu werden die DRG-Abrech-
nungen des vergangenen Monats herangezogen.

DRG-Code	Bewertungsrelation	Fallzahl	gewichtete Bewertungsrelation
D03B	1,675	6	
D29Z	1,023	48	
D30B	0,721	63	
D67Z	0,529	23	
Summe Abt. HNO			
G22C	1,172	48	
G23C	0,802	128	
G46A	2,145	37	
K04B	1,920	27	
K09B	1,689	60	
Summe Abt. Innere Medizin			

9 Wessel u.a. - ISBN 978-3-8120-0626-2

181. Aufgabe

Ermitteln Sie anhand der vorangestellten Tabelle den **Case-Mix** der Abteilung HNO-Heilkunde mit drei Nachkommastellen!

Tragen Sie den Wert in die Lösungskästchen ein!

182. Aufgabe

Ermitteln Sie in vereinfachter Form das **Budget** der Abteilung HNO-Heilkunde für diesen Zeitraum bei einem angenommenen Landesbasisfallwert von 3.300,00 EUR!

Tragen Sie den Wert in die Lösungskästchen ein!

183. Aufgabe

Ermitteln Sie anhand der obigen Tabelle den **Case-Mix-Index** der Abteilung Innere Medizin mit drei Nachkommastellen!

Tragen Sie den Wert in die Lösungskästchen ein!

184. Aufgabe

Entscheiden Sie, welche der folgenden Aussagen über den **Case-Mix-Index falsch** ist!

1. Liegt der Case-Mix-Index höher als 1, ist die Fallschwere überdurchschnittlich.
2. Mit dem Case-Mix-Index lassen sich Leistungsvergleiche herstellen.
3. Spezialkrankenhäuser mit schwierigen Fällen haben typischerweise einen Indexwert < 1.
4. Der Case-Mix-Index ist ein Fallschwere-Index.
5. Der Case-Mix-Index gibt einen Einblick in den durchschnittlichen Behandlungsaufwand des Krankenhauses.

Tragen Sie die zutreffende Kennziffer in das Lösungskästchen ein!

Lesen Sie folgende Information zur **Pflegebedürftigkeit**:

Mehr Pflegebedürftige

2,6 Mio. Menschen waren im Jahr 2013 in Deutschland pflegebedürftig. Bis zum Jahr 2030 wird sich diese Zahl auf 3,5 Mio. erhöhen. Wer soll uns in Zukunft pflegen und wer soll das bezahlen? Zwei schwer zu beantwortende Fragen und eine der großen Herausforderungen für Politik und Gesellschaft. Schon heute sind Pflegekräfte in Deutschland knapp, vielfach springen gelernte und ungelernte Pflegerinnen aus Osteuropa ein. Experten fordern daher eine gelenkte Einwanderungspolitik. Und die Situation wird sich noch dramatisch verschärfen. Weil die Babyboomer aus den 1960er-Jahren ins Rentenalter kommen, nimmt die Zahl der Älteren besonders stark zu. Daher schätzt der Deutsche Pflegeverband (DPV) den zusätzlichen Fachkräftebedarf auf mindestens 300.000 Stellen bis 2020. Experten sind sich einig, das könne nur durch eine gesellschaftliche und finanzielle Aufwertung des examinierten Pflegeberufs erreicht werden.

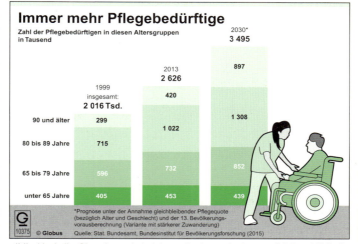

Immer mehr Pflegebedürftige
Zahl der Pflegebedürftigen in diesen Altersgruppen in Tausend

*Prognose unter der Annahme gleichbleibender Pflegequote (bezüglich Alter und Geschlecht) und der 13. Bevölkerungsvorausberechnung (Variante mit stärkerer Zuwanderung)
Quelle: Stat. Bundesamt, Bundesinstitut für Bevölkerungsforschung (2015)

185. Aufgabe

Stellen Sie fest, welche 2 Aussagen auf die obige Information zutreffen!

1. Ursache der steigenden Pflegebedürftigkeit ist der beschriebene Trend, dass die deutsche Bevölkerung immer älter wird.

2. Der Anteil der über 89-Jährigen an den Pflegebedürftigen wird sich um mehr als 100 % erhöhen.

3. Bis zum Jahr 2020 werden 300.000 zusätzliche Hilfskräfte aus Osteuropa benötigt.

4. Laut Expertenmeinung kann der benötigte Fachkräftebedarf nur durch eine gesellschaftliche und finanzielle Besserstellung des Pflegeberufs abgedeckt werden.

5. Die Zahl der Pflegebedürftigen steigt zwischen 2013 und 2030 um mehr als 50 %.

6. Spätestens bis zum Jahre 2030 wird eine ausreichende Zahl von Pflegefachkräften zur Verfügung stehen.

Tragen Sie die zutreffenden Kennziffern in die Lösungskästchen ein!

186. Aufgabe

Stellen Sie fest, welche Lösung des gesellschaftlichen Problems in der Information angedacht ist!

1. Berufliche Umschulung von Frauen zu Pflegefachkräften, die aus der Elternzeit ins Berufsleben zurückkehren wollen.

2. Erhöhung von finanziellen Anreizen für den examinierten Pflegeberuf in Verbindung mit einer Verbesserung des gesellschaftlichen Ansehens von Pflegefachkräften.

3. Modellrechnungen für die Zukunft sind so ungenau, dass man sich nicht darauf verlassen kann.

4. Der zusätzliche Pflegebedarf kann ohne Weiteres durch angelernte Hilfskräfte aus Osteuropa abgedeckt werden.

5. Deutsche Pflegeheime im Ausland können die steigende Zahl von Pflegebedürftigen aufnehmen.

Tragen Sie die zutreffende Kennziffer in das Lösungskästchen ein! ➡ ☐

187. Aufgabe

1. Wie hoch wird der prozentuale Anteil der Altersgruppe 90 und älter an allen **Pflegebedürftigen** im Jahre 2030 sein? ➡ ☐☐,☐ %

2. Wie hoch ist der prozentuale Anstieg der **Pflegebedürftigen** zwischen 2013 und 2030? ➡ ☐☐,☐ %

188. Aufgabe

Der Pflegebedürftige Walter Weber hat auf der Grundlage eines Bewilligungsbescheids der Pflegestufe I einen schriftlichen Pflegevertrag mit einem zugelassenen **ambulanten Pflegedienst** seiner Wahl abgeschlossen. Für einen Pflegemonat stellt der ambulante Pflegedienst folgende vertragsmäßige Rechnung auf:

Pos.	Leistungskomplex	Anzahl	Einzelpreis	Summe
1	Große Toilette	4	22,18 EUR	88,72 EUR
2	Kleine Toilette	26	14,93 EUR	388,18 EUR
3	Mobilisation	26	5,32 EUR	138,32 EUR
4	Zuschlag sonn-/feiertags	4	2,90 EUR	11,60 EUR
5	Wegepauschale	30	3,05 EUR	91,50 EUR
				718,32 EUR

Welchen Anteil trägt Herr Weber als Selbstzahler unter Beachtung der Anspruchsgrenzen des § 36 SGB XI? (Hinweis auf der Folgeseite!)

Tragen Sie den Betrag in die Lösungskästchen ein! ➡ ☐☐☐,☐☐ EUR

Hinweis:

§ 36 SGB XI: Pflegesachleistung (Auszug)

Der Anspruch auf häusliche Pflegehilfe umfasst je Kalendermonat

1. für Pflegebedürftige der Pflegestufe I Pflegeeinsätze bis zu einem Gesamtwert von 468 Euro ab 1. Januar 2015,

2. für Pflegebedürftige der Pflegestufe II Pflegeeinsätze bis zu einem Gesamtwert von 1.144 Euro ab 1. Januar 2015,

3. für Pflegebedürftige der Pflegestufe III Pflegeeinsätze bis zu einem Gesamtwert von 1.612 Euro ab 1. Januar 2015.

Situation zur 189. bis 193. Aufgabe

Im fortgeschrittenen Alter zieht Herr Walter Weber in die Seniorenresidenz Rosenhof KG um. Er erhält wegen schwerer Pflegebedürftigkeit **Leistungen der Pflegestufe II**.

Die Seniorenresidenz Rosenhof KG berechnet folgende Tagessätze gemäß Pflegesatzvereinbarung mit den Pflegekassen:

Pflegestufe/Pflegesatz		Unterkunft und Verpflegung	Ausbildungs-zuschlag	Investitions-kosten
Pflegestufe I:	59,92 EUR			
Pflegestufe II:	71,38 EUR	21,60 EUR	0,68 EUR	13,52 EUR
Pflegestufe III:	83,23 EUR			

Hinweis:

§ 43 SGB XI: Inhalt der Leistung (Auszug)

(1) Pflegebedürftige haben Anspruch auf Pflege in vollstationären Einrichtungen, wenn häusliche oder teilstationäre Pflege nicht möglich ist oder wegen der Besonderheit des einzelnen Falles nicht in Betracht kommt.

(2) Für Pflegebedürftige in vollstationären Einrichtungen übernimmt die Pflegekasse im Rahmen der pauschalen Leistungsbeträge nach Satz 2 die pflegebedingten Aufwendungen, die Aufwendungen der sozialen Betreuung und die Aufwendungen für Leistungen der medizinischen Behandlungspflege. Der Anspruch beträgt je Kalendermonat

1. für Pflegebedürftige der Pflegestufe I 1064 Euro,

2. für Pflegebedürftige der Pflegestufe II 1330 Euro,

3. für Pflegebedürftige der Pflegestufe III 1612 Euro.

Der von der Pflegekasse zu übernehmende Betrag darf 75 vom Hundert des Gesamtbetrages aus Pflegesatz, Entgelt für Unterkunft und Verpflegung und gesondert berechenbaren Investitionskosten nicht übersteigen.

Zusatzinformation: Option für ein vereinfachtes Verfahren für tagesgleiche Pflegesätze bei vollen Kalendermonaten in stationären Einrichtungen

Auf regionaler Ebene kann vereinbart werden, dass aus Gründen der Verwaltungsvereinfachung statt der tatsächlichen Kalendertage im Monat eine jahresdurchschnittliche Kalenderzahl von 30,42 Kalendertagen je Monat zugrunde gelegt wird.

189. Aufgabe

Ermitteln Sie den Tagessatz, den die Seniorenresidenz Rosenhof KG als **Heimkosten in der Pflegestufe II** berechnet!

Tragen Sie den Betrag in die Lösungskästchen ein! ➡ ☐☐☐,☐☐ EUR

190. Aufgabe

Ermitteln Sie für Herrn Weber den monatlichen Gesamtbetrag aus Pflegesatz, Entgelt für Unterkunft und Verpflegung sowie dem Ausbildungszuschlag und den gesondert berechenbaren Investitionskosten! Da Herr Weber ein Dauergast in der Seniorenresidenz Rosenhof KG ist, wendet die Heimleitung das **vereinfachte Verfahren** an.

Tragen Sie Ihr Ergebnis in die Lösungskästchen ein! ➡ ☐.☐☐☐,☐☐ EUR

191. Aufgabe

Ermitteln Sie den monatlichen **Eigenanteil**, den Herr Weber übernehmen muss unter Anrechnung der pauschalen Leistungsbeträge aus der gesetzlichen Pflegekasse!

Tragen Sie Ihr Ergebnis in die Lösungskästchen ein! ➡ ☐.☐☐☐,☐☐ EUR

192. Aufgabe

Übertragen Sie die **Abrechnung des Heimentgelts** für Herrn Walter Weber in das folgende Abrechnungsschema der Seniorenresidenz Rosenhof KG!

Heimbewohner Walter Weber	Kosten pro Tag	Kosten pro Monat
Pflegesatz Pflegesstufe II		
− Leistung der Pflegekasse	——————	
= Eigenanteil Pflegekosten	——————	
+ Unterkunft und Verpflegung		
+ Ausbildungszuschlag		
+ Investitionskosten		
= **Eigenanteil Heimbewohner**	——————	

193. Aufgabe

Sie bearbeiten in der Buchführung der Seniorenresidenz Rosenhof KG die Abrechnungen der Heimbewohner. Die Forderungen an den Heimbewohner Walter Weber werden mit dessen Rente verrechnet, die Herr Weber an die Seniorenresidenz Rosenhof KG abgetreten hat. Der überschüssige Betrag wird auf das Verwahrgeldkonto des Herrn Weber übertragen.

Kontieren Sie unter Verwendung der nachfolgenden **PBV-Konten** die Buchungsaufgaben im Zusammenhang mit der Abrechnung des Heimbewohners Walter Weber, indem Sie die Kennziffern der PBV-Konten in die Lösungskästchen bei den Kontierungsaufgaben eintragen!

Kennziffern der PBV-Konten:

0. Forderungen gegen Pflegekasse (1130).

1. Forderungen gegen Selbstzahler (1134).

2. Guthaben bei Kreditinstituten/Bank (126).

3. Verbindlichkeiten gegenüber Bewohnern (353).

4. Verwahrgeldkonto (37).

5. Erträge aus vollstationären Pflegeleistungen: Pflegeklasse II/Pflegekasse (4210).

6. Erträge aus vollstationären Pflegeleistungen: Pflegeklasse II/Selbstzahler (4212).

7. Erträge aus Unterkunft und Verpflegung (424).

8. Sonstige Erträge (428).

9. Erträge aus gesonderter Berechnung von Investitionsaufwendungen (464).

Kontierungsaufgaben:

a) für die Rechnung der Seniorenresidenz Rosenhof KG an die Pflegekasse des Herrn Weber! ➡ ☐ an ☐

b) für die Rechnung der Seniorenresidenz Rosenhof KG an den Heimbewohner Walter Weber! ➡ ☐ an ☐

an ☐

an ☐

an ☐

c) für den Zahlungseingang von der Pflegekasse! ➡ ☐ an ☐

d) für den Renteneingang Walter Weber! ➡ ☐ an ☐

e) für die Verrechnung unserer Forderungen an den Heimbewohner Walter Weber mit dessen Renteneingang! ➡ ☐ an ☐

f) für die Übertragung des Überschusses aus der Rentenverrechnung auf das Verwahrgeldkonto des Heimbewohners Walter Weber! ➡ ☐ an ☐

2 Wirtschafts- und Sozialkunde

2.1 Wirtschaftliche Zusammenhänge in einer Volkswirtschaft

194. Aufgabe

Jeder Mensch hat eine Vielzahl von Wünschen, die Ausgangspunkt für sein wirtschaftliches Handeln sein können. In diesem Zusammenhang unterscheidet man die Begriffe **Bedürfnis, Bedarf** und **Nachfrage.**

Welche der folgenden Aussagen treffen dabei

1. auf den Begriff Bedürfnis,
2. auf den Begriff Bedarf,
3. auf den Begriff Nachfrage,
4. auf keinen der drei vorgenannten Begriffe

zu?

Tragen Sie die Kennziffer vor der jeweils zutreffenden Antwort in das Lösungskästchen ein!

Aussagen:

a) Die Summe aller Wünsche, die der Mensch mit den vorhandenen Geldmitteln befriedigen kann und will, werden als ... bezeichnet. ➡ ☐

b) Man kann ... nach der Dringlichkeit, nach der Bewusstheit und nach der Art der Befriedigung unterteilen. ➡ ☐

c) Die Mittel, die zur Befriedigung der menschlichen Wünsche dienen bzw. dienen können, heißen ... ➡ ☐

d) Unter dem/der ... versteht man ein Mangelempfinden des Menschen, verbunden mit dem Bestreben, diesen Mangel zu beheben. ➡ ☐

e) Den Teil der mit Kaufkraft ausgestatteten Wünsche, der am Markt in Form von Kaufwünschen auftritt, nennt man ... ➡ ☐

f) Als ... bezeichnet man die Summe aller Verkaufswünsche der Teilnehmer am Wirtschaftsleben. ➡ ☐

g) Da jeder Mensch unbegrenzt viele Wünsche hat, muss er die vorhandene Kaufkraft in seine Überlegungen einbeziehen. Man spricht insofern von ... ➡ ☐

195. Aufgabe

Die Bedürfnisse des Menschen lassen sich nach verschiedenen Gesichtspunkten einteilen. Obwohl eine genaue Abgrenzung nicht immer leicht ist, unterscheidet man in diesem Zusammenhang

1. Existenzbedürfnisse,
2. Kulturbedürfnisse,
3. Luxusbedürfnisse,
4. Individualbedürfnisse,
5. Kollektivbedürfnisse.

Entscheiden Sie bei den folgenden Sachverhalten, um welche **Bedürfnisart** es sich handelt!

Sachverhalte:

a) Diese Bedürfnisse ergeben sich aus den Wünschen eines *einzelnen* Menschen und können auch von ihm im Rahmen seiner verfügbaren Geldmittel allein befriedigt werden.

b) Die Befriedigung dieser Bedürfnisse wird in der Gesellschaft nach allgemeiner Auffassung als weitgehend *selbstverständlich* angesehen.

c) Diese Bedürfnisse müssen befriedigt werden, damit die *Grundlagen* des menschlichen Lebens gesichert sind.

d) Diese Bedürfnisse leiten sich aus den Wünschen der *Gesellschaft* ab und können auch nur von der Gesellschaft befriedigt werden.

e) Nach allgemeiner Auffassung ist die Befriedigung dieser Bedürfnisse für die überwiegende Mehrzahl der Bevölkerung *nicht* möglich.

f) Die Befriedigung dieser Bedürfnisse erfolgt mit Gütern, die grundsätzlich *jedem* Mitglied der Gesellschaft zur Nutzung zur Verfügung stehen.

196. Aufgabe

Nach der Dringlichkeit können die **Bedürfnisse** des Menschen in Existenzbedürfnisse, Kulturbedürfnisse und Luxusbedürfnisse unterschieden werden.

Welche der genannten Bedürfnisse gehören in unserer Gesellschaft unter normalen Umständen zu den Luxusbedürfnissen?

Bedürfnisse:

1. nach einer gegen Kälte und Nässe schützenden Unterkunft.
2. nach einem Wochenende im besten Hotel der Welt.
3. nach zeitgemäßer und modischer Kleidung.
4. nach einem Erholungsurlaub an der Ostsee.
5. nach ausreichender Nahrung.
6. nach einer Villa mit parkähnlichem Garten.
7. nach einem Smartphone.

Tragen Sie die zutreffenden Kennziffern in die Lösungskästchen ein!

197. Aufgabe

Der **Markt** ist der gedachte theoretische Ort, an dem Angebot und Nachfrage zusammentreffen. Kennzeichnen Sie in diesem Zusammenhang die folgenden Aussagen mit der Ziffer

1. wenn die Aussage zutrifft,
9. wenn die Aussage nicht zutrifft!

Aussagen:

a) Die Nachfrage nach einem Gut hängt von der Höhe des verfügbaren Einkommens und von den Preisen der Komplementär- und Substitutionsgüter ab. ➡ ☐

b) Im Normalfall nimmt das Angebot bei sinkenden Güterpreisen zu und bei steigenden Güterpreisen ab. ➡ ☐

c) Die Kosten der Produktion haben neben anderen Bestimmungsgründen einen Einfluss auf die Nachfrage. ➡ ☐

d) Im vollkommenen Markt erfüllt der Preis eine Signal-, eine Lenkungs- und eine Markträumungsfunktion. ➡ ☐

e) Man unterscheidet den Markt nach der Anzahl der Marktteilnehmer in Monopol, Oligopol und Polypol. ➡ ☐

f) Bei steigendem Einkommen nimmt die Nachfrage nach inferioren (geringerwertigen) Gütern zu. ➡ ☐

g) Der Staat kann durch marktkonforme und marktinkonforme Eingriffe versuchen, den Preis zu beeinflussen. ➡ ☐

198. Aufgabe

Auf dem vollkommenen Markt ergibt sich für ein bestimmtes Gut ein **Marktgleichgewicht,** bei dem angebotene und nachgefragte Menge übereinstimmen und der Markt dementsprechend geräumt ist. Durch Veränderungen des Anbieter- oder Nachfragerverhaltens kann dieses Marktgleichgewicht vorübergehend aufgehoben werden.

Entscheiden Sie für die folgenden Sachverhalte, ob die dort dargestellten Veränderungen zu einer

1. Erhöhung der Nachfrage führen.
2. Verringerung der Nachfrage führen.
3. Erhöhung des Angebots führen.
4. Verringerung des Angebots führen.

Tragen Sie die Kennziffer der jeweils zutreffenden Veränderung in das Lösungskästchen neben den Sachverhalten ein!

Sachverhalte:

a) Die Realeinkommen der privaten Haushalte sind im Vergleich zum Vorjahresmonat gestiegen. ➡ ☐

b) Die Rohstoffpreise für die Herstellung eines Gutes sind stark angestiegen. ➡ ☐

c) Ein Substitutionsgut ist in diesem Jahr preislich viel günstiger als im vergangenen Jahr. ➡ ☐

d) Die Einkommensteuer ist mit Beginn des laufenden Jahres gesenkt worden. ➡ ☐

e) Die Lohnnebenkosten sind spürbar gesunken. ➡ ☐

2 Wirtschafts- und Sozialkunde

199. Aufgabe

Auf einem vollkommenen polypolistischen Markt übernimmt der **(Gleichgewichts-)Preis** folgende Funktionen:

1. Lenkungsfunktion

2. Signalfunktion

3. Ausgleichsfunktion

Entscheiden Sie bei den folgenden Sachverhalten, um welche Preisfunktion es sich jeweils handelt, indem Sie die Kennziffer vor der zutreffenden Funktion in das Lösungskästchen eintragen!

Sachverhalte:

a) Die Anbieter werden ihr Angebot auf den Märkten platzieren, auf denen sie den höchsten Marktpreis realisieren können. ➡ ☐

b) Zum Gleichgewichtspreis entsprechen die angebotene und die nachgefragte Menge einander; der Markt wird geräumt. ➡ ☐

c) Veränderungen des Gleichgewichtspreises veranlassen die Anbieter, ihr Verhalten entsprechend anzupassen und z. B. bei steigenden Preisen ihr Angebot auszuweiten. ➡ ☐

200. Aufgabe

Nach der Anzahl der am Marktgeschehen beteiligten Anbieter und Nachfrager sowie nach deren relativer Größe unterscheidet man das Monopol, das Oligopol und das Polypol.

Stellen Sie fest, welche der folgenden Aussagen das

1. Polypol, **4.** Angebotsoligopol,

2. Nachfrageoligopol, **5.** Angebotsmonopol

3. Nachfragemonopol,

in richtiger Form beschreiben.

Tragen Sie die Kennziffer vor der jeweils zutreffenden **Marktform** in das Lösungskästchen ein!

Aussagen:

a) Die Marktmacht eines jeden Marktteilnehmers ist so gering, dass eine Einflussnahme auf den Preis nicht möglich ist. ➡ ☐

b) Die gesamte Marktnachfrage wird von einem Unternehmen entfaltet. ➡ ☐

c) Die Unternehmen praktizieren nicht selten das System einer wechselnden Preisführerschaft. ➡ ☐

d) Vielen Marktteilnehmern auf der Anbieterseite stehen wenige große Nachfrager gegenüber. ➡ ☐

e) Jeder Anbieter muss bei der Bestimmung seiner Preise neben dem Verhalten der Nachfrager auch die möglichen Reaktionen seiner Konkurrenten einkalkulieren. ➡ ☐

f) Der gesamte Markt wird von einem Unternehmen bedient. ➡ ☐

g) Auf beiden Marktseiten stehen sich viele Marktteilnehmer mit kleinem Marktan- ➡ ☐
teil gegenüber.

h) „Schlafmützenkonkurrenz" und abgestimmtes Marktverhalten ersetzen den ➡ ☐
Preiswettbewerb.

201. Aufgabe

Welche Aussagen zum **ökonomischen Prinzip** (Wirtschaftlichkeitsprinzip) treffen zu?

Tragen Sie in die Lösungskästchen neben den Aussagen eine

1. ein, wenn die Aussage zutrifft,

9. ein, wenn die Aussage nicht zutrifft!

Aussagen:

a) Das ökonomische Prinzip kann in zwei Ausprägungen angewendet werden, ➡ ☐
nämlich als Minimalprinzip oder als Maximalprinzip.

b) Wird das ökonomische Prinzip von einem Einzelunternehmen angewendet, so ➡ ☐
wird es auch Angemessenheitsprinzip genannt.

c) Private Haushalte orientieren sich ausschließlich am Maximalprinzip, während ➡ ☐
für Unternehmen immer das Minimalprinzip gilt.

d) Das ökonomische Prinzip gilt nur für Unternehmen. Private Haushalte richten ihr ➡ ☐
Handeln nicht am Wirtschaftlichkeitsprinzip aus.

e) Ein Wirtschaftssubjekt handelt nach dem Maximalprinzip, wenn mit einem ➡ ☐
bestimmten Mitteleinsatz ein möglichst großer Erfolg erzielt werden soll.

f) Ein Wirtschaftssubjekt handelt nach dem Minimalprinzip, wenn ein bestimmter ➡ ☐
Erfolg mit einem möglichst geringen Mitteleinsatz erzielt werden soll.

g) Das Maximalprinzip wird auch Haushaltsprinzip, das Minimalprinzip auch Spar- ➡ ☐
prinzip genannt.

202. Aufgabe

In der modelltheoretischen Betrachtung einer Volkswirtschaft lässt sich folgender einfacher **Wirtschaftskreislauf** darstellen:

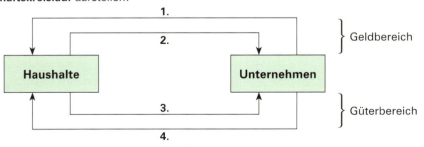

Ordnen Sie die folgenden Sachverhalte den Geld-/Güterströmen zu, indem Sie die Kennziffer des jeweils zutreffenden Geld-/Güterstromes in das Lösungskästchen eintragen!

Sachverhalte:

a) Ein Angestellter bezahlt eine Kfz-Inspektion bei seiner Vertragswerkstatt. ➡ ☐

b) Eine Schneiderei liefert ein Abendkleid an eine Studentin. ➡ ☐

c) Eine Seniorenresidenz bezahlt die Miete für ein als Mitarbeiterparkplatz genutztes Grundstück, das die Einrichtung bei einem Rentner angemietet hat. ➡ ☐

d) Ein Student arbeitet in den Semesterferien als Aushilfe in einer Krankenhauskantine. ➡ ☐

e) Ein Familienvater holt einen bereits bezahlten Kinderwagen bei einem Fachmarkt ab. ➡ ☐

f) Eine Auszubildende erhält eine monatliche Ausbildungsvergütung. ➡ ☐

g) Ein Kfz-Händler liefert einen Neuwagen an eine Kundin aus. ➡ ☐

203. Aufgabe

Das theoretische Ausgangsmodell eines volkswirtschaftlichen **Wirtschaftskreislaufs** geht als einfacher Wirtschaftskreislauf von nur zwei am Wirtschaftsgeschehen beteiligten Sektoren, nämlich dem Sektor Unternehmen und dem Sektor Haushalte, aus.

Um das Modell schrittweise der Realität anzunähern, ergänzt man den einfachen Wirtschaftskreislauf um die Sektoren Staat, Banken und/oder Ausland und erhält das Modell des erweiterten Wirtschaftskreislaufs.

In dem folgenden Modell eines erweiterten Wirtschaftskreislaufs sind die zwischen den einzelnen Sektoren fließenden **Geldströme** dargestellt.

Ordnen Sie den folgenden Angaben die entsprechenden Geldströme zu, indem Sie die Kennziffern des jeweils zutreffenden Geldstromes in die Lösungskästchen eintragen!

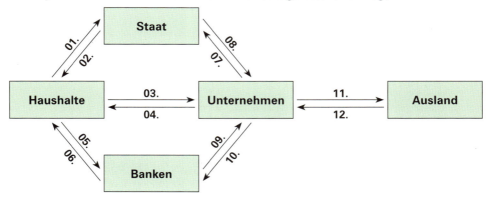

Sachverhalte:

a) Export von Fertigerzeugnissen in die USA. ➡ ☐☐

b) Zahlung von Subventionen an ein Plankrankenhaus. ➡ ☐☐

c) Verwendung des Einkommens für Konsumzwecke. ➡ ☐☐

d) Auflösung eines Sparkontos durch einen Auszubildenden. ➡ ☐☐

e) Zahlung von Arbeitslosengeld. ➡ ☐☐

f) Tilgung eines Investitionskredits. ➡ ☐☐

g) Pensionszahlung an einen Beamten im Ruhestand. ➡ ☐☐

204. Aufgabe

Die abgebildete Grafik „Die Leistung unserer Wirtschaft" zeigt die Entwicklung des **Brutto-inlandsprodukts** in Deutschland über die letzten 10 Jahre sowie für das letzte Jahr die Entste-hungs-, Verwendungs- und Verteilungsrechnung. Von Interesse sind verschiedene Tendenzen der Entwicklung.

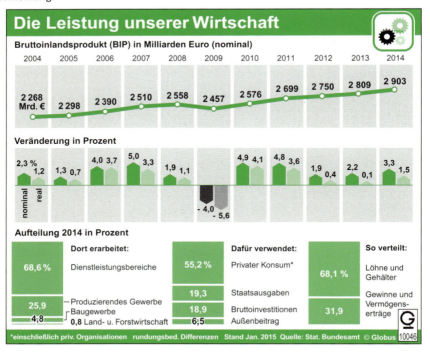

1. Berechnen Sie die Veränderung des nominalen Bruttoinlandsprodukts von 2011 auf 2014! ➡ ☐,☐☐ %

2. Ermitteln Sie die Veränderung des realen Bruttoinlandsprodukts von 2013 auf 2014! ➡ ☐,☐ %

3. Berechnen Sie den Anteil der Löhne und Gehälter am
   nominalen Bruttoinlandsprodukt in Mrd. EUR im Jahre
   2014! ➡ ☐.☐☐☐,☐☐ EUR

4. Berechnen Sie den Anteil des produzierenden Gewer-
   bes an der Entstehung des Bruttoinlandsprodukts im
   Jahre 2014 zu aktuellen Preisen in Mrd. EUR! ➡ ☐☐☐☐,☐☐ EUR

5. Ermitteln Sie das Jahr mit einer Abnahme des nominalen Bruttoinlandsprodukts! ➡ ☐☐☐☐

6. Ermitteln Sie das Jahr mit der höchsten Zunahme des
   nominalen Bruttoinlandsprodukts! ➡ ☐☐☐☐

205. Aufgabe

Ein wichtiger Träger der Wirtschaftspolitik innerhalb der Europäischen Union (EU) ist die **Europäische Zentralbank (EZB)**.

Welche der folgenden Aussagen zur Europäischen Zentralbank (EZB) sind in diesem Zusammenhang nicht richtig?

Aussagen:

1. Die Hauptaufgabe der Europäischen Zentralbank besteht in der Unterstützung der allgemeinen Wirtschaftspolitik innerhalb der Europäischen Währungsunion.

2. Die Europäische Zentralbank verwaltet die Währungsreserven der Mitgliedstaaten der Europäischen Währungsunion.

3. Die Europäische Zentralbank ist von Weisungen der EU-Organe oder der Regierungen der Mitgliedstaaten unabhängig.

4. Als Hüterin der Währung verfolgt die Europäische Zentralbank vorrangig das Ziel der Sicherung der Preisstabilität innerhalb der Europäischen Währungsunion.

5. Die Europäische Zentralbank verfolgt ausschließlich das Ziel der Sicherung der Preisstabilität innerhalb der Europäischen Währungsunion.

6. Bei der Ausgabe von Banknoten steht die Europäische Zentralbank den Regierungen der Mitgliedstaaten der Europäischen Währungsunion in beratender Funktion zur Seite.

7. Die Organe der Europäischen Zentralbank sind das Direktorium, der EZB-Rat und der erweiterte EZB-Rat.

Tragen Sie die Kennziffern von den drei **nicht** zutreffenden Aussagen in die
Lösungskästchen ein! ➡ ☐☐☐

206. Aufgabe

Nach dem Gesetz zur Förderung der Stabilität und des Wachstums der Wirtschaft (**„Stabilitätsgesetz"**) aus dem Jahre 1967 hat sich die staatliche Wirtschaftspolitik an vier Hauptzielen auszurichten, dem sogenannten „magischen Viereck".

Welche der folgenden wirtschaftspolitischen Ziele gehören in diesem Zusammenhang

1. zum magischen Viereck,

9. nicht zum magischen Viereck?

Tragen Sie die Kennziffer vor der jeweils zutreffenden Antwort in das Lösungskästchen ein!

Wirtschaftspolitische Ziele:

a) Hoher Beschäftigungsstand. ➡ ☐

b) Angemessenes und stetiges Wirtschaftswachstum. ➡ ☐

c) Hohes Bildungsniveau. ➡ ☐

d) Stabilität des Preisniveaus. ➡ ☐

e) Gerechtes Finanz- und Steuersystem. ➡ ☐

f) Außenwirtschaftliches Gleichgewicht. ➡ ☐

g) Beteiligung der Arbeitnehmer am Produktivkapital. ➡ ☐

207. Aufgabe

Die wirtschaftspolitischen Maßnahmen des Bundes und der Länder sind unter Beachtung der Erfordernisse des gesamtwirtschaftlichen Gleichgewichts zu treffen.

Welche der folgenden Sachverhalte beziehen sich in diesem Zusammenhang auf die vier wirtschaftspolitischen Ziele?

Wirtschaftspolitische Ziele:

1. Stabilität des Preisniveaus

2. Angemessenes und stetiges Wirtschaftswachstum

3. Hoher Beschäftigungsstand

4. Außenwirtschaftliches Gleichgewicht

Tragen Sie die Kennziffer vor dem jeweils zutreffenden Ziel in das Lösungskästchen ein!

Sachverhalte:

a) Die Handelsbilanz weist seit einigen Jahren einen deutlichen Exportüberschuss aus. ➡ ☐

b) Die Zahl der offenen Stellen liegt erheblich über der Zahl der Arbeitslosen. ➡ ☐

c) Die Inflationsrate ist innerhalb der letzten Monate stark angestiegen. ➡ ☐

d) In Phasen wirtschaftlichen Aufschwungs werden verstärkt Personaleinstellungen vorgenommen.

e) Das reale Bruttoinlandsprodukt hat im letzten Jahr moderat zugenommen.

208. Aufgabe

Als Hauptziele der staatlichen Wirtschaftspolitik sind im „Gesetz zur Förderung der Stabilität und des Wachstums der Wirtschaft" **(Stabilitätsgesetz)** von 1967 ein stetiges und angemessenes Wirtschaftswachstum, ein hoher Beschäftigungsstand, die Preisniveaustabilität sowie das außenwirtschaftliche Gleichgewicht festgelegt worden. Diese Ziele werden als **„Das magische Viereck der Wirtschaftspolitik"** bezeichnet, da sie alle gleichzeitig nicht erreicht werden können.

Welche Aussagen zum magischen Viereck treffen zu? Tragen Sie in die Lösungskästchen neben den Aussagen eine

1. ein, wenn die Aussage zutrifft,

9. ein, wenn die Aussage nicht zutrifft!

Aussagen:

a) Das Preisniveau ist im Zeitraum von 2012 bis 2014 gesunken.

b) In den Jahren 2013 bis 2014 wurde die Preisniveaustabilität als Ziel des „magischen Vierecks" erreicht.

c) Im Jahr 2013 hat die Wirtschaftsleistung der deutschen Volkswirtschaft, verglichen mit dem Vorjahr, abgenommen.

d) Die Arbeitslosenquote ist im Jahre 2014 erstmalig auf einen Wert unter 10 % gesunken.

e) Das Ziel des außenwirtschaftlichen Gleichgewichts wurde im Jahre 2013 annähernd erreicht.

f) Die deutsche Volkswirtschaft befindet sich im Jahre 2014 in einer Phase der Rezession.

g) Die Kaufkraft hat in Deutschland im betrachteten Zeitraum von 2012 bis 2014 abgenommen.

10 Wessel u.a. - ISBN 978-3-8120-0626-2

209. Aufgabe

Eine Volkswirtschaft entwickelt sich nicht völlig regelmäßig, sondern in konjunkturellen Schwankungen. Dabei verläuft der **Konjunkturzyklus** idealtypisch in vier Phasen.

Stellen Sie fest, welche der folgenden Merkmale in diesem Zusammenhang

1. den Aufschwung (die Expansion),
2. die Hochkonjunktur (den Boom),
3. den Abschwung (die Rezession),
4. den Tiefstand (die Depression)

beschreiben.

Tragen Sie die Kennziffer vor der jeweils zutreffenden Konjunkturphase in das Lösungskästchen ein!

Merkmale:

a) Die Nachfrage nach Konsumgütern steigt noch an; die Nachfrage nach Investitionsgütern geht bereits zurück. ➡ ☐

b) Die Kapazitäten der Unternehmen werden zunehmend ausgelastet; die Arbeitslosigkeit nimmt ab. ➡ ☐

c) Die Zinsen sind sehr hoch; wegen des Arbeitskräftemangels können die Gewerkschaften hohe Lohnzuwächse für die Beschäftigten durchsetzen. ➡ ☐

d) Die Kapazitäten der Unternehmen sind weitgehend unausgelastet; Konsum- und Investitionsneigung sind rückläufig. ➡ ☐

e) Das Vertrauen in die wirtschaftliche Entwicklung nimmt zu; wegen der steigenden Kapazitätsauslastung können die Unternehmen mit sinkenden Stückkosten kalkulieren. ➡ ☐

f) Die Konsumneigung der Haushalte sinkt; die Arbeitslosenquote steigt. ➡ ☐

210. Aufgabe

Der idealtypische **Konjunkturverlauf** kann mithilfe der folgenden, unvollständig wiedergegebenen Grafik dargestellt werden.

Vervollständigen Sie in diesem Zusammenhang die Grafik, indem Sie in die Lösungskästchen a) bis e) die Ziffern der zutreffenden Konjunkturbegriffe eintragen!

Konjunkturbegriffe:

1. Unterbeschäftigung
2. Überbeschäftigung
3. Aufschwung
4. Hochkonjunktur
5. Abschwung
6. Tiefstand
7. Wachstumspfad (Trend)
8. Zeit
9. Reales Bruttoinlandsprodukt

Grafik:

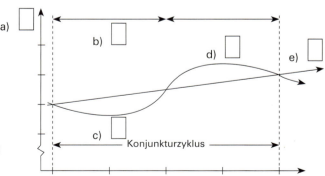

211. Aufgabe

Konjunkturschwankungen als Abweichungen des realen Bruttoinlandsprodukts vom Trend verlaufen in der idealtypischen Betrachtung in zyklischen Wellenbewegungen.

Welche der folgenden Aussagen sind in diesem Zusammenhang

1. richtig,

9. nicht richtig!

Tragen Sie die Kennziffer vor der jeweils zutreffenden Antwort in das Lösungskästchen ein!

Aussagen:

a) In der Phase des Aufschwungs bleiben die Güterpreise zunächst noch stabil, weil die Unternehmen wegen der steigenden Kapazitätsauslastung und der damit verbundenen sinkenden Stückkosten Gewinnsteigerungen erzielen. ➡ ☐

b) Der idealtypische Konjunkturzyklus verläuft in den drei Phasen Aufschwung, Boom und Abschwung. ➡ ☐

c) In der Phase des Tiefstandes nimmt die Wirtschaftsleistung einer Volkswirtschaft ab. ➡ ☐

212. Aufgabe

Welche der folgenden wirtschaftspolitischen Maßnahmen des Staates sind

1. zur **Konjunkturbelebung**,

9. zur **Konjunkturdämpfung**

geeignet?

Tragen Sie die Kennziffer vor der jeweils zutreffenden Antwort in das Lösungskästchen ein!

Maßnahmen:

a) Der Staat unterstützt die Schaffung von Arbeitsplätzen durch Subventionen an die Unternehmen. ➡ ☐

b) Der Staat senkt die Sätze zur Einkommen- und zur Körperschaftsteuer. ➡ ☐

c) Der Staat zieht sich als Nachfrager von Bauleistungen aus dem Markt zurück. ➡ ☐

d) Der Staat schränkt die Möglichkeiten der degressiven Abschreibung von Anlagegütern ein. ➡ ☐

213. Aufgabe

Im Gesetz zur Förderung der Stabilität und des Wachstums der Wirtschaft aus dem Jahre 1967 wurde u. a. das Ziel „Hoher Beschäftigungsstand" verankert.

Welche der folgenden Sachverhalte treffen in diesem Zusammenhang auf die Begriffe

1. Unterbeschäftigung,
2. Vollbeschäftigung,
3. Überbeschäftigung

zu?

Tragen Sie die Kennziffer vor der jeweils zutreffenden Antwort in das Lösungskästchen ein!

Sachverhalte:

a) Da das Arbeitskräftepotenzial ausgelastet ist, kann es zu Engpässen am Arbeitsmarkt kommen. ➡ ☐

b) Der Produktionsfaktor Arbeit ist optimal ausgenutzt. ➡ ☐

c) Aufgrund des Arbeitskräftemangels kommt es zu einem massiven Anwerben ausländischer Arbeitskräfte. ➡ ☐

d) Ein nicht unerheblicher Prozentsatz der Arbeitskräfte findet keine Beschäftigung. ➡ ☐

e) Ein gewisser Bestand an Arbeitskräften ist als Reserve nicht beschäftigt und kann in Engpasssituationen Pufferfunktionen wahrnehmen. ➡ ☐

214. Aufgabe

Der Verbraucherpreisindex **(Lebenshaltungskostenindex)** für eine Volkswirtschaft entwickelte sich wie in der folgenden Tabelle dargestellt:

01	02	03	04	05
106,7	109,1	108,4	109,9	111,2

a) In welchem der folgenden Zeiträume ist die Kaufkraft des Geldes innerhalb der Volkswirtschaft gestiegen?

Zeiträume:

1. 01/02   **2.** 02/03   **3.** 03/04   **4.** 04/05

Tragen Sie die Kennziffer vor dem zutreffenden Zeitraum in das Lösungskästchen ein! ➡ ☐

b) Ermitteln Sie für den Zeitraum 01/02 die Inflationsrate in Prozent (auf zwei Stellen nach dem Komma gerundet)! ➡ ☐☐,☐☐

c) Berechnen Sie, um wie viel EUR (ggf. auf zwei Stellen nach dem Komma gerundet) sich die Kaufkraft eines Nettogehalts von 1.900,00 EUR im Zeitraum 04/05 verändert hat! ➡ ☐☐☐,☐☐

215. Aufgabe

Das Europäische System der Zentralbanken (ESZB) kann zur Beeinflussung des Konjunkturverlaufs die **Leitzinsen** erhöhen oder senken.

a) Stellen Sie fest, bei welcher der folgenden Konjunkturphasen **1.** bis **4.** sich die Volkswirtschaft in einer Boomphase befindet.

Konjunkturindikatoren	Konjunkturphasen			
	1.	**2.**	**3.**	**4.**
Preissteigerung (in %)	0,9	1,9	5,8	2,9
Arbeitslosenquote (in %)	8,4	5,6	3,2	4,2
Lohnsteigerung (in %)	1,2	1,7	5,8	2,4
Steigerung des BIP (in %)	0,6	1,0	3,7	2,2
Kapazitätsauslastung (in %)	68	75	96	86

Tragen Sie die Kennziffer der zutreffenden Phase in das Lösungskästchen ein!

b) Welche der folgenden Maßnahmen sollte das ESZB in der Phase der Hochkonjunktur ergreifen, um die Inflation zu bekämpfen?

1. Das ESZB sollte die Leitzinsen anheben.

2. Das ESZB sollte die Leitzinsen senken.

3. Das ESZB sollte die Leitzinsen unverändert lassen.

Tragen Sie die Kennziffer vor der zutreffenden Maßnahme in das Lösungskästchen ein!

c) Welche Folgen wird sich in der volkswirtschaftlichen Theorie aus der Maßnahme des ESZB [siehe Aufgabenteil b)] voraussichtlich ergeben?

1. Es wird zu einer Belebung der konjunkturellen Situation kommen

2. Es wird zu einer Dämpfung der konjunkturellen Situation kommen.

3. Es wird zu keiner Veränderung der konjunkturellen Situation kommen.

Tragen Sie die Kennziffer vor der zutreffenden Folge in das Lösungskästchen ein!

216. Aufgabe

Die Europäische Zentralbank (EZB) kann sich zur Beeinflussung der konjunkturellen Situation verschiedener **geldpolitischer Instrumente** bedienen.

Stellen Sie fest, welche der folgenden Maßnahmen der EZB in diesem Zusammenhang

1. zu den Offenmarktgeschäften,

2. zu den ständigen Fazilitäten,

3. zur Mindestreservepolitik

gehören.

Tragen Sie die Kennziffer vor der jeweils zutreffenden Antwort in das Lösungskästchen ein!

Maßnahmen:

a) Die EZB verpflichtet die Geschäftsbanken, einen bestimmten Prozentsatz der Verbindlichkeiten verzinslich bei der EZB zu unterhalten. ➡ ☐

b) Im Rahmen ihrer Geldpolitik führt die EZB mit den Geschäftsbanken Wertpapierpensionsgeschäfte durch und gewährt Kredite gegen refinanzierungsfähige Sicherheiten. ➡ ☐

c) Die Geschäftsbanken erhalten die Möglichkeit, Übernacht-Gelder aufzunehmen oder anzulegen. ➡ ☐

217. Aufgabe

Das Europäische System der Zentralbanken (ESZB) verfügt über **geldpolitische Instrumente**, mit deren Hilfe es versucht, die konjunkturelle Entwicklung zu beeinflussen.

Stellen Sie fest, welche der folgenden Maßnahmen des ESZB in diesem Zusammenhang

1. den Offenmarktgeschäften,
2. der Mindestreservepolitik,
3. den ständigen Fazilitäten

zuzurechnen sind und in der volkswirtschaftlichen Theorie

4. eine Konjunkturbelebung,
5. eine Konjunkturdämpfung,
6. weder eine Konjunkturbelebung noch eine Konjunkturdämpfung

bewirken sollen.

Tragen Sie die Kennziffer vor der jeweils zutreffenden Antwort in das Lösungskästchen ein!

ESZB-Maßnahmen:

a) Das ESZB weitet die Emission (Ausgabe) eigener Schuldverschreibungen aus.

    aa) Geldpolitisches Instrument ➡ ☐   ab) Wirkung ➡ ☐

b) Das ESZB senkt die Zinsen, zu denen es Termineinlagen von Geschäftsbanken hereinnimmt.

    ba) Geldpolitisches Instrument ➡ ☐   bb) Wirkung ➡ ☐

c) Das ESZB erhöht die Zinsen, zu denen sich Geschäftsbanken Übernacht-Liquidität beschaffen können

    ca) Geldpolitisches Instrument ➡ ☐   cb) Wirkung ➡ ☐

d) Das ESZB senkt den Prozentsatz, den die Geschäftsbanken, bezogen auf ihre Verbindlichkeiten, auf Konten des ESZB unterhalten müssen.

    da) Geldpolitisches Instrument ➡ ☐   db) Wirkung ➡ ☐

2.2 Unternehmung und Ausbildungsbetrieb

218. Aufgabe

Die einzelnen **Rechtsformen der Unternehmung** unterscheiden sich u.a. anhand der Personenzahl, die bei ihrer Gründung mindestens erforderlich ist. Stellen Sie fest, bei welchen der nachfolgenden Unternehmen zur Gründung

1. genau eine Person erforderlich ist,

2. mindestens eine Person erforderlich ist,

3. mindestens zwei Personen erforderlich sind,

4. mindestens drei Personen erforderlich sind,

5. mindestens fünf Personen erforderlich sind!

Ordnen Sie zu, indem Sie die Kennziffer vor der jeweils zutreffenden Personenzahl in die Lösungskästchen bei den Unternehmen eintragen!

Unternehmen:

a) SaniTec GmbH, Greifswald

b) Bank für Kirche und Diakonie eG, Dortmund

c) Schröter Medical KG, Würzburg

d) Hermann Probst e.K., Schwäbisch Hall

e) MediSona AG, Lübeck

f) Sanitätshaus Gantenberg OHG, Magdeburg

219. Aufgabe

Eine **Kommanditgesellschaft (KG)** ist u.a. dadurch gekennzeichnet, dass bei einem Teil der Gesellschafter die Haftung gegenüber den Gesellschaftsgläubigern auf ihre Kapitaleinlage beschränkt ist, während der andere Teil der Gesellschafter unbeschränkt für die Verbindlichkeiten der Gesellschaft haftet.

Welche der folgenden Aussagen beziehen sich in diesem Zusammenhang

1. nur auf die Komplementäre,

2. nur auf die Kommanditisten,

3. sowohl auf die Komplementäre als auch auf die Kommanditisten,

4. weder auf die Komplementäre noch auf die Kommanditisten?

Tragen Sie die Kennziffer vor der jeweils zutreffenden Antwort in das Lösungskästchen ein!

Aussagen:

a) Die Gesellschafter sind grundsätzlich von der Geschäftsführung und von der Vertretung der KG ausgeschlossen.

b) Die Gesellschafter werden in angemessenem Verhältnis an einem Jahresverlust der KG beteiligt. ➡ ☐

c) Die Gesellschafter haben ein Widerspruchsrecht nur bei außergewöhnlichen Geschäften der KG. ➡ ☐

d) Die Gesellschafter können bis zu 4 % ihres Kapitalanteils des Vorjahres für private Zwecke entnehmen. ➡ ☐

e) Die Mindesteinlage der Gesellschafter beträgt 100,00 EUR oder ein Vielfaches davon. ➡ ☐

f) Die Gesellschafter haften für Verbindlichkeiten der KG mit ihrem Geschäfts- und Privatvermögen. ➡ ☐

220. Aufgabe

Unternehmen können u.a. in der Rechtsform der **Gesellschaft mit beschränkter Haftung (GmbH)** oder der **Aktiengesellschaft (AG)** geführt werden.

Prüfen Sie, welche der folgenden Aussagen in diesem Zusammenhang

1. nur auf die GmbH,

2. nur auf die AG,

3. sowohl auf die GmbH als auch auf die AG,

4. weder auf die GmbH noch auf die AG

zutreffen.

Tragen Sie die Kennziffer vor der jeweils zutreffenden Antwort in das Lösungskästchen ein!

Aussagen:

a) Zur Gründung der Gesellschaft sind mindestens zwei Personen erforderlich. ➡ ☐

b) Das gezeichnete Kapital der Gesellschaft wird auch als Grundkapital bezeichnet und muss bei der Gründung mindestens 50.000,00 EUR betragen. ➡ ☐

c) Die Gesellschaft entsteht mit der Eintragung in das Handelsregister. ➡ ☐

d) Die Firma der Gesellschaft muss entweder eine Personen- oder eine Sachfirma sein. ➡ ☐

e) Die Gesellschaft ist eine juristische Person und gleichzeitig eine Kapitalgesellschaft ➡ ☐

f) Ein erwirtschafteter Jahresgewinn steht allen Gesellschaftern zu gleichen Teilen zu. ➡ ☐

g) Der Gesellschaftsvertrag muss in notariell beurkundeter Form abgeschlossen werden. ➡ ☐

h) Der Nennwert eines Geschäftsanteils muss mindestens 1,00 EUR betragen. ➡ ☐

221. Aufgabe

Zu den **Personengesellschaften** zählen die offene Handelsgesellschaft (OHG), die Kommandit-gesellschaft (KG) und die Gesellschaft bürgerlichen Rechts (GbR, BGB-Gesellschaft).

Welche der folgenden Aussagen treffen nach der gesetzlichen Regelung in diesem Zusammen-hang auf alle drei Gesellschaften zu?

Aussagen:

1. Die Gesellschaft muss eine Firma führen und in das Handelsregister eingetragen werden.
2. Für die Gründung der Gesellschaft sind mindestens zwei Personen erforderlich.
3. Die für die Gesellschaft geltenden Rechtsgrundlagen sind im Bürgerlichen Gesetzbuch (BGB) normiert.
4. Der Gesellschaftsvertrag zur Gründung dieser Gesellschaft kann formfrei abgeschlossen werden.
5. Alle Gesellschafter haften für die Verbindlichkeiten der Gesellschaft sowohl mit ihrem Geschäfts- als auch mit ihrem Privatvermögen.
6. Die Gesellschaft ist eine juristische Person des Privatrechts.
7. Es gibt hinsichtlich des Mindestkapitals bei der Gründung dieser Gesellschaft keine gesetz-lichen Vorschriften.

Tragen Sie die Kennziffern vor den drei zutreffenden Aussagen in die Lösungskästchen ein! ➡ ☐ ☐ ☐

222. Aufgabe

Jürgen Steinbrecher und Karl Busch wollen eine Tagespflegeeinrichtung gründen.

Jürgen Steinbrecher will eine Bareinlage von 60.000,00 EUR leisten und darüber hinaus mit seinem Privatvermögen unbeschränkt für Verbindlichkeiten der Einrichtung haften. Karl Busch möchte 40.000,00 EUR bar in das Unternehmen einbringen, allerdings über diese Einlage hin-aus nicht mit seinem Privatvermögen haften.

In welcher **Rechtsform** wird die Einrichtung von Jürgen Steinbrecher und Karl Busch gegrün-det?

Rechtsformen:

1. Einzelunternehmen
2. Offene Handelsgesellschaft (OHG)
3. Kommanditgesellschaft (KG)
4. Gesellschaft mit beschränkter Haftung (GmbH)
5. Aktiengesellschaft (AG)

Tragen Sie die Kennziffer von der zutreffenden Rechtsform in das Lösungskästchen ein! ➡ ☐

223. Aufgabe

Welche der folgenden Aussagen treffen nach der gesetzlichen Grundregel

1. nur auf die OHG,
2. nur auf die KG,
3. nur auf die GmbH,
4. sowohl auf die OHG als auch auf die KG,
5. sowohl auf die KG als auch auf die GmbH,
6. auf alle der vorgenannten Rechtsformen,
7. auf keine der vorgenannten Rechtsformen

zu?

Tragen Sie die Kennziffer vor der jeweils zutreffenden Antwort in das Lösungskästchen ein!

Aussagen:

a) Es handelt sich bei der Gesellschaft um eine Personenhandelsgesellschaft mit mindestens zwei Gesellschaftern. ➡

b) Mindestens ein Gesellschafter haftet für die Verbindlichkeiten der Gesellschaft unbeschränkt. ➡

c) Die Gesellschaft verfügt über ein Stammkapital von 50.000,00 EUR. ➡

d) Die Gesellschafter müssen zur Gründung der Gesellschaft einen Gesellschaftsvertrag abschließen. ➡

e) Alle Gesellschafter haften für Verbindlichkeiten der Gesellschaft unbeschränkt, unmittelbar und solidarisch. ➡

224. Aufgabe

Die **Berufsausbildung** vollzieht sich in der Bundesrepublik Deutschland weitgehend im sogenannten dualen System.

Kennzeichnen Sie in diesem Zusammenhang die folgenden Aussagen zum dualen System der Berufsausbildung mit einer

1. wenn sie richtig sind,
9. wenn sie nicht richtig sind!

Tragen Sie die Kennziffer vor der jeweils zutreffenden Antwort in das Lösungskästchen ein!

Aussagen:

a) Im dualen System der Berufsausbildung übernimmt der Ausbildungsbetrieb neben der praktischen Ausbildung auch die Vermittlung des theoretischen Wissens. ➡

b) Die gesetzliche Grundlage für das duale System der Berufsausbildung findet sich im Berufsbildungsgesetz. ➡

c) Vom dualen System der Berufsausbildung spricht man, wenn ein Ausbildungsbetrieb sowohl in kaufmännischen als auch in gewerblichen Berufen ausbilden darf. ➡

d) Als duales System der Berufsausbildung bezeichnet man die Summe aller Rechte und Pflichten sowohl des Ausbildenden als auch des Auszubildenden. ➡ ☐

e) Im dualen System der Berufsausbildung vollzieht sich die Ausbildung an den zwei Lernorten Ausbildungsbetrieb und Berufsschule bzw. Berufskolleg. ➡ ☐

f) Das duale System der Berufsausbildung verpflichtet die Ausbildungsbetriebe, die Ausbildungsinhalte zunächst in theoretischen Unterweisungen zu vermitteln und dann in der praktischen Tätigkeit einzuüben. ➡ ☐

g) Unter dem dualen System der Berufsausbildung versteht man das Zusammen-wirken von Industrie- und Handelskammer und Arbeitsagentur bei der Vermitt-lung offener Ausbildungsplätze. ➡ ☐

h) Das duale System der Berufsausbildung verpflichtet die Auszubildenden, neben ihrer eigentlichen Berufsausbildung ein Studium an einer Berufsakademie auf-zunehmen. ➡ ☐

225. Aufgabe

Die Königsberg-Klink gGmbH muss als wichtige Rechtsgrundlagen für die **Berufsausbildung** u. a. das Berufsbildungsgesetz und die für den jeweiligen Ausbildungsberuf geltenden Ausbil-dungsordnungen beachten.

Kennzeichnen Sie in diesem Zusammenhang die folgenden Sachverhalte mit einer

1. wenn sie im Berufsbildungsgesetz

2. wenn sie in der Ausbildungsordnung

3. wenn sie weder im Berufsbildungsgesetz noch in der Ausbildungsordnung

geregelt sind.

Tragen Sie die Kennziffer vor der jeweils zutreffenden Antwort in das Lösungskästchen ein!

Sachverhalte:

a) Dem Auszubildenden ist eine angemessene Vergütung zu zahlen. Die Vergütung muss mit fortschreitender Berufsausbildung, mindestens für jedes Ausbildungs-jahr, ansteigen.

b) Die Anforderungen in den Prüfungsfächern werden festgelegt. Zugleich werden bindende Anweisungen über die Durchführung und die Bewertung einzelner Prüfungsteile gegeben.

c) Die konkrete Probezeit zu Beginn des Berufsausbildungsverhältnisses wird zwi-schen der Königsberg-Klinik gGmbH als Ausbildungsbetrieb und dem Auszubil-denden innerhalb der rechtlichen Vorgaben individuell vereinbart. ➡ ☐

d) Bei einer täglichen Beschäftigungszeit von mehr als 4,5 bis 6 Stunden sind dem Auszubildenden Pausen von mindestens 30 Minuten Dauer, bei einer täglichen Beschäftigungszeit von mehr als 6 Stunden Pausen von mindestens 60 Minuten Dauer zu gewähren.

e) Dem Auszubildenden dürfen nur solche Tätigkeiten übertragen werden, die dem Ausbildungszweck dienen und die seine körperlichen Kräfte nicht übersteigen. ➡ ☐

f) Beschäftigt die Königsberg-Klinik gGmbH i.d.R. mindestens fünf Arbeitnehmer, die entweder das 18. Lebensjahr noch nicht vollendet haben oder die zu ihrer Berufsausbildung beschäftigt sind und das 25. Lebensjahr noch nicht vollendet haben, ist eine Jugend- und Auszubildendenvertretung zu wählen. ➡ ☐

g) Das Ausbildungsverhältnis endet mit Ablauf der vertraglichen Ausbildungszeit. Besteht der Auszubildende die Abschlussprüfung vor Ablauf der Ausbildungszeit, so endet das Ausbildungsverhältnis mit Bestehen der Abschlussprüfung. ➡ ☐

h) Die Königsberg-Klinik gGmbH hat für jeden Auszubildenden auf der Grundlage des Ausbildungsrahmenplans einen individuellen Ausbildungsplan zu erstellen. ➡ ☐

226. Aufgabe

Auszubildende dürfen für einen staatlich anerkannten Ausbildungsberuf nur nach der für diesen Beruf erlassenen **Ausbildungsordnung** ausgebildet werden. Damit ist die Ausbildungsordnung eine wichtige Grundlage für die Ausbildung in dem jeweiligen Ausbildungsberuf.

Im Berufsbildungsgesetz sind diesbezüglich die Mindestinhalte aufgeführt, die jede Ausbildungsordnung festzulegen hat.

Welche der folgenden Aufzählungen gibt die Mindestinhalte einer jeden Ausbildungsordnung zutreffend wieder?

Aufzählungen:

1. Bezeichnung des Ausbildungsberufs – Ausbildungsdauer – Probezeit – Ausbildungsberufsbild – Prüfungsanforderungen.

2. Bezeichnung des Ausbildungsberufs – Ausbildungsdauer – Ausbildungsberufsbild – Ausbildungsrahmenplan – Pflicht zur Erstellung eines betrieblichen Ausbildungsplans.

3. Ausbildungsdauer – Probezeit – Ausbildungsberufsbild – Ausbildungsrahmenplan – Prüfungsanforderungen.

4. Bezeichnung des Ausbildungsberufs – Ausbildungsdauer – Ausbildungsberufsbild – Ausbildungsrahmenplan – Prüfungsanforderungen.

5. Bezeichnung des Ausbildungsberufs – Ausbildungsdauer – Berufsschulpflicht – Ausbildungsrahmenplan – Pflicht zur Erstellung eines betrieblichen Ausbildungsplans.

Tragen Sie die Kennziffern der zutreffenden Aufzählung in das Lösungskästchen ein! ➡ ☐

227. Aufgabe

Grundlage für das Berufsausbildungsverhältnis zwischen der Königsberg-Klinik gGmbH als Ausbildungsbetrieb und ihren Auszubildenden ist der **Berufsausbildungsvertrag**. Darin sind u. a. die Voraussetzungen für die Kündigung des Berufsausbildungsvertrages geregelt.

In welchen der folgenden Fälle wird der Berufsausbildungsvertrag

1. durch ein einseitiges Rechtsgeschäft beendet,

2. durch ein zweiseitiges Rechtsgeschäft beendet,

3. kraft Gesetzes beendet,

4. nicht beendet?

Fälle:

a) Ein Auszubildender zum Kaufmann im Gesundheitswesen kündigt den Berufsausbildungsvertrag nach Ablauf der Probezeit mit einer Frist von 4 Wochen, um seine Berufsausbildung in einer benachbarten Kurklinik fortzusetzen. ➡ ☐

b) Die Klinikleitung kündigt den Berufsausbildungsvertrag mit einer Auszubildenden innerhalb der Probezeit ohne Angabe von Gründen. ➡ ☐

c) Eine Auszubildende besteht vor Ablauf der Ausbildungszeit die Abschlussprüfung. ➡ ☐

d) Nach der Hälfte der Ausbildungszeit kündigt eine Auszubildende den Berufsausbildungsvertrag, weil sie zum nächsten Semester ein Hochschulstudium aufnehmen wird. ➡ ☐

e) Die Klinikleitung erfährt von einer Tätlichkeit eines Auszubildenden im 3. Ausbildungsjahr gegenüber einem Ausbilder. Drei Wochen nach Bekanntwerden kündigt der Verwaltungsdirektor wegen dieses Vorfalls das Ausbildungsverhältnis fristlos. ➡ ☐

f) Die Klinikleitung einigt sich mit einem Auszubildenden darauf, dass er seine Berufsausbildung zum Kaufmann im Gesundheitswesen in einer Kurklinik fortsetzen kann. ➡ ☐

228. Aufgabe

Die Königsberg-Klinik gGmbH hat mit Frau Carola Kirsch am 18.05.2015 den auf S. 158 abgebildeten **Berufsausbildungsvertrag** abgeschlossen.

Untersuchen Sie den Vertrag an den mit ① bis ⑦ bezeichneten Stellen auf seine Rechtsgültigkeit und tragen Sie die Ziffern vor den unzulässigen Vertragsbestandteilen in die Lösungskästchen ein! ➡ ☐ , ☐ , ☐

229. Aufgabe

Welche der folgenden Angaben gehören lt. Berufsbildungsgesetz zu den vorgeschriebenen **Mindestinhalten des Berufsausbildungsvertrages?**

1. Dauer der regelmäßigen täglichen Arbeitszeit

2. Pflichten des Auszubildenden und des Ausbildenden

3. Anspruch auf Urlaubsgeld

4. Dauer des Urlaubs

5. Voraussetzungen für die Verkürzung der Regelausbildungszeit

6. Beginn und Dauer der Berufsausbildung

Tragen Sie die Kennziffern der zutreffenden Angaben in die Lösungskästchen ein! ➡ ☐ ☐ ☐

Berufsausbildungsvertrag
(§§ 10, 11 Berufsbildungsgesetz – BBiG)

Zwischen dem/der Ausbildenden (Ausbildungsbetrieb)   und dem/der Auszubildenden   männlich ☐   weiblich ☒

Öffentlicher Dienst ☐	Name: Kirsch Vorname: Carola
KNR Firmenident-Nr. Tel.-Nr. 325/8760/0 05281-85350	Straße, Haus-Nr. Kirchstr. 146
Anschrift des/der Ausbildenden (Ausbildungsbetrieb) Königsberg-Klinik gGmbH	PLZ Ort 31785 Hameln
	Geburtsdatum Staatsangehörigkeit 22.10.1996 deutsch
Straße, Haus-Nr. Am Rosenhof 36-40	Gesetzliche/r Vertreter/in[1)] Eltern ☐ Vater ☐ Mutter ☐ Vormund ☐
PLZ Ort 31812 Bad Pyrmont	Namen, Vornamen der gesetzlichen Vertreter
E-Mail-Adresse des/der Ausbildenden info@koenigsberg-klinik.de	Straße, Hausnummer
Verantwortliche/r Ausbilder/in Geburtsjahr Jürgen Steinbrecher 1959	PLZ Ort

wird nachstehender Vertrag zur Ausbildung im Ausbildungsberuf   Kauffrau im Gesundheitswesen
mit der Fachrichtung/dem Schwerpunkt/ dem Wahlbaustein etc.
nach Maßgabe der Ausbildungsordnung[2)] geschlossen.

Änderungen des wesentlichen Vertragsinhaltes sind vom/ von der Ausbildenden unverzüglich zur Eintragung in das Verzeichnis der Berufsausbildungsverhältnisse bei der Industrie- und Handelskammer anzuzeigen.

Die beigefügten Angaben zur sachlichen und zeitlichen Gliederung des Ausbildungsablaufs (Ausbildungsplan) sowie die umseitigen Regelungen sind Bestandteil dieses Vertrages.

A Die Ausbildungszeit beträgt nach der Ausbildungsordnung
36 Monate. ①

Die vorausgegangene
☒ schulische Vorbildung
☐ abgeschlossene betriebliche Berufsausbildung als
Abitur
☐ abgebrochene betriebliche Berufsausbildung als
☐ abgeschlossene Berufsausbildung in schulischer Form mit Abschluss als

wird mit 6 Monaten angerechnet bzw. es wird eine entsprechende Verkürzung beantragt.
Das Berufsausbildungsverhältnis ②
beginnt am 01.09.15 und endet am 31.01.18 .

B Die Probezeit (§ 1 Nr. 2) beträgt 4 Monate.[3)] ③
C Die Ausbildung findet vorbehaltlich der Regelungen nach D in

Bad Pyrmont

und den mit dem Betriebssitz für die Ausbildung üblicherweise zusammenhängenden Bau-, Montage- und sonstigen Arbeitsstellen statt (§ 3 Nr. 12).

D Ausbildungsmaßnahmen außerhalb der Ausbildungsstätte (§ 3 Nr. 12) (mit Zeitraumangabe):

E Der/die Ausbildende zahlt dem/der Auszubildenden eine angemessene Vergütung (§ 5); diese beträgt zur Zeit monatlich brutto

€	836,82	890,96	940,61	
im	ersten	zweiten	dritten	vierten

Ausbildungsjahr. ④

F Die regelmäßige Ausbildungszeit in Stunden beträgt ⑤
täglich[4)] 8 und/oder wöchentlich
Teilzeitausbildung wird beantragt (§ 6 Nr. 2) ja ☐ nein ☒

G Der/Die Ausbildende gewährt dem/der Auszubildenden Urlaub nach den geltenden Bestimmungen. Es besteht ein Urlaubsanspruch

Im Jahr	15	16	17	18
Werktage	⑥			⑦
Arbeitstage	8	30	30	5

H Hinweise auf anzuwendende Tarifverträge und Betriebsvereinbarungen; sonstige Vereinbarungen:

J Die beigefügten Vereinbarungen sind Gegenstand dieses Vertrages und werden anerkannt.
Ort, Datum: 18.05.15, Bad Pyrmont

Der/Die Ausbildende:
i. V. Jürgen Steinbrecher
Stempel und Unterschrift

Der/Die Auszubildende:
Carola Kirsch
Vor- und Familienname

Der/Die gesetzlichen Vertreter/in des/der Auszubildenden:

Vater und Mutter/Vormund

1) Vertretungsberechtigt sind beide Eltern gemeinsam, sowie nicht die Vertretungsberechtigung nur einem Elternteil zusteht. Ist ein Vormund bestellt, so bedarf dieser zum Abschluss des Ausbildungsvertrages der Genehmigung des Vormundschaftsgerichtes.
2) Solange die Ausbildungsordnung nicht erlassen ist, sind gem. § 104 Abs. 1BBIG die bisherigen Ordnungsmittel anzuwenden

3) Die Probezeit muss mindestens einen Monat und darf höchstens vier Monate betragen.
4) Das Jugendarbeitsschutzgesetz sowie für das Ausbildungsverhältnis geltende tarifvertragliche Regelungen und Betriebsvereinbarungen sind zu beachten.

230. Aufgabe

Die Königsberg-Klinik gGmbH beschäftigt unter ihren Auszubildenden auch einige Jugendliche im Alter von 15 bis 17 Jahren, für die ergänzend zu den anderen für die Berufsausbildung relevanten Rechtsvorschriften auch das **Jugendarbeitsschutzgesetz (JArbSchG)** gilt.

Entscheiden Sie in diesem Zusammenhang, bei welchen der folgenden Sachverhalte

1. die Königsberg-Klinik gGmbH sich entsprechend des Jugendarbeitsschutzgesetzes verhält,
2. die Königsberg-Klinik gGmbH gegen das Jugendarbeitsschutzgesetz verstößt,
3. die gesetzliche Grundlage nicht im Jugendarbeitsschutzgesetz zu finden ist.

Tragen Sie die Kennziffer vor der jeweils zutreffenden Antwort in das Lösungskästchen ein!

Sachverhalte:

a) Alle Angestellten und Auszubildenden haben nach dem für die Königsberg-Klinik gGmbH geltenden Tarifvertrag einen Anspruch auf 28 Werktage bezahlten Urlaub im Kalenderjahr. ➡ ☐

b) In der Personalabteilung der Königsberg-Klinik gGmbH ist die Arbeitszeit an den Freitagen auf sechs Stunden verkürzt. An den übrigen Wochentagen beträgt die Arbeitszeit auch für die jugendlichen Auszubildenden jeweils achteinhalb Stunden. ➡ ☐

c) Die Königsberg-Klinik gGmbH beschäftigt alle Auszubildenden, auch die Jugendlichen, regelmäßig an sechs Tagen in der Woche. ➡ ☐

d) Im Berufsausbildungsvertrag vereinbart die Königsberg-Klinik gGmbH generell eine Probezeit von vier Monaten. ➡ ☐

e) An einem Berufsschultag mit mehr als fünf Unterrichtsstunden von mindestens je 45 Minuten Dauer darf die Königsberg-Klinik gGmbH ihre jugendlichen Auszubildenden nicht beschäftigen. Dies gilt allerdings nur einmal in der Woche. ➡ ☐

f) Die Königsberg-Klinik gGmbH hat für ihre Auszubildenden eine Frühstückspause von 15 Minuten und eine Mittagspause von 30 Minuten einheitlich festgelegt. ➡ ☐

g) Die Auszubildenden der Königsberg-Klinik gGmbH beabsichtigen, als ihre Interessenvertretung eine Jugend- und Auszubildendenvertretung zu wählen. ➡ ☐

h) In der Abteilung Rechnungswesen der Königsberg-Klinik gGmbH zieht der Abteilungsleiter die jugendlichen Auszubildenden wiederholt zu privaten Botengängen heran. ➡ ☐

231. Aufgabe

Die jugendlichen Auszubildenden in der Königsberg-Klinik gGmbH stehen unter dem besonderen Schutz des **Jugendarbeitsschutzgesetzes**.

Entscheiden Sie bei den folgenden Sachverhalten, in welchen Fällen die Königsberg-Klinik gGmbH gegen diese Rechtsvorschrift verstößt.

Sachverhalte:

1. Die Auszubildenden werden an der Rezeption der Königsberg-Klinik gGmbH jeweils an zwei Samstagen im Monat eingesetzt und werden dafür an einem anderen Wochentag freigestellt.

2. Nach einem Berufsschultag mit sechs Unterrichtsstunden zu je 45 Minuten müssen die Auszubildenden nachmittags im Vorratslager aushelfen.

3. In Zeiten erhöhten Arbeitsanfalls in der Personalabteilung wird die tägliche Arbeitszeit der Auszubildenden auf 9 Stunden ausgedehnt.

4. Die Königsberg-Klinik gGmbH hat die Frühstückspause für die Auszubildenden für die Zeit von 09:30 Uhr bis 09:45 Uhr festgelegt.

5. Die Auszubildenden der Königsberg-Klinik gGmbH werden an dem Arbeitstag, der der schriftlichen Abschlussprüfung unmittelbar vorangeht, freigestellt.

6. In der Abteilung Rechnungswesen beginnt die tägliche Arbeitszeit um 08:00 Uhr und endet um 17:00 Uhr. Die Auszubildenden erhalten Pausen von 60 Minuten Dauer.

Tragen Sie die Kennziffern der unzulässigen Dienstanweisungen in die Lösungskästchen ein! ➡ ☐☐

232. Aufgabe

Der **Arbeitsvertrag** bildet die rechtliche Grundlage für das Arbeitsverhältnis zwischen der Königsberg-Klinik gGmbH und ihren Angestellten.

Prüfen Sie, ob die folgenden Aussagen zum unbefristeten Arbeitsvertrag in diesem Zusammenhang

1. richtig,

2. nicht richtig,

3. wegen fehlender weiterer Informationen nicht abschließend auf ihre Richtigkeit hin zu beurteilen

sind.

Tragen Sie die Kennziffer vor der jeweils zutreffenden Antwort in das Lösungskästchen ein!

Aussagen:

a) Die im Arbeitsvertrag getroffenen Vereinbarungen zwischen der Königsberg-Klinik gGmbH und ihren Angestellten gehen den gesetzlichen und tarifvertraglichen Regelungen in jedem Fall vor. ➡ ☐

b) Die Angestellten der Königsberg-Klinik gGmbH erhalten 25 Werktage bezahlten Urlaub im Jahr. ➡ ☐

c) Die Königsberg-Klinik gGmbH zahlt ihren Angestellten im Mai eines jeden Jahres ein Urlaubsgeld von 500,00 EUR. ➡ ☐

d) Der Arbeitsvertrag ist schriftlich abzuschließen. Wird gegen das Schriftformerfordernis verstoßen, so ist der Arbeitsvertrag nichtig. ➡ ☐

e) Die Hauptpflicht der Arbeitnehmer aus dem Arbeitsvertrag ist die Pflicht zur Arbeitsleistung, während die Hauptpflichten der Königsberg-Klinik gGmbH in der Beschäftigungs- und der Vergütungspflicht liegen. ➡ ☐

f) Im Arbeitsvertrag wird vereinbart, dass ausscheidende Mitarbeiter bei Beendigung des Dienstverhältnisses lediglich einen Anspruch auf ein einfaches Zeugnis haben. ➡ ☐

g) Die im Arbeitsvertrag vereinbarte Probezeit zu Beginn eines Arbeitsverhältnisses beträgt sechs Monate. ➡ ☐

h) Werden die Auszubildenden der Königsberg-Klinik gGmbH nach dem Bestehen ihrer Abschlussprüfung weiterbeschäftigt, ohne dass hierüber eine ausdrückliche Vereinbarung getroffen worden ist, so gilt damit ein unbefristetes Arbeitsverhältnis als begründet. ➡ ☐

233. Aufgabe

Bei der Beendigung von Arbeitsverhältnissen müssen Unternehmen Vorschriften aus folgenden Gesetzen beachten:

Gesetze:

1. Kündigungsschutzgesetz (KSchG)
2. Berufsbildungsgesetz (BBiG)
3. Betriebsverfassungsgesetz (BetrVerfG)
4. Mutterschutzgesetz (MuSchG)
5. Arbeitsplatzschutzgesetz (ArbPlSchG)

Prüfen Sie, bei welchen der nachfolgend abgedruckten Personenkreise lediglich der allgemeine **Kündigungsschutz** nach dem Kündigungsschutzgesetz gilt und welche Personenkreise einen besonderen Kündigungsschutz nach den weiteren genannten Gesetzen genießen, indem Sie die Ziffer vor dem jeweils zutreffenden Gesetz in das Kästchen eintragen. Sofern ein Personenkreis **keinen** Kündigungsschutz genießt, tragen Sie eine **9.** ein!

Personenkreise:

a) Angestellte in einem Betrieb mit i.d.R. drei Mitarbeitern und drei Auszubildenden. ➡ ☐

b) Auszubildende nach Ablauf der Probezeit. ➡ ☐

c) Angestellte in einem Betrieb mit i.d.R. 20 Mitarbeitern, die länger als sechs Monate ohne Unterbrechung dort beschäftigt sind. ➡ ☐

d) Betriebsratsmitglieder. ➡ ☐

e) Wehr- und Zivildienstleistende. ➡ ☐

f) Alleinverdiener mit Kindern, länger als sechs Monate ohne Unterbrechung in demselben Betrieb mit 100 Arbeitnehmern beschäftigt. ➡ ☐

g) Jugend- und Auszubildendenvertreter. ➡ ☐

h) Alleinerziehende Mütter, seit drei Monaten im Betrieb. ➡ ☐

11 Wessel u.a. - ISBN 978-3-8120-0626-2

Situation zur 234. und 235. Aufgabe

Für die Beendigung der Arbeitsverhältnisse der Königsberg-Klinik gGmbH sollen die gesetzlichen **Kündigungsfristen** nach § 622 BGB angewendet werden.

Hinweis:

§ 622 Kündigungsfristen bei Arbeitsverhältnissen

(1) Das Arbeitsverhältnis eines Arbeiters oder eines Angestellten (Arbeitnehmers) kann mit einer Frist von vier Wochen zum Fünfzehnten oder zum Ende eines Kalendermonats gekündigt werden.

(2) Für eine Kündigung durch den **Arbeitgeber** beträgt die Kündigungsfrist, wenn das Arbeitsverhältnis in dem Betrieb oder Unternehmen

1. zwei Jahre bestanden hat, einen Monat zum Ende eines Kalendermonats,
2. fünf Jahre bestanden hat, zwei Monate zum Ende eines Kalendermonats,
3. acht Jahre bestanden hat, drei Monate zum Ende eines Kalendermonats,
4. zehn Jahre bestanden hat, vier Monate zum Ende eines Kalendermonats,
5. zwölf Jahre bestanden hat, fünf Monate zum Ende eines Kalendermonats,
6. 15 Jahre bestanden hat, sechs Monate zum Ende eines Kalendermonats,
7. 20 Jahre bestanden hat, sieben Monate zum Ende eines Kalendermonats.

Bei der Berechnung der Beschäftigungsdauer werden Zeiten, die vor der Vollendung des 25. Lebensjahrs des Arbeitnehmers liegen, nicht berücksichtigt.

(3) Während einer vereinbarten Probezeit, längstens für die Dauer von sechs Monaten, kann das Arbeitsverhältnis mit einer Frist von zwei Wochen gekündigt werden.

Die Königsberg-Klinik gGmbH muss wegen Wegfalls von Arbeitsplätzen einigen Mitarbeitern gegenüber die Kündigung aussprechen. Den betroffenen Mitarbeitern gehen die Kündigungen am 15.03.2016 zu:

➤ Malte Köhler, 48 Jahre, 16 Jahre Betriebszugehörigkeit
➤ Lars Köster, 28 Jahre, 6 Jahre Betriebszugehörigkeit
➤ Miriam Kaufmann, 35 Jahre, seit 3 Monaten in der Probezeit
➤ Sarah Schneider, 24 Jahre, 2 Jahre Betriebszugehörigkeit
➤ Dennis Schomaker, 50 Jahre, 21 Jahre Betriebszugehörigkeit
➤ Jana Jäger, 38 Jahre, 8 Jahre Betriebszugehörigkeit

234. Aufgabe

Ermitteln Sie für die nebenstehend gekündigten Mitarbeiter das Datum der Beendigung des Arbeitsverhältnisses und tragen Sie das Ergebnis (TT.MM.JJJJ) in die Lösungskästchen ein!

1. Lars Köster ➡ ☐☐.☐☐.☐☐☐☐

2. Sarah Schneider ➡ ☐☐.☐☐.☐☐☐☐

3. Dennis Schomaker ➡ ☐☐.☐☐.☐☐☐☐

4. Jana Jäger ➡ ☐☐.☐☐.☐☐☐☐

235. Aufgabe

Ermitteln Sie, zu welchem Datum die nebenstehenden Mitarbeiter ihre **Kündigung** gegenüber dem Arbeitgeber aussprechen könnten!

1. Malte Köhler ➡ ☐☐.☐☐.☐☐☐☐

2. Miriam Kaufmann ➡ ☐☐.☐☐.☐☐☐☐

236. Aufgabe

Das Arbeitsverhältnis zwischen der Königsberg-Klinik gGmbH und ihren Angestellten wird u. a. durch **Tarifverträge, Betriebsvereinbarungen** und individuelle **Arbeitsverträge** geregelt.

Entscheiden Sie in diesem Zusammenhang, welche der folgenden Aussagen auf

1. den Manteltarifvertrag,
2. den Gehaltstarifvertrag,
3. die Betriebsvereinbarung,
4. den Arbeitsvertrag

zutreffen.

Tragen Sie die Kennziffer vor der jeweils zutreffenden Antwort in das Lösungskästchen ein!

Aussagen:

a) Der/die ... wird zwischen der Königsberg-Klinik gGmbH und dem Betriebsrat abgeschlossen. ➡ ☐

b) Der/die ... legt die Höhe der Vergütungen einschließlich der Ausbildungsvergütungen fest. ➡ ☐

c) In dem/der ... werden Regelungen zu Arbeitsbeginn und Arbeitsende sowie zu den Pausen getroffen. ➡ ☐

d) Der/die ... beinhaltet u. a. grundlegende Vereinbarungen zu den Tarifgruppen, den Arbeitsentgelten und den Sonderzahlungen. ➡ ☐

e) Der/die ... hat i. d. R. eine Laufzeit von mehreren, nicht selten mehr als fünf Jahren. ➡ ☐

f) In dem/der ... wird der Zeitpunkt des Beginns des Arbeitsverhältnisses individuell vereinbart. ➡ ☐

g) Der/die ... hat eine Laufzeit von i. d. R. bis zwei Jahren. ➡ ☐

237. Aufgabe

Hat ein **Tarifvertrag** durch Zeitablauf oder durch Kündigung vonseiten eines Tarifpartners geendet, so versuchen die Tarifpartner, im neuen Tarifvertrag möglichst viele ihrer eigenen Vorstellungen durchzusetzen.

Bringen Sie die nachfolgend aufgeführten Schritte eines Tarifkonflikts in die richtige Reihenfolge, indem Sie die Ziffern von **1.** bis **10.** in die entsprechenden Kästchen eintragen!

Schritte eines Tarifkonflikts:

a) Streik der Arbeitnehmer. ➡

b) Erklärung des Scheiterns der Tarifverhandlungen. ➡

c) Urabstimmung der Gewerkschaftsmitglieder über das Streikende. ➡

d) Tarifverhandlungen zwischen Gewerkschaft und Arbeitgeberverband. ➡

e) Erklärung des Scheiterns des Schlichtungsverfahrens. ➡

f) Aussperrung durch die Arbeitgeber. ➡

g) Schlichtungsverfahren. ➡

h) Neue Verhandlungen. ➡

i) Urabstimmung der Gewerkschaftsmitglieder über den Streik. ➡

j) Neuer Tarifvertrag. ➡

238. Aufgabe

Nach dem **Kreislaufwirtschaftsgesetz (KrWG)** trägt die Verantwortung für die Vermeidung, Verwertung und umweltgerechten Beseitigung von Abfällen grundsätzlich jeder, der Güter produziert, verkauft oder konsumiert. Dabei steht die Abfallvermeidung im Vordergrund. Sind Reststoffe nicht zu vermeiden, sollen diese so weit wie möglich verwertet werden. Ist eine stoffliche Verwertung (Abfallnutzung) nicht möglich, dann müssen die nicht verwertbaren Reststoffe umweltverträglich beseitigt werden.

Arten der Abfallwirtschaft:

1. Abfallvermeidung

2. Wiederverwendung

3. Recycling und sonstige Verwertung

4. Entsorgung

Entscheiden Sie bei den folgenden Fällen zur Abfallwirtschaft, um welche Art der Abfallwirtschaft es sich handelt. Zur Lösung tragen Sie die zutreffende Kennziffer in das Lösungskästchen bei den Fällen zur Abfallwirtschaft ein!

Fälle zur Abfallwirtschaft:

a) Veraltetes Prospektmaterial der Klinik wird in den Altpapiercontainer gegeben. ➡ ☐

b) Die Klinik verwendet für die Drucker nachfüllbare Tintenpatronen. ➡ ☐

c) Altbatterien werden monatlich bei einer zentralen Sammelstelle für Reststoffe abgegeben. ➡ ☐

d) Rundschreiben der Geschäftsleitung werden nicht mehr als Papierdrucke, sondern nur noch per E-Mail versendet. ➡ ☐

e) Bodenaushub aus einer Parkflächenerweiterung wird auf einer Deponie eingelagert. ➡ ☐

2.3 Personalwirtschaft

239. Aufgabe

Einkommen aus nicht selbstständiger Arbeit unterliegen einer Sonderform der Einkommensteuer, der sogenannten **Lohnsteuer.** Dabei richten sich die vom Arbeitgeber einzubehaltenden Abzüge für Lohnsteuer, Kirchensteuer und Solidaritätszuschlag u.a. nach der für den jeweiligen Arbeitnehmer geltenden Lohnsteuerklasse.

Stellen Sie fest, in welchen der folgenden Fälle die Besteuerung nach der

1. Lohnsteuerklasse I,

2. Lohnsteuerklasse II,

3. Lohnsteuerklasse III,

4. Lohnsteuerklasse IV,

5. Lohnsteuerklasse V,

6. Lohnsteuerklasse VI

erfolgt.

Tragen Sie die Kennziffer vor der jeweils zutreffenden Lohnsteuerklasse in das Lösungskästchen ein!

Fälle:

a) Die Lohnsteuerklasse ... gilt auf Antrag für einen verheirateten Mann, der als Abteilungsleiter bei einem Handelsunternehmen tätig ist und dessen Ehefrau halbtags als Kassiererin in einem Supermarkt arbeitet. ➡ ☐

b) Eine ledige Frau mit zwei Kindern wird nach der Lohnsteuerklasse ... besteuert. ➡ ☐

c) Ein Auszubildender, der neben seiner Ausbildung noch einer zweiten lohnsteuerpflichtigen Beschäftigung nachgeht, unterliegt für dieses zweite Arbeitsverhältnis der Steuerklasse ... ➡ ☐

d) Ein geschiedener Mann, dessen Sohn bei der Mutter lebt, ist in der Steuerklasse ... eingruppiert. ➡ ☐

240. Aufgabe

Im Rahmen der Ermittlung des zu versteuernden Einkommens und der Einkommensteuerschuld eines Angestellten ist eine Vielzahl von Fachbegriffen des Steuerrechts anzuwenden.

Ordnen Sie zu, indem Sie die jeweils zutreffende Kennziffer von Fachbegriffen des Steuerrechts in die Lösungskästchen neben den Sachverhalten der **Einkommensbesteuerung** eintragen!

Fachbegriffe des Steuerrechts:

1. Kirchensteuer
2. Solidaritätszuschlag
3. Einkommensteuertarif
4. Splittingverfahren

5. Grundfreibetrag
6. Werbungskosten
7. Sonderausgaben
8. außergewöhnliche Belastungen

Sachverhalte der Einkommensbesteuerung:

a) Mit steigendem Einkommen durchläuft die Besteuerung eine Progressionszone und eine Proportionalzone. ➡ ☐

b) Der Steuerbetrag wird vom Arbeitgeber zusammen mit der Lohnsteuer und dem Solidaritätszuschlag einbehalten und an das Finanzamt abgeführt. ➡ ☐

c) Bis zu dieser Höhe bleibt das jährliche Einkommen auf jeden Fall steuerfrei. ➡ ☐

d) Aus wirtschafts- und sozialpolitischen Gründen werden bestimmte Aufwendungen der privaten Lebensführung vom Gesetzgeber für steuerlich abzugsfähig erklärt. ➡ ☐

e) Ehegatten werden regelmäßig gemeinsam steuerlich veranlagt. ➡ ☐

f) Alle beruflich veranlassten Ausgaben, die der Erwerbung, Sicherung und Erhaltung der Einnahmen dienen, sind steuerlich unbegrenzt abzugsfähig und mindern damit die Steuerlast. ➡ ☐

g) Kosten, die infolge ausgefallener Lebenssituationen entstehen, wie z.B. Umweltkatastrophen, Scheidung oder Krankheit, denen sich der Steuerpflichtige aus rechtlichen, tatsächlichen oder sittlichen Gründen nicht zu entziehen vermag, sind steuerlich berücksichtigungsfähig. ➡ ☐

Situation zur 241. bis 244. Aufgabe

Sie arbeiten in der Abteilung Finanz- und Rechnungswesen und sollen für zwei neu eingestellte Laborantinnen die **Gehaltsabrechnung** durchführen. Dafür liegen Ihnen folgende Informationen vor:

Name	Alter	Bruttogehalt	Konfession	Familienstand
Klara Finke	24 Jahre	2.270,00 EUR	katholisch	ledig, keine Kinder
Inga Maier	27 Jahre	2.270,00 EUR	evangelisch	verheiratet, 0,5 Kinderfreibetrag, beide Ehegatten mit gleicher Steuerklasse

Krankenversicherung	Pflegeversicherung	Arbeitslosenversicherung	Rentenversicherung
Beitragssatz 14,6 %	Beitragssatz 2,35 %	Beitragssatz 3,0 %	Beitragssatz 18,7 %
individueller Zusatzbeitrag 0,9 %	Kinderlosenzuschlag ab 23. Lebensjahr 0,25 %		
Beitragsbemessungs-grenze 4.237,50 EUR	Beitragsbemessungs-grenze 4.237,50 EUR	Beitragsbemessungs-grenze/West 6.200,00 EUR	Beitragsbemessungs-grenze/West 6.200,00 EUR

Auszug aus der Lohnsteuertabelle:

Kinderfreibetrag				0		0,5		1	
ab €	StK	Steuer	SolZ	KiStr	SolZ	KiStr	SolZ	KiStr	
2.268,00 €									
	1	270,08	14,85	24,30	10,49	17,16	6,38	10,45	
	2	239,91	-	-	8,92	14,60	1,69	8,05	
	3	68,00	-	6,12	-	1,62	-	-	
	4	270,08	14,85	24,30	12,64	20,68	10,49	17,16	
	5	517,66	28,47	46,58	-	-	-	-	
	6	551,00	30,30	49,59	-	-	-	-	
2.271,00 €									
	1	270,83	14,89	24,37	10,52	17,22	6,42	10,50	
	2	240,66	-	-	8,96	14,67	1,81	8,10	
	3	68,66	-	6,17	-	1,66	-	-	
	4	270,83	14,89	24,37	12,67	20,74	10,52	17,22	
	5	518,83	28,53	46,69	-	-	-	-	
	6	552,16	30,36	49,69	-	-	-	-	

Quelle: www.imacc.de/Steuertabelle/Lohnsteuertabellen/2015/LoSt_2015_WEST_9_ohnePKV_Monat.pdf (07.04.2015)

241. Aufgabe

Welche Aussage gibt den Begriff **„Beitragsbemessungsgrenze"** zutreffend wieder?

1. Die Beitragsbemessungsgrenze ist eine Einkommensgrenze für untere Lohngruppen, die steuerfrei bleiben.
2. Die Beitragsbemessungsgrenze ist bundeseinheitlich gleich.
3. Einkommensanteile über die Beitragsbemessungsgrenze hinaus werden in der Sozialversicherung mit einem ermäßigten Satz von 5,5 % berücksichtigt.
4. Die Beitragsbemessungsgrenze ist der Höchstbetrag, der im jeweiligen Sozialversicherungszweig als Beitrag erhoben wird.
5. Die Beitragsbemessungsgrenze ist eine Einkommensgrenze in der Sozialversicherung. Über diesen Betrag hinaus werden keine Beiträge zur jeweiligen Sozialversicherung erhoben.

Tragen Sie die zutreffende Kennziffer in das Lösungskästchen ein!

242. Aufgabe

Tragen Sie die **Lohnsteuerklasse**

1. der Laborantin Klara Finke ein! ➡ ☐

2. der Laborantin Inga Maier ein! ➡ ☐

243. Aufgabe

Füllen Sie das Schema für die **Gehaltsabrechnungen** der neuen Mitarbeiterinnen mit den dazugehörigen Arbeitgeberbeiträgen zur Sozialversicherung aus!

	Gehaltsabrechnung Klara Finke	Arbeitgeberbeiträge SV Finke	Gehaltsabrechnung Inga Maier	Arbeitgeberbeiträge SV Maier
Bruttoentgelt				
Lohnsteuer				
Solidaritätszuschlag				
Kirchensteuer				
Krankenversicherung				
Zusatzbeitrag KV				
Pflegeversicherung				
Kinderlosenzuschlag PV				
Arbeitslosenversicherung				
Rentenversicherung				
Nettoentgelt	1.495,98 EUR		1.507,49 EUR	

244. Aufgabe

Bilden Sie den **Buchungssatz** für

1. die Auszahlung der Gehälter! ➡ ☐☐☐☐ an ☐☐☐
    an ☐☐☐☐
    an ☐☐☐☐

2. den Arbeitgeberanteil zur Sozialversicherung! ➡ ☐☐☐☐ an ☐☐☐☐

3. die Überweisung der Sozialversicherungsbeiträge an die Krankenkasse! ➡ ☐☐☐☐ an ☐☐☐

4. die Überweisung der einbehaltenen Steuerbei-
träge an das Finanzamt! ➡ ☐☐☐☐ an ☐☐☐

Situation zur 245. bis 252. Aufgabe

Die Königsberg-Klinik gGmbH zahlt die Monatsgehälter ihres ärztlichen Dienstes laut nachfolgender **Gehaltsliste** durch Banksammelüberweisung aus.

Gehaltsliste Juli 20.. (Auszug):

Name	Brutto-gehälter	Lohn-steuer	Solidaritäts-zuschlag	Kirchen-steuer	Soz.-Vers.-Beiträge	Auszahlungs-beträge	Arbeitgeber-anteil zur SV
– – – – –	– – – – –	– – – – –	– – – – –	– – – – –	– – – – –	– – – – –	– – – – –
– – – – –	– – – – –	– – – – –	– – – – –	– – – – –	– – – – –	– – – – –	– – – – –
Summe	260.000,00	44.200,00	2.400,00	2.600,00	52.600,00		50.300,00

Über die Kontobewegungen im Zusammenhang mit den Personalkosten und der Unfallversicherung erstellt die Hausbank den folgenden Kontoauszug:

	IBAN	BIC	erstellt am	Auszug	Blatt
Commerzbank AG Bad Pyrmont	DE53 4764 0051 0012 0282 2233 01	COBADEFFXXX	20.07.20..	109	1

		Alter Saldo vom 14.07.20..		414.384,59 H	
20.07.20..	20.07.20..	Sammelüberweisung Gehälter		?	S
20.07.20..	20.07.20..	Finanzamt, Steuer-Nr. 306/0800/9642 LSt/SolZ/KiSt Juli 20..		?	S
20.07.20..	20.07.20..	DAK, SV-Beiträge Juli 20..		?	S
20.07.20..	20.07.20..	Berufsgenossenschaft, Nr. 5689421, Juli 20..		10.400,00	S
		Neuer Saldo vom 20.07.20..		?	H

Königsberg-Klinik gGmbH
Am Rosenhof 36–40
31812 Bad Pyrmont

Kontoauszug

Bitte Rückseite beachten.

Als Mitarbeiter in der Abteilung Finanz- und Rechnungswesen bearbeiten Sie die Vorgänge
unter Beachtung der Gehaltsliste und des Kontoauszugs.

245. Aufgabe

Ermitteln Sie das **Nettoentgelt** des ärztlichen
Dienstes im Juli 20..! ➡ ☐☐☐.☐☐☐,☐☐ EUR

246. Aufgabe

Ermitteln Sie den an die gesetzliche Krankenkasse abzuführenden Betrag! ➡ ☐☐☐.☐☐☐,☐☐ EUR

247. Aufgabe

Ermitteln Sie den an das Finanzamt abzuführenden Betrag! ➡ ☐☐.☐☐☐,☐☐ EUR

248. Aufgabe

Ermitteln Sie die **Personalkosten** des ärztlichen Dienstes zuzüglich Unfallversicherung im Monat Juli 20..! ➡ ☐☐☐.☐☐☐,☐☐ EUR

249. Aufgabe

Ermitteln Sie nach Durchführung aller Buchungen den neuen Saldo auf dem Bankkonto der Klinik! ➡ ☐☐.☐☐☐,☐☐ EUR

250. Aufgabe

Kontieren Sie die **Gehaltsabrechnung** des ärztlichen Dienstes einschließlich der Arbeitgeberabgaben zur Sozialversicherung!

➡ ☐☐☐☐ an ☐☐☐
an ☐☐☐
an ☐☐☐

➡ ☐☐☐☐ an ☐☐☐☐

251. Aufgabe

Kontieren Sie die Abführung der **Sozialversicherungsbeiträge** an die gesetzliche Krankenkasse! ➡ ☐☐☐☐ an ☐☐☐

252. Aufgabe

Kontieren Sie die Überweisung der einbehaltenen Steuern an das Finanzamt! ➡ ☐☐☐☐ an ☐☐☐

Situation zur 253. und 254. Aufgabe

Die Königsberg-Klinik gGmbH führt die **Gehaltsabrechnung** für den medizinisch-technischen Dienst durch. Dabei ergeben sich im Monat April 20.. folgende Zahlen:

Grundgehälter inkl. VL des Arbeitgebers	71.760,00 EUR
vermögenswirksame Sparraten	960,00 EUR
Steuerabzüge insgesamt im Durchschnitt	22,48 %
Arbeitnehmeranteil zur Sozialversicherung im Durchschnitt	21,20 %
Arbeitgeberanteil zur Sozialversicherung im Durchschnitt	20,00 %
Einbehaltene Gehaltsvorschüsse	1.300,00 EUR

Als Mitarbeiter in der Abteilung Finanz- und Rechnungswesen bearbeiten Sie die Vorgänge.

253. Aufgabe

Kalkulieren Sie in einer Aufstellung

1. die an das Finanzamt abzuführenden Steuerabzüge! ➡ ☐☐.☐☐☐,☐☐ EUR

2. die an die Krankenkasse abzuführenden SV-Beiträge! ➡ ☐☐.☐☐☐,☐☐ EUR

3. die Summe der Nettogehälter! ➡ ☐☐.☐☐☐,☐☐ EUR

4. die Summe der Auszahlungsbeträge! ➡ ☐☐.☐☐☐,☐☐ EUR

254. Aufgabe

1. Kontieren Sie die Gehaltsabrechnung für den med.-technischen Dienst einschließlich der Arbeitgeberabgaben zur Sozialversicherung! ➡ ☐☐☐☐ an ☐☐☐

an ☐☐☐☐

an ☐☐☐☐

an ☐☐☐☐

an ☐☐☐☐

➡ ☐☐☐☐ an ☐☐☐☐

2. Kontieren Sie die Abführung der Sozialversicherungsbeiträge an die gesetzliche Krankenkasse! ➡ ☐☐☐☐ an ☐☐☐

3. Kontieren Sie die Überweisung der einbehaltenen Steuern an das Finanzamt! ➡ ☐☐☐☐ an ☐☐☐

4. Kontieren Sie die Überweisung der vermögenswirksamen Sparleistungen! ➡ ☐☐☐☐ an ☐☐☐

255. Aufgabe

Das **Personalkostenbudget** der Seniorenresidenz Rosenhof KG wurde um 105.000,00 EUR oder 6,25 % überschritten.

Ermitteln Sie

1.	die ursprünglich geplanten Personalkosten (Soll)!	➡ ☐.☐☐☐.☐☐☐,☐☐ EUR
2.	die tatsächlichen Personalkosten (Ist)!	➡ ☐.☐☐☐.☐☐☐,☐☐ EUR
3.	die durchschnittlichen Personalkosten für jeden der 48 Mitarbeiter.	➡ ☐☐☐.☐☐☐,☐☐ EUR

256. Aufgabe

Die Seniorenresidenz Rosenhof KG zahlt den Mitarbeitern pro Monat folgende Gehälter:

1 Heimleiter	4.728,00 EUR
2 Stationsleiter	je 3.981,00 EUR
8 Heilerziehungspfleger	je 2.948,00 EUR
15 Pflegefachkräfte	je 2.180,00 EUR
22 Pflegehilfskräfte	je 1.689,00 EUR

1.	Ermitteln Sie das Durchschnittsgehalt je Mitarbeiter!	➡ ☐.☐☐☐,☐☐ EUR
2.	Ermitteln Sie die monatlichen Personalkosten unter Berücksichtigung von 40 % Personalnebenkosten!	➡ ☐☐☐.☐☐☐,☐☐ EUR

3 Organisation und Finanzierung im Gesundheitswesen

3.1 Organisation, Aufgaben und Rechtsfragen des Gesundheits- und Sozialwesens

---

Situation zur 257. und 258. Aufgabe

Unser Gesundheitssystem erfüllt seine vielfältigen Aufgaben arbeitsteilig in Sektoren.

Sektoren des Gesundheitssystems:

1. Prävention
2. Kuration/Behandlung

3. Pflege
4. Rehabilitation

---

257. Aufgabe

Stellen Sie fest, welche der folgenden Definitionen den jeweiligen Sektor beschreiben.

Ordnen Sie zu, indem Sie die Kennziffer des Sektors im **Gesundheitssystem** in das Lösungskästchen neben der jeweils zutreffenden Definition eintragen!

Definitionen:

a) Maßnahmen und Leistungen, die eine Krankheit diagnostizieren und heilen oder leidvolle Krankheitssymptome lindern.

b) Maßnahmen und Leistungen, die einem Krankheitseintritt vorbeugen oder verzögern.

c) Maßnahmen und Leistungen für Patienten zur Wiedereingliederung in den Beruf oder in das soziale Umfeld im Anschluss an Heilbehandlungen.

d) Maßnahmen und Leistungen, die Patienten wegen ihrer somatischen oder psychosomatischen Krankheit bzw. Behinderung erhalten, und zwar als Hilfestellung für die gewöhnlichen Verrichtungen des täglichen Lebens.

258. Aufgabe

Ordnen Sie die folgenden Leistungen den **Sektoren des Gesundheitssystems** zu.

Tragen Sie die Kennziffer des Sektors im Gesundheitssystem in das Lösungskästchen neben den jeweils zutreffenden Leistungen ein!

Leistungen:

a) Physiotherapie zur Erhaltung und Verbesserung von Gelenkfunktionen.

b) Grippeschutzimpfung.

c) Hilfestellung bei der Nahrungsaufnahme.

d) Zahnärztliche Entfernung von Karies.

259. Aufgabe

Sie haben sich über den Status und die Aufgaben von **Kassenärztlicher Vereinigung** und **Ärztekammer** eingehend informiert. Geben Sie an, welche der folgenden Auswahlantworten zutreffend sind!

1. Die Ärztekammer als Stiftung des öffentlichen Rechts übernimmt staatliche Aufgaben.
2. Die Kassenärztliche Vereinigung ist als eingetragener Verein eine Abrechnungsstelle.
3. Die Ärztekammer ist die zuständige Stelle für die Abschlussprüfung der Medizinischen Fachangestellten.
4. Die Kassenärztliche Vereinigung unterhält eine Schlichtungsstelle für Patientenrechte.
5. Die Ärztekammern sind öffentlich-rechtliche Einrichtungen in ärztlicher Selbstverwaltung.
6. Die Kassenärztliche Vereinigung garantiert den Sicherstellungsauftrag für eine leistungsfähige ärztliche Versorgung der gesetzlich Versicherten.
7. Die Ärztekammer ist eine wirtschaftliche Interessenvertretung für Honorarvereinbarungen.

Tragen Sie die zutreffenden Kennziffern in die Lösungskästchen ein!

260. Aufgabe

Die **vollstationäre Krankenversorgung** umfasst die Versorgungsbereiche

1. Unterbringung,
2. Versorgung,
3. ärztliche Diagnostik,
4. ärztliche Therapie,
5. pflegerische Betreuung.

Stellen Sie fest, welche der folgenden Maßnahmen und Leistungen den jeweiligen Teilbereich der vollstationären Krankenversorgung abdecken. Ordnen Sie zu, indem Sie die Kennziffer des Versorgungsbereichs in das Lösungskästchen neben den jeweils zutreffenden Maßnahmen und Leistungen eintragen!

Maßnahmen und Leistungen:

a) Regelmäßiges Bewegen von Gelenken bei bettlägerigen Patienten zur Verhinderung von Gelenkversteifungen.

b) Zweibettzimmer als gesondert berechenbare Wahlleistung.

c) Als Mittagsmenü wird vegetarische Kost und Diabetikerkost angeboten.

d) Ersatz des Kniegelenks.

e) EKG zur Überprüfung der Herzfunktion.

261. Aufgabe

Krankenversicherte haben nach § 11 SGB V einen Anspruch auf folgende **Leistungsarten**:

1. Leistungen bei Schwangerschaft und Mutterschaft,
2. Leistungen zur Verhütung von Krankheiten und von deren Verschlimmerung,
3. Leistungen zur Früherkennung von Krankheiten,
4. Leistungen zur Behandlung einer Krankheit.

Stellen Sie fest, welche Leistungen in das Fachgebiet einer Leistungsart fallen. Ordnen Sie zu, indem Sie die Kennziffer einer Leistungsart in das Lösungskästchen neben den jeweils zutreffenden Leistungen eintragen! Tragen Sie eine **9.** ein, wenn die Leistung nicht unter den § 11 SGB V fällt.

Leistungen:

a) Darmspiegelung (Koloskopie) zur Darmkrebsvorsorge.

b) Krankenhaustagegeld zum Lebensunterhalt.

c) Kernspintomographie (MRT) bei Verdacht auf Bandscheibenvorfall.

d) Zahnärztliche Individualprophylaxe mit Mundhygieneunterweisung.

e) Frauenärztliche Kontrolluntersuchung nach der Entbindung.

f) Ärztliche Eignungsuntersuchung für den Tauchsport.

262. Aufgabe

Der Auszubildende Holger Baum befindet sich nach Betriebsschluss auf dem direkten Weg vom Ausbildungsbetrieb nach Hause. Unterwegs auf einem öffentlichen Radweg stürzt er infolge von Selbstverschulden vom Fahrrad. Wegen seiner **Unfallverletzung** begibt er sich in ambulante Behandlung.

Wer trägt die Kosten?

1. kommunale Unfallkasse
2. gesetzliche Krankenkasse
3. Bundesversicherungsamt
4. Berufsgenossenschaft
5. Bundesagentur für Arbeit

Tragen Sie die zutreffende Kennziffer in das Lösungskästchen ein!

263. Aufgabe

Die Deutsche Rentenversicherung veröffentlicht folgenden Text:

Eine Leistung zur **medizinischen Rehabilitation** vom Rentenversicherungsträger ist grundsätzlich nur bei Krankheiten und Behinderungen möglich, die die Erwerbsfähigkeit beeinträchtigen, Erfolgsaussicht vorausgesetzt. Damit soll vor allem ein vorzeitiges Ausscheiden der Betroffenen aus dem Berufsleben vermieden werden. Die Leistungen können stationär, aber auch ganztägig ambulant durchgeführt werden und dauern grundsätzlich drei Wochen.

Zu den häufigsten rehabilitationsbedürftigen Erkrankungen gehören

➤ Gelenk- und Wirbelsäulenerkrankungen (beispielsweise Arthrosen und andere rheumatische Erkrankungen, Bandscheibenschäden),

➤ Krankheiten des Herz-Kreislaufsystems (zum Beispiel Herzinfarkt, Zustand nach Bypass-Operation oder Schlaganfall),

➤ psychische Erkrankungen (zum Beispiel Neurosen, depressive Störungen und Suchterkrankungen) sowie

➤ Krebserkrankungen.

Vorsorge- und Rehabilitationsleistungen zur bloßen Stärkung der Gesundheit oder die Behandlung akuter Krankheiten gehören aber nicht zu den Aufgaben der Rentenversicherung.

Geben Sie an, welche **2** der folgenden Auswahlantworten zutreffend sind!

1. Die medizinische Rehabilitation hat bei einer Verlängerung des Erwerbslebens auf 67 Jahre eine zunehmende Bedeutung.

2. Eine pflichtversicherte Arbeitnehmerin im Vorruhestand ist grundsätzlich berücksichtigungsfähig.

3. Die medizinische Rehabilitation hat für das Berufsleben keine Bedeutung. Dafür gibt es die berufliche Rehabilitation.

4. Eine chronische Erkrankung ohne Aussicht auf Besserung ist für die medizinische Rehabilitation vorrangig zu berücksichtigen.

5. Bandscheibenerkrankungen von Büroangestellten sind typische Fälle für eine medizinische Rehabilitation.

6. Eine alleinerziehende Mutter hat wegen der Doppelbelastung mit Beruf und Familie einen Anspruch auf medizinische Rehabilitation der Rentenversicherung.

Tragen Sie die zutreffenden Kennziffern in die Lösungskästchen ein! ➡ ☐☐

264. Aufgabe

Im Anschluss an eine stationäre Rehabilitation ist Herr Benedikt Bader am 19.02.20.. nach Hause entlassen worden. Seinen weiterhin benötigten Hilfebedarf überbrücken anfangs seine im selben Haus wohnenden Kinder. Erst am 25.03.20.. entschließt er sich, einen Antrag auf Leistungen an die Pflegeversicherung zu stellen.

Ab wann kann Herr Bader die **Leistungen der Pflegeversicherung** frühestens in Anspruch nehmen?

Tragen Sie das zutreffende Datum (TT.MM) in die Lösungskästchen ein! ab ☐☐.☐☐. 20..

265. Aufgabe

Herr Benedikt Bader beantragt für seine zukünftige Grundpflege und hauswirtschaftliche Betreuung einen **ambulanten Pflegedienst**. Wie wird der Antrag von Herrn Bader bearbeitet?

Bringen Sie die folgenden Verfahrensschritte von der Antragstellung bis zur Entscheidung in die richtige Reihenfolge, indem Sie die Kennziffern **1.** bis **6.** in die Lösungskästchen neben den einzelnen Verfahrensschritten einsetzen!

a) Begutachtung der Pflegebedürftigkeit durch den Medizinischen Dienst der Krankenversicherung (MDK) im häuslichen Umfeld des Pflegebedürftigen.

b) Unverzüglicher Bescheid der Pflegekasse an den Antragsteller.

c) Antrag des Pflegebedürftigen oder einer von ihm bevollmächtigten Person auf häusliche Pflege an die zuständige Pflegekasse.

d) Auftrag der Pflegekasse an den Medizinischen Dienst der Krankenversicherung (MDK) zur Begutachtung der Pflegebedürftigkeit.

e) Prüfung des Antrags auf Pflegebedürftigkeit in Bezug auf formale Leistungsvoraussetzungen durch die zuständige Pflegekasse.

f) Entscheidung der Pflegekasse über das Vorliegen von Pflegebedürftigkeit, die Zuordnung zu einer Pflegestufe und die Höhe des Leistungsanspruchs aufgrund des Gutachtens des Medizinischen Dienstes der Krankenversicherung (MDK).

266. Aufgabe

Im Bewilligungsbescheid der Pflegekasse wird Herrn Benedikt Bader eine „erhebliche Pflegebedürftigkeit" attestiert. Welche **Pflegestufe** wurde Herrn Bader zugeordnet?

Tragen Sie die Kennziffer der Pflegestufe in das Lösungskästchen ein!

267. Aufgabe

Mit dem Bewilligungsbescheid der Pflegekasse hat Herr Benedikt Bader die Möglichkeit, seine häusliche Pflege mit einem ambulanten Pflegedienst zu organisieren. Bringen Sie die folgenden Verfahrensschritte zur Erbringung von **ambulanten Pflegeleistungen** in die richtige Reihenfolge, indem Sie die Kennziffern **1.** bis **4.** in die Lösungskästchen neben den einzelnen Verfahrensschritten eintragen.

a) Der Pflegebedürftige schließt auf der Grundlage seines Leistungsanspruchs einen schriftlichen Pflegevertrag mit einem zugelassenen ambulanten Pflegedienst seiner Wahl ab.

b) Mit dem vollständig ausgefüllten Leistungsnachweis rechnet der Pflegedienst monatlich direkt mit der Pflegekasse ab.

c) Der Pflegedienst zeichnet die erbrachten Pflegeleistungen in einem Leistungsnachweis auf. Der Pflegebedürftige oder eine bevollmächtigte Person bestätigen die Leistungen.

d) Der Pflegedienst erbringt seine vertraglichen Pflegeleistungen gemäß der Qualitätsverantwortung nach § 112 SGB XI.

12 Wessel u.a. - ISBN 978-3-8120-0626-2

268. Aufgabe

Pflegebedürftige haben bei häuslicher Pflege Anspruch auf Sachleistungen nach § 36 SGB XI. Welche **2** der folgenden 8 Leistungen sind **nicht** Gegenstand der gesetzlichen **Pflegeversicherung?**

1. Hilfe bei der Körperpflege.
2. Versorgung mit Pflegehilfsmitteln.
3. Grundpflege bei der Ernährung.
4. Behandlungspflege zur Vermeidung einer Krankenhausbehandlung.
5. Wohnumfeld verbessernde Maßnahmen.
6. Übernahme der Fernsehgebühren für bettlägerige Pflegebedürftige.
7. Grundpflege bei der Mobilität.
8. Hauswirtschaftliche Versorgung.

Tragen Sie die zutreffenden Kennziffern in die Lösungskästchen ein!

269. Aufgabe

Bei einer Stellenausweitung für Pflegefachkräfte ist zu bedenken, dass examinierte Fachkräfte erst eine **Ausbildungszeit** durchlaufen müssen, ehe sie beruflich einsetzbar sind. Wie viele Jahre dauert die Ausbildung in der Altenpflege bzw. Krankenpflege für eine examinierte Fachkraft in Vollausbildung?

Tragen Sie die **Ausbildungsdauer** in das Lösungskästchen ein! Jahre

270. Aufgabe

Ordnen Sie die folgenden Auszüge aus den **Sozialgesetzbüchern** dem zutreffenden Buch des SGB zu, indem Sie die Kennziffer des Gesetzbuches in das Lösungskästchen neben den Gesetzesauszügen eintragen!

1. SGB V
2. SGB VI

3. SGB VII
4. SGB XI

Auszüge aus den Sozialgesetzbüchern:

a) § 14 (Auszug):

   Die Hilfe besteht in der Unterstützung der Verrichtungen des täglichen Lebens.

   1. im Bereich der Körperpflege das Waschen, Duschen, Baden, die Zahnpflege,
   2. im Bereich der Ernährung das mundgerechte Zubereiten der Nahrung.

b) § 23 (Auszug)

   Versicherte haben Anspruch auf ärztliche Behandlung und Versorgung mit Arznei-, Verband-, Heil- und Hilfsmitteln, wenn diese notwendig sind, eine Schwächung der Gesundheit zu beseitigen.

c) § 2 (Auszug)

Kraft Gesetzes sind versichert: Beschäftigte, Lernende während der beruflichen Aus- und Fortbildung, Personen, die Unternehmer sind, Kinder während des Besuchs von Tageseinrichtungen, Schüler während des Besuchs von allgemein- oder berufsbildenden Schulen, Studierende während der Aus- und Fortbildung an Hochschulen.

d) § 35 (Auszug)

Die Regelaltersgrenze wird mit Vollendung des 67. Lebensjahres erreicht.

271. Aufgabe

Sie informieren Ihre Kunden über die **Finanzierungsträger** in bestimmten Lebenssituationen. Ordnen Sie zu, indem Sie die Kennziffer des Finanzierungsträgers in das Lösungskästchen neben der jeweils zutreffenden Lebenssituation eintragen!

Finanzierungsträger:

1. Gemeinde-Unfallversicherungsverband/Landesunfallkasse
2. Deutsche Rentenversicherung
3. Berufsgenossenschaft
4. Soziale Pflegekasse
5. Gesetzliche Krankenkasse
6. Kommunales Sozialamt
7. Selbstzahler/Auftraggeber

Lebenssituationen:

a) Der Berufsschüler Ingo Krämer verstaucht sich sein Fußgelenk während des Sportunterrichts. Die Sportverletzung versorgt ein niedergelassener Arzt ambulant.

b) Der kleine Moritz, 3 Jahre alt, besucht eine Kindertagesstätte. Seine alleinerziehende Mutter hat eine Beitragsbefreiung, da sie als Auszubildende nur ein geringes Einkommen hat.

c) Greta Gärtner nimmt beim Dermatologen die individuelle Gesundheitsleistung (IGeL) Fruchtsäurepeeling zur Verbesserung des Hautbildes in Anspruch.

d) Der Auszubildende Alexander Voigt stürzt mit dem Fahrrad auf der direkten Heimfahrt von seinem Ausbildungsbetrieb. Nach einer fachgerechten Behandlung in der Unfallambulanz eines nahe gelegenen Krankenhauses wird er nach Hause entlassen.

e) Der Medizinische Dienst der Krankenversicherung (MDK) untersucht einen Antragsteller auf das Vorliegen einer erheblich eingeschränkten Alltagskompetenz sowie auf die Art, den Umfang und die voraussichtliche Dauer der Hilfebedürftigkeit.

f) Die Leistungen für Melanie Müller bei ihrer Schwangerschaft und Mutterschaft umfassen u. a. eine Haushaltshilfe und Mutterschaftsgeld.

g) Der Angestellte Paul Pfeiffer erhält Leistungen zur medizinischen Rehabilitation sowie ergänzende Leistungen, um den Auswirkungen einer Krankheit auf seine Erwerbsfähigkeit entgegenzuwirken und ihn möglichst dauerhaft in das Erwerbsleben wiedereinzugliedern.

272. Aufgabe

Entscheiden Sie, welche **2** der folgenden 7 Grundsätze zur **Rehabilitation falsch** sind!

1. Rehabilitation vor Rente.
2. Rehabilitation vor Pflege.
3. Stationär vor ambulant.
4. Rehabilitation als Hilfe zur Selbsthilfe.
5. Nahtloser Übergang von medizinischer Behandlung zur Anschlussrehabilitation.
6. Formularmäßige Rehabilitationsleistungen nach allgemeinen Erfahrungswerten.
7. Integration von Behinderten in die Gesellschaft (Inklusion).

Tragen Sie die zutreffenden Kennziffern in die Lösungskästchen ein!

273. Aufgabe

Die gesetzliche Sozialversicherung gewährt **Hilfe zur Teilhabe (Rehabilitation).** Darüber hinaus sind Rehabilitationsleistungen noch in weiteren Gesetzen vorgesehen. Die persönlichen Voraussetzungen des Patienten und die Sachlage des Behandlungsfalles sind Kriterien für die Erfüllung der verschiedenen gesetzlichen Erfordernisse zur Rehabilitationsleistung.

Entscheiden Sie, welche nachfolgend aufgeführten Leistungen zur Teilhabe (Rehabilitationsleistungen) in das Fachgebiet eines Zweigs der Sozialversicherung fallen bzw. keine Leistung der Sozialversicherung ist. Ordnen Sie zu, indem Sie die Kennziffer des Sozialversicherungszweigs in das Lösungskästchen neben der jeweils zutreffenden Rehabilitationsleistung eintragen! Ist die Leistung keinem Zweig der Sozialversicherung zuzuordnen, tragen Sie die Kennziffer **9.** ein!

Sozialversicherungszweig:

1. Gesetzliche Krankenversicherung
2. Soziale Pflegeversicherung
3. Gesetzliche Rentenversicherung
4. Arbeitsförderung
5. Gesetzliche Unfallversicherung

Leistungen zur Teilhabe (Rehabilitationsleistungen):

a) Leistungen für medizinische und berufliche Rehabilitation eines gesetzlich Versicherten zur Wiedererlangung der Erwerbsfähigkeit nach einer schweren Erkrankung.

b) Leistungen zur medizinischen, beruflichen und sozialen Rehabilitation einschließlich Übergangsgeld nach einem Arbeitsunfall.

c) Leistungen für Wehrdienstgeschädigte.

d) Leistungen für geriatrische Rehabilitation eines Rentners zur Vermeidung von Pflegebedürftigkeit.

e) Leistungen für behinderte Kinder und Jugendliche in den Bereichen medizinische, soziale und schulische Rehabilitation.

f) Leistungen der beruflichen Rehabilitation zur Eingliederung von Erwerbslosen in den Arbeitsmarkt.

274. Aufgabe

Die **Rehabilitation** wird gemäß § 5 SGB IX in **Leistungsgruppen** gegliedert:

1. Leistungen zur medizinischen Rehabilitation,
2. Leistungen zur Teilhabe am Arbeitsleben,
3. Leistungen zur Teilhabe am Leben in der Gemeinschaft und für eine selbstbestimmte Lebensführung.

Die Träger der Leistungen zur Teilhabe **(Rehabilitationsträger)** können gemäß § 6 SGB IX sein:

4. Allgemeine Ortskrankenkasse (AOK),
5. Deutsche Rentenversicherung (DRV),
6. Bundesagentur für Arbeit (BA),
7. Berufsgenossenschaft (BG).

Die Rehabilitationsträger der verschiedenen Sozialversicherungszweige leisten Hilfe zur Teilhabe (Rehabilitation) entsprechend ihrer Zuständigkeit. Ordnen Sie zu, indem Sie die Kennziffer der Leistungsgruppe **und** die Kennziffer des zuständigen Rehabilitationsträgers in die Lösungskästchen neben den nachfolgenden Rehabilitationsleistungen eintragen!

Leistungen zur Teilhabe (Rehabilitationsleistungen):

a) Ein Langzeitarbeitsloser nimmt an einer Maßnahme zur beruflichen Anpassung und Weiterbildung teil. ➡ ☐ und ☐

b) Eine Studentin erleidet im Skiurlaub einen Knochenbruch ohne Fremdverschulden. Nach der medizinischen Akutversorgung nimmt sie eine ärztlich verordnete Krankengymnastik als Anschlussrehabilitation in Anspruch. ➡ ☐ und ☐

c) Ein ehemaliger Berufskraftfahrer erhält aufgrund eines schweren Schädel-Hirn-Traumas, das er bei einem Verkehrsunfall im Berufsleben erlitten hat, einen behindertengerechten Wohnplatz in einer betreuten Wohngruppe. ➡ ☐ und ☐

d) Nach einer onkologischen Akutbehandlung (Tumorerkrankung) ist eine Büroangestellte nicht mehr den Anforderungen ihres Berufes gewachsen. Es droht eine Erwerbsminderung. Mit gezielten therapeutischen Maßnahmen werden ihre Funktionsstörungen gebessert. ➡ ☐ und ☐

Situation zur 275. bis 277. Aufgabe

Pflegebedürftige haben je nach **Pflegestufe** einen ansteigenden Anspruch auf Unterstützung bei Verrichtungen des täglichen Lebens (§ 14 SGB XI). Dazu gehören

1. der Hilfebedarf bei der Körperpflege (z. B. Waschen, Zahnpflege, Rasieren),
2. der Hilfebedarf bei der Ernährung (z. B. Zubereiten und Aufnahme der Nahrung),
3. der Hilfebedarf bei der Mobilität (z. B. Aufstehen und Zu-Bett-Gehen, An- und Auskleiden),
4. der Hilfebedarf bei der hauswirtschaftlichen Versorgung (z. B. Einkaufen, Reinigung der Wäsche).

275. Aufgabe

Für die Entscheidungsfindung des Medizinischen Dienstes der Krankenversicherung (MDK), welche **Pflegestufe** bedarfsgerecht ist, spielt eine Art des Hilfebedarfs keine Rolle.

Tragen Sie die zutreffende Kennziffer dieses Hilfebedarfs in das Lösungskästchen ein!

276. Aufgabe

Welchen Hilfebedarf bezeichnet man zusammenfassend als **Grundpflege?**

1. Hilfebedarf bei der Körperpflege und der Ernährung.
2. Hilfebedarf bei der Körperpflege und der hauswirtschaftlichen Versorgung.
3. Hilfebedarf bei Mobilität und Transfer zwischen Pflegeheim und Wohnung.
4. Hilfebedarf beim Einkaufen und Kochen sowie bei der Reinigung von Wäsche und Wohnung.
5. Hilfebedarf bei der Körperpflege, der Ernährung und der Mobilität.

Tragen Sie die zutreffende Kennziffer in das Lösungskästchen ein!

277. Aufgabe

Pflegebedürftige Personen sind den **Pflegestufen I, II oder III** mit steigenden Leistungen für Grundpflege und hauswirtschaftliche Versorgung zuzuordnen. Bestimmen Sie aus den folgenden Beschreibungen die richtige Definition der jeweiligen Pflegestufe!

1. Pflegebedürftig sind Personen, deren täglicher Pflegebedarf in der Grundpflege 60 Minuten erfordert; hierbei ist die hauswirtschaftliche Versorgung nicht erforderlich.
2. Erheblich pflegebedürftig sind Personen, deren täglicher Pflegebedarf mindestens 90 Minuten erfordert; hierbei müssen auf die Grundpflege mehr als 45 Minuten entfallen.
3. Schwerstpflegebedürftig sind Personen, deren täglicher Pflegebedarf mindestens 5 Stunden erfordert; hierbei müssen auf die Grundpflege mindestens 4 Stunden entfallen.
4. Mittelschwer pflegebedürftig sind Personen, deren täglicher Pflegebedarf das Ausmaß der einfachen Pflegebedürftigkeit überschreitet; hierbei ist ein täglicher Pflegebedarf von 2 Stunden erforderlich.
5. Schwerpflegebedürftig sind Personen, deren täglicher Pflegebedarf mindestens 3 Stunden erfordert; hierbei müssen auf die Grundpflege mindestens 2 Stunden entfallen.
6. Pflege der Maximalversorgung erhalten Personen, deren täglicher Pflegebedarf 6 Stunden überschreitet;hierbei sind neben der Grundpflege auch Zusatzleistungen erforderlich.

a) Tragen Sie die Kennziffer mit der Definition „Pflegestufe I" in das Lösungskästchen ein!

b) Tragen Sie die Kennziffer mit der Definition „Pflegestufe II" in das Lösungskästchen ein!

c) Tragen Sie die Kennziffer mit der Definition „Pflegestufe III" in das Lösungskästchen ein!

Situation zur 278. und 279. Aufgabe

Die Pflegeversicherung ermöglicht dem Pflegebedürftigen die Inanspruchnahme verschiedener Leistungsarten wie

➤ die häusliche Pflegehilfe als **Pflegesachleistung** durch ambulante Pflegedienste (§ 36 SGB XI),

➤ das **Pflegegeld** für selbst beschaffte Pflegehilfen (§ 37 SGB XI),

➤ die **Tages- und Nachtpflege** in stationären Pflegeheimen (§ 41 SGB XI) und

➤ die Kombination aus allen drei Leistungsarten (§ 38 SGB XI).

Bei der Kombination von zwei oder drei Leistungsarten sind die unterschiedlichen Pflegesätze zu berücksichtigen und anteilig zu berechnen. Die entsprechenden Handlungsanleitungen finden sich in den folgenden Gesetzesauszügen des SGB XI.

Hinweis:

§ 36 Pflegesachleistung

(3) Der Anspruch auf häusliche Pflegehilfe umfasst je Kalendermonat für Pflegebedürftige der Pflegestufe I Pflegeeinsätze bis zu einem Gesamtwert von 468 EUR.

§ 37 Pflegegeld für selbst beschaffte Pflegehilfen

(1) Pflegebedürftige können anstelle der häuslichen Pflegehilfe ein Pflegegeld beantragen. Der Anspruch setzt voraus, dass der Pflegebedürftige mit dem Pflegegeld dessen Umfang entsprechend die erforderliche Grundpflege und hauswirtschaftliche Versorgung in geeigneter Weise selbst sicherstellt.

Das Pflegegeld beträgt je Kalendermonat für Pflegebedürftige der Pflegestufe I 244 EUR.

§ 38 Kombination von Geldleistung und Sachleistung (Kombinationsleistung)

Nimmt der Pflegebedürftige die ihm nach § 36 III zustehende Sachleistung nur teilweise in Anspruch, erhält er daneben ein anteiliges Pflegegeld im Sinne des § 37. Das Pflegegeld wird um den Vomhundertsatz vermindert, in dem der Pflegebedürftige Sachleistungen in Anspruch genommen hat.

§ 41 Tagespflege und Nachtpflege

(1) Pflegebedürftige haben Anspruch auf teilstationäre Pflege in Einrichtungen der Tages- oder Nachtpflege, wenn häusliche Pflege nicht in ausreichendem Umfang sichergestellt werden kann oder wenn dies zur Ergänzung oder Stärkung der häuslichen Pflege erforderlich ist. Die teilstationäre Pflege umfasst auch die notwendige Beförderung des Pflegebedürftigen von der Wohnung zur Einrichtung der Tagespflege oder der Nachtpflege und zurück.

(2) Die Pflegekasse übernimmt im Rahmen der Leistungsbeträge nach Satz 2 die pflegebedingten Aufwendungen der teilstationären Pflege, die Aufwendungen der sozialen Betreuung und die Aufwendungen für die in der Einrichtung notwendigen Leistungen der medizinischen Behandlungspflege. Der Anspruch auf teilstationäre Pflege umfasst je Kalendermonat für Pflegebedürftige der Pflegestufe I einen Gesamtwert bis zu 468 EUR.

(3) Pflegebedürftige können teilstationäre Tages- und Nachtpflege zusätzlich zu ambulanten Pflegesachleistungen, Pflegegeld oder der Kombinationsleistung nach § 38 in Anspruch nehmen, ohne dass eine Anrechnung auf diese Ansprüche erfolgt.

278. Aufgabe

Der pflegebedürftige Heiner Wagner hat Anspruch auf **Leistungen der Pflegestufe I**. Die erforderliche Grundpflege und hauswirtschaftliche Versorgung übernimmt im Wesentlichen eine selbst beschaffte Pflegehilfe. Zusätzlich nimmt er einmal pro Woche die Sachleistung eines ambulanten Pflegedienstes in Anspruch, und zwar zum Verlassen und Wiederaufsuchen seiner Wohnung, was mit Treppensteigen verbunden ist. Der ambulante Pflegedienst stellt dafür im November 20.. eine Rechnung in Höhe von 149,76 EUR aus.

Ermitteln Sie mithilfe der Gesetzesauszüge aus dem SGB XI, wie viel **Pflegegeld** Herr Heiner Wagner im November 20.. noch beanspruchen kann!

279. Aufgabe

Frau Brigitte Schulte nimmt bei häuslicher Pflege eine **Kombination aus Geld- und Sachleistung** der Pflegestufe I in Anspruch. Weil an einigen Tagen im November die häusliche Pflege nicht in ausreichendem Umfang möglich war, nahm sie zusätzlich die Tagespflege in einer anerkannten Einrichtung in Anspruch. Die Abrechnungen für den Monat November 20.. ergaben folgende Beträge:

Der ambulante Pflegedienst berechnet für seine Sachleistung 187,20 EUR. Die Tagespflegeeinrichtung fakturiert für die pflegebedingten Aufwendungen, die soziale Betreuung und die Beförderung insgesamt 325,00 EUR.

Ermitteln Sie den Betrag, der unter diesen Bedingungen als Geldleistung (Pflegegeld) ausgezahlt wird!

280. Aufgabe

Der Bürger kann wirtschaftliche und soziale Existenzrisiken unter gewissen Voraussetzungen mithilfe der gesetzlichen **Sozialversicherung** abdecken.

Stellen Sie fest, welche der folgenden Aussagen zu den Prinzipien der gesetzlichen Sozialversicherung in diesem Zusammenhang zutreffend sind.

Aussagen:

1. Das System der gesetzlichen Sozialversicherung ist eine Gefahrengemeinschaft, die grundsätzlich aufgrund gesetzlichen Zwangs besteht.

2. Grundgedanke der gesetzlichen Sozialversicherung ist das Prinzip der gemeinschaftlichen Vorsorge.

3. Die Beitragshöhe richtet sich im System der gesetzlichen Sozialversicherung ausschließlich nach dem persönlichen Risiko der Versicherten.

4. Der Leistungsumfang wird im System der gesetzlichen Sozialversicherung jeweils individuell für jeden Versicherten vereinbart.

5. Die Absicherung erfolgt im System der gesetzlichen Sozialversicherung nach dem Äquivalenzprinzip, d. h., der Versicherte erhält Leistungen entsprechend der Höhe seiner Beiträge.

6. Das System der gesetzlichen Sozialversicherung beinhaltet die Versicherungszweige Kranken-, Pflege-, Renten-, Arbeitslosen- und Unfallversicherung.

Tragen Sie die Kennziffern von den drei zutreffenden Aussagen in die Lösungskästchen ein!

281. Aufgabe

Die Träger der fünf Säulen der gesetzlichen **Sozialversicherung** nehmen die in ihrem Versicherungszweig anfallenden Aufgaben wahr.

Bei welchen der folgenden Institutionen handelt es sich dabei um Träger der gesetzlichen

1. Krankenversicherung,	**4.** Arbeitslosenversicherung,
2. Pflegeversicherung,	**5.** Unfallversicherung?
3. Rentenversicherung,	

Tragen Sie die Kennziffer vor der jeweils zutreffenden Antwort in das Lösungskästchen ein!

Institutionen:

a) Deutsche Rentenversicherung Bund   ➡ ☐

b) Allgemeine Ortskrankenkasse (AOK)   ➡ ☐

c) Landwirtschaftliche Berufsgenossenschaft   ➡ ☐

d) Bundesagentur für Arbeit   ➡ ☐

e) Deutsche Rentenversicherung Braunschweig-Hannover   ➡ ☐

f) Innungskrankenkasse (IKK)   ➡ ☐

g) Pflegekasse der Barmer GEK   ➡ ☐

282. Aufgabe

Im Rahmen der gesetzlichen **Sozialversicherung** können die Versicherten unterschiedliche Leistungen in Anspruch nehmen.

Stellen Sie fest, welche der folgenden Leistungen in diesem Zusammenhang durch

1. die gesetzliche Krankenversicherung,

2. die gesetzliche Pflegeversicherung,

3. die gesetzliche Rentenversicherung,

4. die gesetzliche Arbeitslosenversicherung,

5. die gesetzliche Unfallversicherung,

6. keine der vorgenannten Sozialversicherungen

abgedeckt werden.

Tragen Sie die Kennziffer vor der jeweils zutreffenden Antwort in das Lösungskästchen ein!

Leistungen:

a) Vorsorgeuntersuchungen.   ➡ ☐

b) Förderung der beruflichen Bildung. ➡ ☐

c) Gewährung eines monatlichen Pflegegeldes. ➡ ☐

d) Zahnärztliche Behandlung. ➡ ☐

e) Zahlung von Altersruhegeld. ➡ ☐

f) Heilbehandlung bei Berufskrankheiten. ➡ ☐

g) Finanzielle Leistungen an Erwerbslose. ➡ ☐

h) Mutterschaftshilfe. ➡ ☐

i) Finanzieller Ersatz bei Einbruchdiebstählen. ➡ ☐

j) Maßnahmen zur Erhaltung und Wiederherstellung der Arbeitskraft. ➡ ☐

k) Heilbehandlung nach Unfällen auf dem Weg zum Arbeitsplatz. ➡ ☐

l) Berufsberatung. ➡ ☐

283. Aufgabe

Die in der gesetzlichen Sozialversicherung versicherten Personen können aus den fünf **Sozial-versicherungszweigen** Leistungen erhalten.

Zweige der Sozialversicherung:

1. Rentenversicherung
2. Arbeitslosenversicherung
3. Krankenversicherung
4. Pflegeversicherung
5. Unfallversicherung

Stellen Sie fest, bei welchen der folgenden Sachverhalte eine Leistung aus den oben genannten Zweigen der Sozialversicherung erfolgt.

Tragen Sie die Kennziffer vor dem jeweils zutreffenden Sozialversicherungszweig in das Lösungskästchen ein!

Sachverhalte:

a) Eine 80-jährige Frau wird durch ihre Enkelin versorgt. Dafür wird ein fester monatlicher Geldbetrag ausgezahlt. ➡ ☐

b) Ein Arbeitnehmer ist an den Folgen eines Arbeitsunfalls verstorben. Seine Ehefrau erhält eine Hinterbliebenenrente. ➡ ☐

c) Mit Erreichen der Altersgrenze erhält ein ehemaliger Angestellter Altersruhegeld. ➡ ☐

d) Nach einem Unfall auf dem Weg in den Urlaubsort muss ein 40-jähriger Mann im Krankenhaus behandelt werden. ➡ ☐

e) Aufgrund einer Erwerbsunfähigkeit erhält ein 50-jähriger Mann monatliche Geld-leistungen. ➡ ☐

f) Nach einem Unfall auf dem Weg in die Berufsschule wird eine 20-jährige Auszu-bildende im Krankenhaus behandelt. ➡ ☐

g) Ein 19-jähriger Abiturient informiert sich bei der Berufsberatung der Bundes-agentur für Arbeit über verschiedene Ausbildungsberufe. ➡ ☐

h) Während seiner dreimonatigen Erwerbslosigkeit erhält ein 30-jähriger Mann Hilfszahlungen. ➡ ☐

3.2 Finanzierung im Gesundheitsbereich

284. Aufgabe

Verschiedene Träger finanzieren gemäß ihren Zuständigkeiten die Leistungen des Gesundheits-systems. Gesundheitlich nicht notwendige Leistungen von Gesundheitseinrichtungen muss der Klient allerdings selbst zahlen. Stellen Sie fest, welcher **Träger der Finanzierung** für die Erbrin-gung von **Gesundheitsleistungen** zuständig ist. Ordnen Sie zu, indem Sie die Kennziffer des jeweils zutreffenden Trägers der Finanzierung in das Lösungskästchen neben den Maßnahmen und Leistungen eintragen! Mehrfachzuordnungen sind möglich.

Träger der Finanzierung:

1. Krankenkasse
2. Pflegekasse
3. Berufsgenossenschaft

4. Kommunale Unfallkasse
5. Selbstzahler

Maßnahmen und Leistungen:

a) Die Berufsschülerin Birte Becker erleidet auf dem Weg zur Berufsschule ohne Fremdeinwirkung eine Verletzung. Die Notfallambulanz des nächsten Kranken-hauses leistet die erforderliche Behandlung. ➡ ☐

b) Herr Förster erhält vorübergehend häusliche Grundpflege und hauswirtschaft-liche Versorgung verordnet, weil nach einem Schlaganfall (Apoplex) kein geeig-neter Rehabilitationsplatz zur Verfügung steht. ➡ ☐

c) Herr Schulte leidet als ausgebildeter Bäcker an einer Berufskrankheit. Er wech-selt zwecks beruflicher Wiedereingliederung in eine Berufsbildungswerkstatt. ➡ ☐

d) Frau Kramer mietet sich direkt am Krankenbett einen Telefonanschluss, da sie ihr Mobiltelefon im Krankenhaus nicht benutzen darf. ➡ ☐

e) Frau Schäfer erhält eine Verletztenrente wegen Minderung der Erwerbsfähigkeit nach einem Arbeitsunfall. ➡ ☐

f) Herr Wagner gehört wegen seiner Demenz zum Personenkreis mit Einschrän-kungen der Alltagskompetenz ohne Pflegestufe. Er benötigt eine bauliche Wohn-raumanpassung, um seine Wohnung sicherer und übersichtlicher zu gestalten. ➡ ☐

285. Aufgabe

Die **Personalkosten** sind der stärkste **Kostenblock der Krankenhäuser.** Davon ist der Pflegedienst der größte Einzelposten.

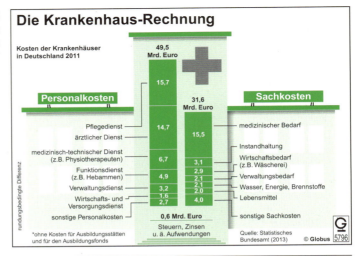

Die Krankenhaus-Rechnung

Kosten der Krankenhäuser in Deutschland 2011

49,5 Mrd. Euro

15,7

Personalkosten

31,6 Mrd. Euro

Sachkosten

Pflegedienst	14,7	medizinischer Bedarf
ärztlicher Dienst	15,5	
medizinisch-technischer Dienst (z.B. Physiotherapeuten)	6,7	Instandhaltung
	3,1	Wirtschaftsbedarf (z.B. Wäscherei)
Funktionsdienst (z.B. Hebammen)	4,9	2,9
	2,1	Verwaltungsbedarf
Verwaltungsdienst	3,2	2,1
	2,0	Wasser, Energie, Brennstoffe
Wirtschafts- und Versorgungsdienst	1,6	Lebensmittel
	2,7	4,0
sonstige Personalkosten		sonstige Sachkosten

rundungsbedingte Differenz

0,6 Mrd. Euro
Steuern, Zinsen
u. ä. Aufwendungen

*ohne Kosten für Ausbildungsstätten und für den Ausbildungsfonds

Quelle: Statistisches Bundesamt (2013) © Globus 5796

a) Berechnen Sie die Gesamtkosten der Krankenhäuser in Deutschland für das Jahr 2011!

➡ ☐☐,☐ Mrd. EUR

b) Berechnen Sie die prozentuale Aufteilung von Personalkosten und Sachkosten an den Gesamtkosten der Krankenhäuser (auf ganze Zahlen runden)!

➡ ☐☐ %
☐☐ %

c) Berechnen Sie den prozentualen Anteil des Pflegedienstes an den Personalkosten (auf ganze Zahlen runden)!

➡ ☐☐ %

286. Aufgabe

Die Königsberg-Klinik gGmbH muss diverse **Gebühren, Beiträge, Abgaben und Steuern** an verschiedene Stellen abführen. Stellen Sie fest, an welche Institutionen die Klinikleitung die verschiedenen Entgelte abführen muss! Ordnen Sie zu, indem Sie die Kennziffer der jeweils zutreffenden Institution in das Lösungskästchen neben den Entgelten eintragen! Mehrfachzuordnungen sind möglich.

Institution:

1. Gesetzliche Krankenkasse
2. Berufsgenossenschaft
3. Finanzamt
4. Kommunalverwaltung
5. Bundesagentur für Arbeit
6. Deutsche Rentenversicherung

Entgelte:

a) Umsatzsteuerzahllast. ➡ ☐

b) Beiträge zur gesetzlichen Unfallversicherung. ➡ ☐

c) Beiträge zur Arbeitslosenversicherung. ➡ ☐

d) Beiträge zur Rentenversicherung. ➡ ☐

287. Aufgabe

Sie arbeiten im Rechnungswesen der Königsberg-Klinik gGmbH. Über die Ersatzbeschaffung eines Langzeit-EKG-Gerätes auf der Station Innere Medizin geht Ihnen die Eingangsrechnung des Klinik-Großhandels Michael Teubner e.K. über 1.838,55 EUR zu. Das Gerät hat eine Nutzungsdauer von 8 Jahren.

Welche **Art der Finanzierung** trifft auf die Beschaffung des Langzeit-EKG-Gerätes zu?

1. Das Langzeit-EKG-Gerät ist mit einer Nutzungsdauer von 8 Jahren ein kurzfristiges Anlagegut. Es fällt daher unter die Einzelförderung, soweit der Investitionsplan des Bundeslandes die Finanzierung vorsieht.

2. Das Langzeit-EKG-Gerät ist wegen seiner geringen Anschaffungskosten von weniger als 3.000,00 EUR ein Gebrauchsgut, das über den Pflegesatz finanziert werden muss.

3. Die Königsberg-Klinik gGmbH ist ein gemeinnütziges Krankenhaus. Daher werden alle Anlagegüter, also auch das Langzeit-EKG-Gerät, vom Bundesland finanziert.

4. Das Langzeit-EKG-Gerät ist mit einer Nutzungsdauer von 8 Jahren ein kurzfristiges Anlagegut. Die Wiederbeschaffung eines kurzfristigen Anlagegutes fällt unter die Pauschalförderung nach § 9 III KHG.

5. Das Langzeit-EKG-Gerät ist wegen seiner langen Nutzungsdauer ein langfristiges Anlagegut. Langfristige Anlagegüter werden immer vom Bundesland finanziert.

Tragen Sie die zutreffende Kennziffer in das Lösungskästchen ein! ➡ ☐

288. Aufgabe

Frau Kathrin Kramer, 21 Jahre, alleinstehend, hat im laufenden Jahr folgende verschreibungspflichtige Leistungen erhalten:

Art der Leistung	Kosten		Zuzahlung ?
a) Arzneimittel A ohne Rabatt	Abgabepreis	7,80 EUR	☐,☐☐ EUR
b) Arzneimittel B ohne Rabatt	Abgabepreis	68,00 EUR	☐,☐☐ EUR
c) Arzneimittel C ohne Rabatt	Abgabepreis	142,00 EUR	☐☐,☐☐ EUR
d) Krankenhausaufenthalt 19.01.–30.01.	DRG-Fallerlös	4.296,30 EUR	☐☐☐,☐☐ EUR
e) Anschlussrehabilitation 02.02.–23.02.	Rechnung	2.352,00 EUR	☐☐☐,☐☐ EUR
f) 6-mal Krankengymnastik im Oktober	Rechnung	117,00 EUR	☐☐,☐☐ EUR

1. Tragen Sie in der Tabellenspalte **„Zuzahlung"** auf S. 189 ein, welche einzelnen Zuzahlungen Frau Kramer zu tragen hat, wenn die Voraussetzungen für eine Zuzahlungsbefreiung **nicht** gegeben sind!

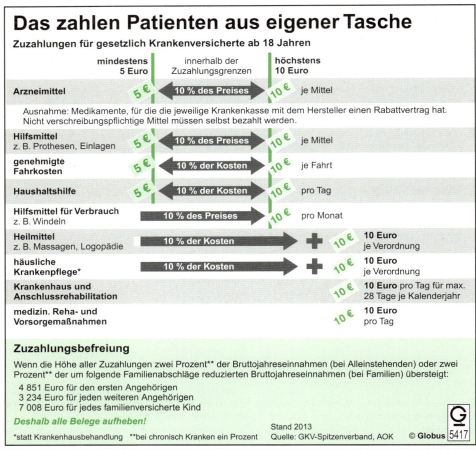

Das zahlen Patienten aus eigener Tasche

Zuzahlungen für gesetzlich Krankenversicherte ab 18 Jahren

	mindestens 5 Euro	innerhalb der Zuzahlungsgrenzen	höchstens 10 Euro	
Arzneimittel	5 €	10 % des Preises	10 €	je Mittel

Ausnahme: Medikamente, für die die jeweilige Krankenkasse mit dem Hersteller einen Rabattvertrag hat. Nicht verschreibungspflichtige Mittel müssen selbst bezahlt werden.

Hilfsmittel z. B. Prothesen, Einlagen	5 €	10 % des Preises	10 €	je Mittel
genehmigte Fahrkosten	5 €	10 % der Kosten	10 €	je Fahrt
Haushaltshilfe	5 €	10 % der Kosten	10 €	pro Tag
Hilfsmittel für Verbrauch z. B. Windeln		10 % des Preises	10 €	pro Monat
Heilmittel z. B. Massagen, Logopädie	10 % der Kosten		+ 10 €	**10 Euro** je Verordnung
häusliche Krankenpflege*	10 % der Kosten		+ 10 €	**10 Euro** je Verordnung
Krankenhaus und Anschlussrehabilitation			10 €	**10 Euro** pro Tag für max. 28 Tage je Kalenderjahr
medizin. Reha- und Vorsorgemaßnahmen			10 €	**10 Euro** pro Tag

Zuzahlungsbefreiung

Wenn die Höhe aller Zuzahlungen zwei Prozent** der Bruttojahreseinnahmen (bei Alleinstehenden) oder zwei Prozent** der um folgende Familienabschläge reduzierten Bruttojahreseinnahmen (bei Familien) übersteigt:

- 4 851 Euro für den ersten Angehörigen
- 3 234 Euro für jeden weiteren Angehörigen
- 7 008 Euro für jedes familienversicherte Kind

Deshalb alle Belege aufheben!

Stand 2013

*statt Krankenhausbehandlung   **bei chronisch Kranken ein Prozent   Quelle: GKV-Spitzenverband, AOK   © Globus 5417

2. Wie hoch wäre die Zuzahlung, wenn Frau Kramer als Auszubildende nur Zuzahlungen bis zur Belastungsgrenze zu tragen hat, weil ihre jährlichen Bruttoeinnahmen zum Lebensunterhalt 11.520,00 EUR betragen?

   Tragen Sie den zutreffenden Betrag in die Lösungskästchen ein!   ➡ ⬚⬚⬚,⬚⬚ EUR

3. Welchen Betrag wird die Krankenkasse Frau Kramer **erstatten,** wenn sie als Auszubildende ein Bruttojahreseinkommen von nur 11.520,00 EUR hat?

   Tragen Sie den zutreffenden Betrag in die Lösungskästchen ein!   ➡ ⬚⬚,⬚⬚ EUR

Situation zur 289. bis 291. Aufgabe

Die Königsberg-Klinik gGmbH in Bad Pyrmont erweitert ihr Fachspektrum mit der Errichtung einer Radiologie, um überörtliche Versorgungsaufgaben wahrzunehmen. Als Mitarbeiter im Rechnungswesen der Klinik informieren Sie sich über die Beschaffung und Finanzierung von Wirtschaftsgütern im Zusammenhang mit dieser **Erweiterungsinvestition**.

289. Aufgabe

Stellen Sie fest, welche Voraussetzungen für eine staatliche Förderung der **Erweiterungsinvestition** vorliegen müssen!

1. Nur Krankenhäuser in kommunaler Trägerschaft erhalten staatliche Fördergelder nach dem Krankenhausfinanzierungsgesetz (KHG).
2. Nur Krankenhäuser mit überörtlichen Versorgungsaufgaben erhalten eine staatliche Förderung.
3. Das Krankenhaus muss ein KTQ-Zertifikat zur Qualitätssicherung als Voraussetzung zur staatlichen Investitionsförderung besitzen.
4. Ein Plankrankenhaus mit Versorgungsauftrag, das im Investitionsprogramm der Landesregierung aufgenommen ist, wird finanziell gefördert.
5. Überörtliche Krankenhausinvestitionen werden über die Pauschalförderung der Landesregierung finanziert.

Tragen Sie die zutreffende Kennziffer in das Lösungskästchen ein!

290. Aufgabe

Die duale Finanzierung der Krankenhäuser nach dem **Krankenhausfinanzierungsgesetz (KHG)** verfolgt bestimmte Grundsätze. Geben Sie an, welche Aussage **nicht** dem Sinne des § 1 KHG entspricht!

1. Die wirtschaftliche Sicherung freigemeinnütziger und privater Krankenhäuser ist keine staatliche Aufgabe, sondern die vornehmliche Pflicht der privaten Krankenhausträger.
2. Zweck des KHG ist die wirtschaftliche Sicherung der Krankenhäuser.
3. Das KHG soll eine bedarfsgerechte Versorgung der Bevölkerung mit leistungsfähigen, eigenverantwortlich wirtschaftenden Krankenhäusern gewährleisten.
4. Das KHG soll zu sozial tragbaren Pflegesätzen beitragen.
5. Bei der Durchführung des KHG ist die Vielfalt der Krankenhausträger zu beachten.

Tragen Sie die zutreffende Kennziffer in das Lösungskästchen ein!

291. Aufgabe

Für die Beschaffung von Wirtschaftsgütern im Zusammenhang mit der Krankenhauserweiterung um eine medizinische Institution Radiologie prüfen Sie als Mitarbeiter im Rechnungswesen der Königsberg-Klinik gGmbH die verschiedenen **Finanzierungsquellen.** Ihnen ist bekannt, dass die Königsberg-Klinik gGmbH im Investitionsprogramm des Landes Niedersachsen berücksichtigt ist. Ordnen Sie zu, indem Sie die Kennziffer der jeweils zutreffenden Finanzierungsquelle in das Lösungskästchen neben der Güterbeschaffung eintragen! Mehrfachzuordnungen sind möglich.

Finanzierungsquellen:

1. Krankenhausträger
2. Einzelförderung

3. Pauschalförderung
4. Krankhausbudget bzw. Pflegesatz

Güterbeschaffung:

a) Grundstückserwerb. ➡ ☐

b) Grundstückserschließung. ➡ ☐

c) Gebäudeinvestition. ➡ ☐

d) Erstbeschaffung eines Magnetresonanztomographen (MRT). ➡ ☐

e) Kühlmittel und Energieverbrauch für den laufenden MRT-Betrieb. ➡ ☐

292. Aufgabe

Geben Sie an, welche zwei Aufwendungen in einem Plankrankenhaus mit Versorgungsauftrag aus der jährlichen **Pauschalförderung** finanziert werden können!

1. Ersatzbeschaffung eines Defibrillators für 1.900,00 EUR.
2. Beschaffung von 5 Hand-Blutdruckmessgeräten für insgesamt 210,00 EUR.
3. Erneuerung einer Flachdach-Abdichtung für 3.860,00 EUR.
4. Ergänzung von Porzellan-Geschirr für die Besucher-Cafeteria, Aufwand 410,00 EUR.
5. Personalaufwand für eine Hygiene-Fachkraft.

Tragen Sie die zutreffenden Kennziffern in die Lösungskästchen ein! ➡ ☐☐

293. Aufgabe

Die Hauptabteilung Innere Medizin hatte im Monat Mai 20.. folgende Behandlungsfälle:

Anzahl	DRG	Bewertungsrelation	Case-Mix
144	F59C		
120	F59D		
60	F60A		
48	F62A		

1. Ermitteln Sie die Bewertungsrelationen der Behandlungsfälle mit dem Auszug des DRG-Fallpauschalen-Katalogs S. 27 (hier abgedruckt auf S. 252 f.) und tragen Sie die Werte in der Tabelle ein!

2. Berechnen Sie unter Verwendung der Tabelle den Case-Mix der Hauptabteilung Innere Medizin!

3. Berechnen Sie in vereinfachter Form das Erlösbudget der Hauptabteilung Innere Medizin bei einem Landesbasisfallwert von 3.300,00 EUR! ➡ ☐.☐☐☐.☐☐☐,☐☐ EUR

Situation zur 294. bis 297. Aufgabe

Zugelassene Pflegeeinrichtungen sind gehalten, ihre Leistungen wirksam und wirtschaftlich zu erbringen (§ 4 SGB XI). Im Mittelpunkt stehen dabei die Personalkosten, die in der Pflege die am stärksten zu Buche schlagenden Kosten sind. Die Personalkosten werden daher so knapp wie irgend möglich und noch vertretbar kalkuliert. Zentrale Messgröße der Personalausstattung von stationären Pflegeeinrichtungen sind die **Personalanhaltszahlen** bzw. die **Personalschlüssel** auf der Rechenbasis von Vollzeitkräften.

In einem Rahmenvertrag für stationäre Pflege zwischen Pflegekassen und Pflegeheimen sind folgende Personalanhaltszahlen/Personalschlüssel für allgemeine Pflegeleistungen sowie für Heimleitung und Verwaltung vereinbart.

Pflegestufe 0	Pflegeschlüssel	1 : 8,0
Pflegestufe I	Pflegeschlüssel	1 : 3,6
Pflegestufe II	Pflegeschlüssel	1 : 2,4
Pflegestufe III	Pflegeschlüssel	1 : 1,8
Heimleitung/Verwaltung	Personalschlüssel	1 : 27,0

Weiterhin ist festgelegt, dass die Anzahl der examinierten Pflegekräfte an der Gesamtzahl der Pflegekräfte mindestens 50 % betragen muss.

13 Wessel u.a. - ISBN 978-3-8120-0626-2

294. Aufgabe

Berechnen Sie den notwendigen **Personalbedarf** bis auf 2 Nachkommastellen bei nachfolgender Verteilung der Heimbewohner auf die Pflegestufen.

Tragen Sie die Ergebnisse in die Lösungskästchen bei den Vollzeitkräften ein!

1. Pflegestufe 0	10 Heimbewohner	Vollzeitkräfte:	➡	☐,☐☐
2. Pflegestufe I	15 Heimbewohner	Vollzeitkräfte:	➡	☐,☐☐
3. Pflegestufe II	30 Heimbewohner	Vollzeitkräfte:	➡	☐☐,☐☐
4. Pflegestufe III	26 Heimbewohner	Vollzeitkräfte:	➡	☐☐,☐☐
5. Heimleitung/Verwaltung		Vollzeitkräfte:	➡	☐,☐☐

295. Aufgabe

Berechnen Sie bis auf 2 Nachkommastellen die Mindestzahl der examinierten Pflegekräfte auf Vollzeitbasis.

Tragen Sie das Ergebnis in die Lösungskästchen ein! ➡ ☐☐,☐☐

296. Aufgabe

Geben Sie an, welche **2** Aussagen zu den **Personalanhaltszahlen/Personalschlüsseln** richtig sind!

1. Bei gleicher Anzahl der Heimbewohner ermöglichen die Personalanhaltszahlen einen kostenrechnerischen Betriebsvergleich von Pflegeeinrichtungen.

2. Die Personalanhaltszahl gibt an, auf wie viele Heimbewohner eine Vollzeitkraft kommt. Dabei werden die Teilzeitkräfte in Vollzeitarbeit umgerechnet.

3. Der besonders gekennzeichnete Personalschlüssel ermöglicht es dem Pflegepersonal, im Notfall sämtliche Räume des Pflegeheims zu betreten.

4. Ändern sich die Pflegestufen von Heimbewohnern, hat das keinen Einfluss auf die Personalanhaltszahlen. Allein die Anzahl der Heimbewohner ist maßgebend.

5. Ein Pflegeschlüssel von 1 : 3,6 besagt, dass 1 Pflegekraft rein rechnerisch für 3,6 Heimbewohner angestellt sein muss.

6. Ein Pflegeschlüssel von 1 : 3,6 besagt, dass 1 Heimbewohner rein rechnerisch von 3,6 Pflegekräften im 24-Stundendienst betreut wird.

Tragen Sie die zutreffenden Kennziffern in die Lösungskästchen ein! ➡ ☐☐

297. Aufgabe

Geben Sie an, wie die **Personalausstattung in Pflegeheimen** mit gesetzlichem Versorgungsvertrag geregelt ist!

1. Die Personalausstattung von stationären Pflegeheimen wird im Wohn- und Betreuungsvertragsgesetz (WBVG) bundeseinheitlich geregelt.

2. In einer Verordnung zu § 4 SGB XI (Art und Umfang der Leistungen) wird die Personalausstattung von stationären Pflegeeinrichtungen bundeseinheitlich geregelt.

3. Die Personalanhaltszahlen sind im § 75 SGB XI (Rahmenverträge, Bundesempfehlungen und -vereinbarungen über die pflegerische Versorgung) gesetzlich geregelt.

4. Die Personalausstattung für stationäre Pflegeeinrichtungen ist gesetzlich nicht geregelt. Sie wird vielmehr in Verträgen gemäß § 75 I SGB XI zwischen den Verbänden der Heimanbieter und den Sozialleistungsträgern je Bundesland vereinbart.

5. Die Personalschlüssel für Pflegeeinrichtungen werden regelmäßig in einer Verordnung des Bundesministeriums für Gesundheit dem erforderlichen Bedarf angepasst.

Tragen Sie die zutreffende Kennziffer in das Lösungskästchen ein!

3.3 Qualitätsmanagement im Gesundheitswesen

298. Aufgabe

Die **Qualitätssicherung** im Gesundheitswesen umfasst gemäß § 137 SGB V ein Qualitätsverständnis in 3 Dimensionen:

Qualitätsdimensionen:

1. Strukturqualität   2. Prozessqualität   3. Ergebnisqualität

Welche der folgenden Aussagen zur Qualitätssicherung geben Aspekte der jeweiligen Qualitätsdimension wieder? Ordnen Sie zu, indem Sie die Kennziffer der Qualitätsdimension in das Lösungskästchen neben der jeweils zutreffenden Aussage zur Qualitätssicherung eintragen! Mehrfachzuordnungen sind möglich.

Aussagen zur Qualitätssicherung:

a) Der Parameter „postoperative Komplikationen" ist ein geeigneter Wert zur Qualitätsmessung.

b) Clinical Pathways (Klinische Behandlungspfade) sind Wege zur Qualitätssicherung.

c) Qualitätszirkel erhöhen die Kompetenz und Motivation der Mitarbeiter.

d) Die räumliche Gliederung im neuen Krankenhaustrakt verkürzt Wege und fördert die Zusammenarbeit.

e) Die Wiederaufnahme eines Patienten wegen derselben Erkrankung innerhalb einer DRG-Prüffrist kann als Qualitätskriterium herangezogen werden.

f) Ungeplante Wartezeiten erschweren den Behandlungserfolg. ➡ ☐

g) Die mangelnde finanzielle Ausstattung der Krankenhäuser mit Landesmitteln verzögert notwendige Investitionen. ➡ ☐

299. Aufgabe

Die folgenden Aussagen zur **Qualitätssicherung** in der perinatalen Medizin[1] beinhalten die 3 Dimensionen der Qualitätssicherung im Gesundheitswesen.

Qualitätsdimensionen:

1. Strukturqualität
2. Prozessqualität
3. Ergebnisqualität

Ordnen Sie zu, indem Sie die Kennziffer der Qualitätsdimension in das Lösungskästchen neben der jeweils zutreffenden Aussage zur Qualitätssicherung eintragen!

Aussagen zur Qualitätssicherung in der perinatologischen Versorgung:

a) Zur Optimierung der perinatologischen Versorgung werden in zugelassenen Krankenhäusern nach SGB V Perinatalzentren eingerichtet und zwar flächendeckend in zumutbarer Erreichbarkeit. ➡ ☐

b) Die ärztliche Leitung eines Perinatalzentrums ist eine Fachärztin bzw. ein Facharzt für Frauenheilkunde und Geburtshilfe mit Schwerpunktbezeichnung „spezielle Geburtshilfe und Perinatalmedizin". ➡ ☐

c) Die Verringerung der Säuglingssterblichkeit und von frühkindlich entstandenen Behinderungen konnten im Berichtszeitraum nachgewiesen werden. ➡ ☐

d) Die Früherkennungsuntersuchungen U1 und U2 werden entsprechend den „Kinder-Richtlinien" des Gemeinsamen Bundesausschusses fachgerecht durchgeführt und dokumentiert. ➡ ☐

e) Ein Baby aus der Neugeborenen-Intensivstation wird nach 28 Tagen zu seinen Eltern entlassen, weil alle Voraussetzungen erreicht wurden wie regelmäßige Atmung und regelmäßiger Herzschlag, selbstständiges Trinken, unauffällige Laborwerte und zufriedenstellende Gewichtszunahme. ➡ ☐

f) Der Entbindungsbereich, der Operationsbereich und die Neugeborenen-Intensivstation befinden sich im selben Gebäude oder in verbundenen Gebäuden. ➡ ☐

300. Aufgabe

Gesundheitseinrichtungen haben die Möglichkeit, ihr Qualitätsmanagement-System und ihren Qualitätssicherungsstandard extern von Zertifizierungsgesellschaften bescheinigen zu lassen. Entscheiden Sie, welche der folgenden **6 Qualitätsmanagementverfahren** speziell für Gesundheitseinrichtungen gelten!

---

1 Die perinatale Medizin befasst sich mit Schwangerschaft und Geburt.

1. DIN EN ISO 9000:2010	**4.** TQM
2. EFQM	**5.** proCumCert
3. KTQ	**6.** Benchmarking

Tragen Sie die zutreffenden Kennziffern in die Lösungskästchen ein! ➡ ☐☐

301. Aufgabe

Die Leistungserbringer im Gesundheitswesen sind gemäß § 135a SGB V zur Qualitätssicherung verpflichtet. Geben Sie an, welche der folgenden **Ziele mit dem Qualitätsmanagement** im Gesundheitswesen vorrangig angestrebt werden!

1. Bessere Ausstattung der OP-Säle mit Medizintechnik.

2. Weiterentwicklung der medizinischen Leistungen auf den jeweiligen Stand der Wissenschaft.

3. Verbesserung der Patientensicherheit durch Risikomanagement- und Fehlermeldesysteme, u. a. patientenorientierte Beschwerdesysteme im Krankenhaus.

4. Anreicherung der medizinisch gebotenen Leistungen mit IGe-Leistungen zwecks Verbesserung der Patientenzufriedenheit.

5. Deutliche Kostensenkung im Pflegebereich, weil Pflegeleistungen im Fallpauschalensystem kaum abgebildet werden.

Tragen Sie die zutreffenden Kennziffern in die Lösungskästchen ein! ➡ ☐☐

302. Aufgabe

Das KTQ-Zertifizierungsverfahren sieht vor, die Qualitätsmanagement-Elemente anhand des PDCA-Zyklus (Plan-Do-Check-Act) abzuarbeiten. Ordnen Sie die **Phasen des PDCA-Zyklus** den entsprechenden QM-Aktivitäten zu, indem Sie die Kennziffer der PDCA-Phase in das Lösungskästchen neben der jeweils zutreffenden QM-Aktivität zum PDCA-Zyklus eintragen!

PDCA-Phase:

1. P (Plan-Phase)	**3.** C (Check-Phase)
2. D (Do-Phase)	**4.** A (Act-Phase)

QM-Aktivitäten zum PDCA-Zyklus:

a) Einrichtung des Qualitätsmanagement-Systems und Umsetzung der Planvorgaben. ➡ ☐

b) Überprüfung von Zielen und Prozessen anhand von geeigneten Parametern bzw. Messgrößen. ➡ ☐

c) Ziele setzen, Abläufe planen, Zuständigkeiten und Verantwortung regeln. ➡ ☐

d) Schlussfolgerungen aus der Check-Phase für revidierte Ziele und Planungen ziehen. ➡ ☐

1 Geschäfts- und Leistungsprozesse in Einrichtungen des Gesundheitswesens

1.1 Geschäfts- und Leistungsprozess

1. Aufgabe

3. | 5.

2. Aufgabe

5.

3. Aufgabe

2.

4. Aufgabe

a) **9.** | b) **9.** | c) **1.** | d) **9.** | e) **1.** | f) **1.** | g) **9.**

Lösungshinweis:

a) Die Willenserklärungen eines beschränkt Geschäftsfähigen sind grundsätzlich **schwebend unwirksam,** es sei denn, er hat bei Abschluss des Rechtsgeschäfts die Einwilligung des gesetzlichen Vertreters oder es handelt sich um ein Rechtsgeschäft, zu dem die Zustimmung des gesetzlichen Vertreters nicht erforderlich ist.

b) Die Rechtsfähigkeit einer natürlichen Person, also eines Menschen, beginnt mit **Vollendung der Geburt** und endet mit dem Tod.

d) Auch Kinder vor Vollendung des 7. Lebensjahres und dauernd geistesgestörte Personen sind rechtsfähig, sie sind aber **geschäftsunfähig.**

g) Da auch die Geschäftsunfähigen rechtsfähig sind, können auch sie Träger von Rechten **und Pflichten** sein.

5. Aufgabe

a) **2.** | b) **1.** | c) **3.** | d) **2.** | e) **4.** | f) **3.**

6. Aufgabe

	A	B
a)	2.	4.
b)	3.	6.
c)	1.	6.
d)	2.	5.
e)	1.	4.
f)	2.	6.

Lösungshinweis:

a) Beschränkte Geschäftsfähigkeit und Unwirksamkeit

b) Geschäftsfähigkeit und Wirksamkeit

c) Geschäftsunfähigkeit und Wirksamkeit (da der 6-jährige Junge lediglich als Bote auftritt)

d) Beschränkte Geschäftsfähigkeit und schwebende Unwirksamkeit

e) Geschäftsunfähigkeit und Unwirksamkeit

f) Beschränkte Geschäftsfähigkeit und Wirksamkeit

7. Aufgabe

a) **3.** | b) **4.** | c) **1.** | d) **1.** | e) **2.** | f) **1.**

Lösungshinweis:

a) Ein Kaufvertrag ist nicht zustande gekommen, weil die Annahmeerklärung inhaltlich vom Antrag abweicht (hier: Bestellmenge).

b) Ein Kaufvertrag ist nicht zustande gekommen, weil die Annahmeerklärung nicht rechtzeitig erfolgt ist. Mündlich (auch fernmündlich) unterbreitete Angebote können nur während des Gesprächs angenommen werden. Geschieht dies nicht, ist das Angebot erloschen.

f) Ein Kaufvertrag ist zustande gekommen. Zwar hat der Versandhändler keine ausdrückliche Willenserklärung abgegeben, jedoch ist in der unverzüglichen Lieferung der bestellten Ware die entsprechende Willensäußerung zu erblicken.

8. Aufgabe

a) **5.** | b) **4.** | c) **1.** | d) **2.** | e) **5.**

9. Aufgabe

a) **4.** | b) **8.** | c) **5.** | d) **2.** | e) **6.** | f) **3.**

10. Aufgabe

a) **5.** | b) **1.** | c) **2.** | d) **6.** | e) **3.** | f) **2.** | g) **4.**

11. Aufgabe

1. 747,50 EUR | **2.** 889,53 EUR | **3.** 17,79 EUR | **4.** 46,41 EUR | **5.** 918,15 EUR

Lösungshinweis:

	Listeneinkaufspreis (netto)	812,50 EUR
−	8 % Rabatt	65,00 EUR
=	Zieleinkaufspreis (netto)	747,50 EUR
+	19 % Umsatzsteuer	142,03 EUR
=	Zieleinkaufspreis (brutto)	889,53 EUR
−	2 % Skonto	17,79 EUR
=	Bareinkaufspreis (brutto)	871,74 EUR
+	Bezugskosten (brutto)	46,41 EUR
=	Bezugs-/Einstandspreis (brutto)	918,15 EUR

Berechnung der Bezugskosten: 5 Stück · 7,80 EUR/Stück · 1,19 = 46,41 EUR.

12. Aufgabe

1. 660,45 EUR | **2.** 8,33 EUR

Lösungshinweis:

Bezugskalkulation		Wittenberg GmbH		Hamm OHG		Jan Hagen KG
Listenpreis (netto)		590,00 EUR		625,00 EUR		560,00 EUR
− Rabatt	5 %	29,50 EUR	12 %	75,00 EUR		0,00 EUR
= Zieleinkaufspreis (netto)		560,50 EUR		550,00 EUR		560,00 EUR
+ Umsatzsteuer	19 %	106,50 EUR	19 %	104,50 EUR	19 %	106,40 EUR
= Zieleinkaufspreis (brutto)		667,00 EUR		654,50 EUR		666,40 EUR
− Skonto	2 %	13,34 EUR		0,00 EUR	3 %	19,99 EUR
= Bareinkaufspreis		653,66 EUR		654,50 EUR		646,41 EUR
+ Bezugskosten (brutto)		12,79 EUR		14,28 EUR		14,04 EUR
= Bezugs-/Einstandspreis		666,45 EUR		668,78 EUR		660,45 EUR

13. Aufgabe

1. 627,53 EUR | **2.** 20.290,29 EUR | **3.** 240,98 EUR | **4.** 248,45 EUR

Lösungshinweis:

Bezugskalkulation		Schreiner KG		Paul Holzer OHG
Listenpreis (netto)		18.700,00 EUR		19.550,00 EUR
− Rabatt	6 %	1.122,00 EUR	8 %	1.564,00 EUR
= Zieleinkaufspreis (netto)		17.578,00 EUR		17.986,00 EUR
+ Umsatzsteuer	19 %	3.339,82 EUR	19 %	3.417,34 EUR
= Zieleinkaufspreis (brutto)		20.917,82 EUR		21.403,34 EUR
− Skonto	3 %	627,53 EUR	2 %	428,07 EUR
= Bareinkaufspreis		20.290,29 EUR		20.975,27 EUR
+ Bezugskosten (brutto)		192,78 EUR		142,80 EUR
= Bezugs-/Einstandspreis Bezugspreis je Stück	: 85 =	20.483,07 EUR 240,98 EUR	: 85 =	21.118,07 EUR 248,45 EUR

14. Aufgabe

1. | **4.**

Lösungshinweis:

1. Mit dem Antrag des Käufers und der Annahme durch den Verkäufer liegen zwei übereinstimmende Willenserklärungen vor.
2. Das freibleibende Angebot des Verkäufers ist kein verbindlicher Antrag. Eine Bestellung des Käufers bedarf daher einer Bestätigung durch den Verkäufer.
3. Die Draufgabe ist eine Verschlechterung der Konditionen für den Käufer. Eine Übereinstimmung der Erklärungen von Käufer und Verkäufer wurde nicht erzielt.
4. Die Bestellung ist ein verbindlicher Antrag des Käufers. Mit der Lieferung nimmt der Verkäufer den Antrag des Käufers auf Abschluss eines Kaufvertrages an.
5. Eine Bestellung muss unter verkehrsüblichen Bedingungen angenommen werden, d. h., dem Verkäufer muss eine angemessene Frist für Kommissionierung und Versand eingeräumt werden, nicht aber für Betriebsferien.

15. Aufgabe

Pos 1: 120 Packsets | **Pos 2**: 12 Packsets | **Pos. 3**: 15 Packsets

Lösungshinweis:

Pos. 1: 1.200 Stück : 10 Stück/Packset = 120 Packsets (Die Dreingabe verändert die Liefermenge nicht).

Pos. 2: 1.200 Stück : 100 Stück/Packset = 12 Packsets.

Pos. 3: 800 Stück : 50 Stück/Packset = 16 Packsets.
Hierbei ist zu beachten, dass wir je 10 Packsets ein zusätzliches Packset als Draufgabe erhalten. Daher reicht eine Bestellmenge von 15 Packsets aus, um 16 Packsets zu erhalten.

16. Aufgabe

Pos 1: 1.620,00 EUR | **Pos 2**: 88,92 EUR | **Pos. 3**: 58,50 EUR

Lösungshinweis:

Pos. 1: Mengenberechnung:
Lieferung 120 Packsets − Dreingabe 12 Packsets = Berechnung 108 Packsets
108 Packsets · 15,00 EUR/Packset = 1.620,00 EUR

Pos. 2:	12 Packsets · 7,80 EUR =	93,60 EUR
−	5 % Rabatt	4,68 EUR
=	Zieleinkaufspreis	88,92 EUR

Pos. 3: 15 Packsets · 3,90 EUR = 58,50 EUR

17. Aufgabe

2.061,17 EUR

Lösungshinweis:

	Pos. 1:	1.620,00 EUR
+	Pos. 2:	88,92 EUR
+	Pos. 3:	58,50 EUR
=	Rechnungsbetrag (netto)	1.767,42 EUR
+	19 % Umsatzsteuer	335,81 EUR
=	Rechnungsbetrag (brutto)	2.103,23 EUR
−	2 % Skonto	42,06 EUR
=	Überweisung	2.061,17 EUR

18. Aufgabe

1. 6604 Ärztliches und pflegerisches Verbrauchsmaterial   an   320 Verbindlichkeiten a. L. u. L.

2. 320 Verbindlichkeiten a. L. u. L.   an   135 Guthaben bei Kreditinstituten (Bank)
                                                                    an   6604 Ärztliches und pflegerisches Verbrauchsmaterial
                                                                            (oder 571 Skonti, Boni, Warenrückvergütungen)

Lösungshinweis:

2. Anschaffungspreisminderungen sind nach § 255 I HGB von den Anschaffungskosten abzusetzen. Werden Skonti separat über Konto 571 gebucht, muss dieses Konto zum Jahresende aufgelöst und die Beträge auf die entsprechenden Sachkonten übertragen werden.

19. Aufgabe

1. a) 475,00 EUR | b) 428,26 EUR | c) 5,32 % | d) 443,86 EUR

2. 13.577,90 EUR | **3.** 6600 an 32

Lösungshinweis:

1. a)

			100 %	Listeneinkaufspreis	475,00 EUR
		−	12 %	Rabatt	57,00 EUR
	100 %	⇒	88 %	Zieleinkaufspreis	418,00 EUR
−	3 %			Skonto	12,54 EUR
=	97 %			Bareinkaufspreis	405,46 EUR

b)

			100 %	Listeneinkaufspreis	475,00 EUR
		−	8 %	Rabatt	38,00 EUR
	100 %	⇒	92 %	Zieleinkaufspreis	437,00 EUR
−	2 %			Skonto	8,74 EUR
=	98 %			Bareinkaufspreis	428,26 EUR

c)
	urspr. Bareinkaufspreis	428,26 EUR
−	neuer Bareinkaufspreis	405,46 EUR
=	Preisminderung	22,80 EUR

$$\text{Prozentsatz} = \frac{\text{Prozentwert} \cdot 100}{\text{Grundwert}} = \frac{22,80 \cdot 100}{428,26} = \underline{5,32\,\%}$$

d)
	Bareinkaufspreis	405,46 EUR
+	Bezugskosten	38,40 EUR
=	Bezugspreis/Einstandspreis	443,86 EUR

2.
	Listeneinkaufspreis	11.875,00 EUR (25 · 475,00 EUR)
−	12 % Rabatt	1.425,00 EUR
=	Zieleinkaufspreis	10.450,00 EUR
+	Bezugskosten	960,00 EUR
=	Bezugspreis/Einstandspreis	11.410,00 EUR
+	19 % Umsatzsteuer	2.167,90 EUR
=	Rechnungsbetrag	13.577,90 EUR

20. Aufgabe

a) **4.** | b) **8.** | c) **1.** | d) **5.** | e) **2.** | f) **6.** | g) **3.** | h) **7.**

21. Aufgabe

a) **1.** | b) **1.** | c) **1.** | d) **9.** | e) **9.** | f) **1.**

Lösungshinweis:

a) Bei Geldschulden handelt es sich um sogenannte Schickschulden.

b) Die entsprechende Beförderungsklausel heißt „unfrei" oder „ab Versandstation" oder „frei Bahnhof hier".

d) Die Kosten der Versandverpackung hat der **Käufer** zu tragen.

e) Liegen keine besonderen Absprachen vor, so kann der Käufer die Warenlieferung **sofort** verlangen.

22. Aufgabe

1. a) 515,80 EUR | b) 162,30 EUR | c) 536,20 EUR | d) 515,80 EUR

2. a) 19,03 EUR | b) 0,00 EUR

Lösungshinweis:

1. a) Die gesetzliche Beförderungsklausel entspricht beim Versendungskauf der Klausel „unfrei".

b) Klausel „frachtfrei"

Entladekosten an der Empfangsstation	60,00 EUR (25 Packstücke · 2,40 EUR/Packstück)
Rollgeld für die Abfuhr	102,30 EUR (62 km · 1,65 EUR/km)
Summe Versandkosten	162,30 EUR

c) Klausel „ab Lager Heidelberg"

Rollgeld für die Anfuhr	20,40 EUR (12 km · 1,70 EUR/km)
Verladekosten an der Versandstation	40,00 EUR
Bahnfracht	313,50 EUR (418 km · 0,75 EUR/km)
Entladekosten an der Empfangsstation	60,00 EUR (25 Packstücke · 2,40 EUR/Packstück)
Rollgeld für die Abfuhr	102,30 EUR (62 km · 1,65 EUR/km)
Summe Versandkosten	536,20 EUR

d) Klausel „unfrei":

Verladekosten an der Versandstation	40,00 EUR
Bahnfracht	313,50 EUR (418 km · 0,75 EUR/km)
Entladekosten an der Empfangsstation	60,00 EUR (25 Packstücke · 2,40 EUR/Packstück)
Rollgeld für die Abfuhr	102,30 EUR (62 km · 1,65 EUR/km)
Summe Versandkosten	515,80 EUR

2. a) Klausel „frei Waggon".

Bahnfracht	313,50 EUR (418 km · 0,75 EUR/km)
Entladekosten an der Empfangsstation	60,00 EUR (25 Packstücke · 2,40 EUR/Packstück)
Rollgeld für die Abfuhr	102,30 EUR (62 km · 1,65 EUR/km)
Summe Versandkosten	475,80 EUR : 25 Packstücke = 19,03 EUR/Packstück

23. Aufgabe

a) **9.** | b) **1.** | c) **9.** | d) **1.** | e) **1.**

Lösungshinweis:

a) Der Verwender muss nur auf die allgemeinen Geschäftsbedingungen hinweisen und die andere Vertragspartei muss in zumutbarer Weise von ihnen Kenntnis nehmen können.

c) Individuelle Vertragsabreden haben Vorrang vor allgemeinen Geschäftsbedingungen.

24. Aufgabe

a) **6.** | b) **5.** | c) **3.** | d) **4.** | e) **2.** | f) **5.** | g) **3.** | h) **5.**

Lösungshinweis:

a) Keine der vorgenannten Arten des Kaufvertrages: Die Mängelrüge kann formfrei geäußert werden, sie ist also auch mündlich gültig, sollte aber aus Beweissicherungsgründen schriftlich abgegeben werden.

25. Aufgabe

a) **1.** | b) **1.** | c) **9.** | d) **1.** | e) **9.** | f) **9.** | g) **9.**

Lösungshinweis:

c) Festgestellte Schäden an der Verpackung sind sofort dem Transporteur mitzuteilen und von diesem in schriftlicher Form zu bestätigen.

e) Die gelieferten Waren müssen nicht sofort, sondern unverzüglich, d.h. ohne schuldhaftes Zögern, auf Mängel hin untersucht werden.

f) Die Warenprüfung wird vor der Einlagerung der Waren vorgenommen.

g) Bei großen Warenmengen sind zumindest Stichproben zu überprüfen.

26. Aufgabe

a) **4.** | b) **2.** | c) **6.** | d) **1.** | e) **5.** | f) **3.** | g) **7.**

Lösungshinweis:

1. Überwachung des Liefertermins
2. Annahme der Packstücke und Prüfung der Verpackung auf sichtbare Schäden
3. Prüfen der eingegangenen Ware
4. Einlagerung der einwandfreien Waren
5. Einbuchen der eingegangenen Ware in der Lagerbuchführung
6. Prüfung der Eingangsrechnung auf sachliche und rechnerische Richtigkeit
7. Begleichung der Eingangsrechnung

27. Aufgabe

a) **1.** | b) **9.** | c) **1.** | d) **1.** | e) **9.** | f) **9.** | g) **1.** | h) **1.**

Lösungshinweis:

b) Der Gläubiger kann beim **Zahlungsverzug** Verzugszinsen in der angegebenen Höhe verlangen.

e) Der **Lieferer** kann beim **Annahmeverzug** unter bestimmten Voraussetzungen einen Selbsthilfeverkauf durchführen.

f) Ein Schadenersatz kann nur geltend gemacht werden, wenn der Lieferer die mangelhafte Lieferung zu vertreten hat.

28. Aufgabe

a) **1.** | b) **1.** | c) **9.** | d) **1.** | e) **9.** | f) **9.**

Lösungshinweis:

c) Falsch   Die Nacherfüllung ist ein Recht, dass man bei mangelhafter Lieferung in Anspruch nehmen kann.

e) Falsch   Ist ein Schuldner im Zahlungsverzug, so kann eine Zahlungsklage sofort erhoben werden, ohne vorab das gerichtliche Mahnverfahren zu durchlaufen.

f) Falsch   Die Königsberg-Klinik gGmbH muss dem Lieferer vorrangig die Möglichkeit der Nacherfüllung geben (Nachbesserung oder Neulieferung), bevor eine Minderung des Kaufpreises gefordert werden kann.

1.2 Materialwirtschaft

29. Aufgabe

a) **9.** | b) **1.** | c) **3.** | d) **2.** | e) **2.** | f) **9.**

Lösungshinweis:

a) optimale Bestellmenge

f) durchschnittlicher Lagerbestand

30. Aufgabe

2.

31. Aufgabe

1. 15 Kanister | **2.** 4 Bestellungen

Anzahl der Bestellungen	Bestellmenge je Bestellung	Lagerkosten in EUR	Bestellkosten in EUR	Summe aus Bestell- und Lagerkosten in EUR
1	60	672,00	35,00	707,00
2	30	336,00	70,00	406,00
3	20	224,00	105,00	329,00
4 (2.)	15 (1.)	168,00	140,00	308,00
5	12	134,40	175,00	309,40

32. Aufgabe

1. 165 Stück | **2.** 450 Stück | **3.** 24 Tage | **4.** 18 %

Lösungshinweis:

1. Meldebestand = Mindestbestand + Beschaffungszeit $\cdot$ Tagesverbrauch
   165 = 90 + 5 $\cdot$ 15

2. Höchstbestand = Mindestbestand + optimale Bestellmenge
   450 = 90 + 360

3. Die Melde-/Bestellzeitpunkte liegen so lange auseinander, wie es dauert, bis die Bestellmenge durch die entsprechenden Tagesverbräuche aufgezehrt ist. Da hier die Bestellmenge 360 Stück beträgt, von denen täglich 15 Stück verbraucht werden, beträgt der gesuchte Zeitraum genau 24 Tage.

4. Ermittlung des neuen Meldebestandes

   Meldebestand = Mindestbestand + Beschaffungszeit $\cdot$ Tagesverbrauch
   195 = 90 + 7 $\cdot$ 15

   $\Rightarrow$ Anstieg: 30 Stück

   165 Feuchtwaschhauben = 100 %
   30 Feuchtwaschhauben = x %

   $x = \dfrac{100 \cdot 30}{165} = 18,18\,\%$

33. Aufgabe

1. 2.250 Paar | **2.** 5.250 Paar | **3.** 16 Tage

Lösungshinweis:

1. Mindestbestand = Tagesbedarf · Reichweite
      1.250 = 250 · 5

Meldebestand = Mindestbestand + Beschaffungszeit · Tagesbedarf
      2.250 = 1.250 + 4 · 250

2. Höchstbestand = Mindestbestand + optimale Bestellmenge
      5.250 = 1.250 + 4.000

3. Die Bestellzeitpunkte liegen so lange auseinander, wie es dauert, bis die Bestellmenge durch die entsprechenden Tagesverbräuche aufgezehrt ist. Da hier die Bestellmenge 4.000 Paar beträgt, von denen täglich 250 Paar verbraucht werden, beträgt der gesuchte Zeitraum genau 16 Tage.

34. Aufgabe

1. 31.410,00 EUR | **2.** 19,23 %

Lösungshinweis:

2. Durchschnittswert   31.410,00 EUR = 100 %
Mehrverbrauch Station Chirurgie   6.040,00 EUR = x %

$$x = \frac{6.040,00 \cdot 100}{31.410,00} = 19,23\%$$

35. Aufgabe

1. 779,00 EUR | **2.** 2.477,00 EUR

Lösungshinweis:

1.	1. Quartal	2.192,00 EUR
+	2. Quartal	2.192,00 EUR
+	3. Quartal	2.192,00 EUR
+	4. Quartal	2.192,00 EUR
+	Nachzahlung	580,00 EUR
=	Gesamtheizkosten des Jahres	9.348,00 EUR : 12 Monate = 779,00 EUR je Monat

2.	Gesamtheizkosten des vergangenen Jahres	9.348,00 EUR
+	6 % Kostensteigerung	560,88 EUR
=	Gesamtheizkosten im neuen Geschäftsjahr	9.908,88 EUR : 4 = 2.477,22 EUR Vorauszahlung

36. Aufgabe

1. 3.976,00 EUR | **2.** 5.964,00 EUR | **3.** 4.260,00 EUR

Lösungshinweis:

Werbemaßnahmen	Bruchteile	Anteile	EUR	Rechenschritte	Schrittfolge
1. Honorar	$^1/_5 = {}^{14}/_{70}$	14	3.976,00	14 Anteile · 284,00 EUR	2. Schritt
Animation	$^2/_7 = {}^{20}/_{70}$	20	5.680,00	20 Anteile · 284,00 EUR	
2. Medien	$^3/_{10} = {}^{21}/_{70}$	21	5.964,00	21 Anteile · 284,00 EUR	3. Schritt
3. Preisausschreiben	Rest $= {}^{15}/_{70}$	15	4.260,00	15 Anteile · 284,00 EUR	4. Schritt
		70	19.880,00	: 70 = 284,00 EUR/Anteil	1. Schritt

37. Aufgabe

4.

38. Aufgabe

1. | **4.**

1.3 Betriebliches Rechnungswesen

39. Aufgabe

5.

40. Aufgabe

a) **2.** | b) **3.** | c) **1.** | d) **4.** | e) **1.** | f) **2.**

41. Aufgabe

a) **3.** | b) **1.** | c) **2.** | d) **4.** | e) **3.** | f) **1.**

42. Aufgabe

a) **1.** | b) **9.** | c) **9.** | d) **1.** | e) **9.** | f) **9.** | g) **1.**

Lösungshinweis:

a) Die Zahlen dienen z. B. auch den Steuerbehörden, Banken, Gläubigern, Mitarbeitern sowie der interessierten Öffentlichkeit.

b) Die Seniorenresidenz Rosenhof KG als Kaufmann unterliegt der Buchführungspflicht. Auch die Ausgestaltung der Buchführung ist weitgehend gesetzlich geregelt.

c) Die Aufzeichnung hat sowohl nach zeitlichen als auch nach sachlichen Gesichtspunkten zu erfolgen.

d) Es handelt sich dabei um die Bilanz.

e) Die neutralen Aufwendungen und Erträge werden über die Abgrenzungsrechnung aus der Kosten- und Leistungsrechnung ferngehalten.

f) Es handelt sich um ein positives Gesamtergebnis, der Begriff „Betriebsergebnis" gehört in die Kosten- und Leistungsrechnung.

g) Die Buchführung dient insofern als Beweismittel.

43. Aufgabe

3. | **6.**

44. Aufgabe

5.

45. Aufgabe

a) **2.** | b) **4.** | c) **3.** | d) **1.** | e) **1.** | f) **4.** | g) **2.** | h) **3.**

Lösungshinweis:

b) Die zeitnahe Inventur wird in einem Zeitraum von 10 Tagen vor bzw. 10 Tagen nach dem Abschlussstichtag durchgeführt.

f) In jedem Fall ist einmal im Jahr eine körperliche Inventur vorzunehmen.

g) Bei der verlegten Inventur müssen die Arbeiten spätestens zwei Monate nach dem Abschlussstichtag abgeschlossen sein.

46. Aufgabe

a) **1.** | b) **9.** | c) **1.** | d) **1.** | e) **1.** | f) **9.**

Lösungshinweis:

a)   Für die Buchführung und das Inventar gelten die §§ 238 bis 241 HGB, §§ 140 und 141 AO (siehe § 3 PBV, § 3 KHBV).

b/f)   Der Grundsatz lautet, dass die Inventur nicht am Ende des Geschäftsjahres erfolgen muss. Ausnahmen bzw. Vereinfachungen sind unter bestimmten Voraussetzungen möglich.

47. Aufgabe

a) **1.** | b) **2.** | c) **2.** | d) **1.** | e) **1.**

48. Aufgabe

2.

49. Aufgabe

a) **11.** | b) **19.** | c) **18.** | d) **12.** | e) **14.** | f) **16.** | g) **20.** | h) **15.** | i) **17.** | j) **13.**

50. Aufgabe

a) **1.** | b) **9.** | c) **1.** | d) **9.** | e) **1.** | f) **1.** | g) **1.**

Lösungshinweis:

a) Die Verpflichtung besteht aufgrund von § 240 HGB (vgl. § 3 PBV, § 3 KHBV).

b) Das Inventar wird im Normalfall nicht unterzeichnet.

c) Dies ist in den §§ 239 HGB, 147 II AO geregelt (vgl. § 3 PBV, § 3 KHBV).

d) Das Inventar besteht aus drei Teilen: dem Vermögen, den Schulden und dem Eigenkapital.

e) Die Aufbewahrungsfrist ergibt sich aus den §§ 257 HGB, 147 III AO (vgl. § 6 PBV, § 6 KHBV).

51. Aufgabe

2. | **5.**

52. Aufgabe

1. | **4.**

53. Aufgabe

a) **1.** | b) **2.** | c) **1.** | d) **3.** | e) **3.**

Lösungshinweis:

a) 04 Grundstücke ohne Bauten   an 135 Guthaben bei Kreditinstituten (Bank)

b) 280 Steuerrückstellungen   an 545 Erträge aus der Auflösung von anderen Rückstellungen

c) 131 Kasse   an 135 Guthaben bei Kreditinstituten (Bank)

d) 374 Andere sonstige Verbindlichkeiten   an 135 Guthaben bei Kreditinstituten (Bank)

e) 0701 Fuhrpark   an 32 Verbindlichkeiten a. L. u. L.

54. Aufgabe

3. | 5. | 6.

Lösungshinweis:

Aktiva	Strukturbilanz		Passiva
Wie wurde das Kapital verwendet?		**Wer** hat das Kapital aufgebracht?	
I. Anlagevermögen	1.200.000,00 EUR	**I. Eigenkapital**	1.070.000,00 EUR
II. Umlaufvermögen	500.000,00 EUR	**II. Verbindlichkeiten**	630.000,00 EUR
Vermögen	1.700.000,00 EUR	**Kapital**	1.700.000,00 EUR
↑		↑	
Verwendung finanzieller Mittel (Investierung)		**Beschaffung** finanzieller Mittel (Finanzierung)	

55. Aufgabe

2. | 6.

56. Aufgabe

1. | 5.

57. Aufgabe

a) **4.** | b) **1.** | c) **3.** | d) **2.**

58. Aufgabe

2.

59. Aufgabe

3.

60. Aufgabe

4.

61. Aufgabe

1. 857 GuV | **2.** 8580 SBK | **3.** 3776 USt oder 8580 SBK | **4.** 857 GuV | **5.** 8580 SBK

Lösungshinweis:

3. Der Abschluss des Vorsteuerkontos wird i. d. R. über das Konto Umsatzsteuer vorgenommen, wenn der Saldo auf dem Konto Vorsteuer kleiner als auf dem Konto Umsatzsteuer ist. In Ausnahmefällen wird der Abschluss des Vorsteuerkontos über SBK vorgenommen, wenn der Saldo auf dem Konto Vorsteuer größer als auf dem Konto Umsatzsteuer ist.

14 Wessel u.a. - ISBN 978-3-8120-0626-2

62. Aufgabe

1.	3742 Verbindlichkeiten geg. Finanzbehörden	an	8580 Schlussbilanzkonto
2.	3776 Umsatzsteuer	an	1676 Abziehbare Vorsteuer
3.	8580 Schlussbilanzkonto	an	1676 Abziehbare Vorsteuer
4.	8580 Schlussbilanzkonto	an	101 Vorräte des medizinischen Bedarfs
5.	8580 Schlussbilanzkonto	an	135 Guthaben bei Kreditinstituten (Bank)
6.	171 Aktive Rechnungsabgrenzung	an	7820 Mieten, Pachten, Lizenzen

63. Aufgabe

4.

64. Aufgabe

6.

65. Aufgabe

5.

66. Aufgabe

a) **3.** | b) **4.** | c) **1.** | d) **2.**

67. Aufgabe

62,94 %

68. Aufgabe

70,59 %

69. Aufgabe

3,8 %

70. Aufgabe

a) **7** | b) **1** | c) **0** | d) **0** | e) **7** | f) **1**

Lösungshinweis:

a) 730 Steuern

b) 1631 Lohn- und Gehaltsvorschüsse

c) 010 Bebaute Grundstücke

d) 070 Einrichtungen u. Ausstattungen

e) 761 Abschreibungen auf Sachanlagen

f) 1676 Abz. Vorsteuer

71. Aufgabe

a) **1.** | b) **2.** | c) **1.** | d) **3.** | e) **3.** | f) **2.**

Lösungshinweis:

a) 0701 Fuhrpark

b) 3776 Umsatzsteuer

c) 010 Bebaute Grundstücke

d) 730 Steuern

e) 730 Steuern

f) 3742 Verb. geg. Finanzbehörden

72. Aufgabe

a) **1.** | b) **1.** | c) **1.** | d) **2.** | e) **2.** | f) **4.** | g) **4.**

73. Aufgabe

2.

Lösungshinweis:

Erfassung des Verbrauchs nach dem bestandsrechnerischen Verfahren mittels Entnahmeschein (Skontrationsmethode).

74. Aufgabe

1. 070 Einrichtungen und Ausstattungen   an 131 Kasse

2. 320 Verbindlichkeiten a. L. u. L.   an 135 Guthaben bei Kreditinstituten (Bank)

3. 135 Guthaben bei Kreditinstituten (Bank)   an 51 Sonstige Zinsen

4. 135 Guthaben bei Kreditinstituten (Bank)   an 570 Erträge aus Vermietung und Verpachtung
   an 3776 Umsatzsteuer

5. 135 Guthaben bei Kreditinstituten (Bank)   an 34 Verbindlichkeiten gegenüber Kreditinstituten

6. 1631 Lohn- und Gehaltsvorschüsse   an 131 Kasse

7. 732 Versicherungen
   730 Steuern   an 135 Bank

75. Aufgabe

1. 070 + 1676 an 32 | **2.** 23.139,55 EUR | **3.** 105,45 EUR | **4.** 32 an 135
   an 070
   an 1676

Lösungshinweis:

Die Klinik verfolgt mit der Anschaffung von Warenautomaten ein rein wirtschaftliches Interesse für zusätzliche Einnahmen. Die Erlöse aus dem Warenautomatengeschäft gehören damit zu den steuerpflichtigen Umsätzen im Krankenhaus. Aufwendungen für diesen Geschäftsbereich sind im Gegenzug zum Vorsteuerabzug berechtigt.

1.	070 Einrichtungen und Ausstattungen	20.000,00 EUR
	1676 Abziehbare Vorsteuer	3.800,00 EUR
	an 32 Verbindlichkeiten a. L. u. L.	23.800,00 EUR
2.	Nettobetrag der Warenautomaten	18.500,00 EUR
	− 3 % Skonto	555,00 EUR
	= Zwischensumme	17.945,00 EUR
	+ Transportkosten (ohne Skonto)	1.500,00 EUR
	= Zwischensumme	19.445,00 EUR
	+ Vorsteuer	3.694,55 EUR
	= Überweisungsbetrag	23.139,55 EUR

3. Vorsteuer lt. Rechnung   3.800,00 EUR
   − tatsächliche Vorsteuer   3.694,55 EUR
   = Vorsteuerkorrektur   105,45 EUR

4. 32 Verbindlichkeiten a. L. u. L.   23.800,00 EUR
    an 135 Guthaben bei Kreditinstituten   23.139,55 EUR
    an 070 Einrichtungen und Ausstattungen   555,00 EUR
    an 1676 Abziehbare Vorsteuer   105,45 EUR

76. Aufgabe

1. an **4.**

Lösungshinweis:

Das EKG-Gerät mit einem Wert über 150,00 EUR ohne USt hat eine Nutzungsdauer von mehr als 3 Jahren. Es zählt daher zu den kurzfristigen Anlagegütern, deren Wiederbeschaffung über die Pauschalförderung finanziert wird. Eine Kontierung als Gebrauchsgut (076) scheidet aus, weil Gebrauchsgüter definitionsgemäß eine durchschnittliche Nutzungsdauer bis zu 3 Jahren haben.

77. Aufgabe

1.801,78 EUR

Lösungshinweis:

    Rechnungsbetrag   1.838,55 EUR
− 2 % Skonto   36,77 EUR
= Überweisung   1.801,78 EUR

78. Aufgabe

4. an **3.**
    an **1.**

Lösungshinweis:

Die Verbindlichkeit wird durch die Bezahlung der Rechnung aufgelöst. Allerdings fehlt auf der Habenseite ein Betrag in Höhe der Skontoziehung. Die Skontoziehung vermindert den Wert des Anlagegutes. Zum Ausgleich erfolgt eine Habenbuchung auf dem Anlagekonto.

79. Aufgabe

131,38 EUR

Lösungshinweis:

Die Abschreibung ist eine Wertminderung von den Anschaffungskosten in Höhe von 1.801,78 EUR. Die Nutzungsdauer des EKG-Gerätes beträgt 8 Jahre bzw. 96 Monate bei monatsgenauer Berechnung. Bei einer Anschaffung im Juni ergibt sich eine Nutzungsdauer von 7 Monaten im Anschaffungsjahr. Der Monat der Anschaffung zählt mit.

$$\frac{\text{Anschaffungskosten 1.801,78 EUR}}{96 \text{ Monate}} \cdot 7 \text{ Monate} = 131,38 \text{ EUR}$$

80. Aufgabe

8. an **1.**

81. Aufgabe

1.670,40 EUR

Lösungshinweis:

	1.801,78 EUR Anschaffungskosten
−	131,38 EUR zeitanteilige Abschreibung
=	1.670,40 EUR Buchwert am 31.12.

82. Aufgabe

5.

Lösungshinweis:

Die Abschreibung ist ein Aufwand, der den Erfolg auf dem GuV-Konto mindert.

83. Aufgabe

a) **1.** | b) **9.** | c) **9.** | d) **1.** | e) **9.** | f) **1.**

Lösungshinweis:

b) Aufwendungen werden im Soll, Erträge im Haben gebucht, es sei denn, es handelt sich um Korrektur-buchungen.

c) Aufwands- und Ertragskonten fasst man unter dem Oberbegriff Erfolgskonten zusammen.

e) Jahreserfolg ist ein neutraler Begriff und kann insofern sowohl einen Gewinn als auch einen Verlust umfassen.

84. Aufgabe

a) **1.** | b) **1.** | c) **9.** | d) **1.** | e) **9.** | f) **1.**

Lösungshinweis:

a) Die GoB sind vielfach aus der Praxis abgeleitet und nicht gesetzlich verankert, so z.B. die allgemein anerkannte Auffassung, dass ab einer bestimmten Unternehmensgröße die Buchführung als sog. „doppelte Buchführung" organisiert sein soll.

c) Es ist nicht erforderlich, das Grundbuch als konventionelles Buch aufzubewahren.

d) Diese Verpflichtung ergibt sich aus § 238 I 2 HGB.

e) Ist ein Original-Fremdbeleg verloren gegangen und ein Ersatzbeleg nicht beschaffbar, so kann der Unternehmer einen solchen Beleg als Notbeleg selbst erstellen, eine Buchung muss selbstverständlich erfolgen.

85. Aufgabe

a) **1.** | b) **3.** | c) **5.** | d) **2.** | e) **4.** | f) **6.**

86. Aufgabe

a) **2.** | b) **3.** | c) **4.** | d) **3.** | e) **6.**

87. Aufgabe

1. 31.12.2018 | **2.** 31.12.2019

Lösungshinweis:

Die regelmäßige Verjährungsfrist beträgt drei Jahre (§ 195 BGB). Sie beginnt mit dem Schluss des Kalenderjahres, in dem der Anspruch entstanden ist und endet folglich drei Jahre später mit dem Schluss des Kalenderjahres (§ 199 BGB).

88. Aufgabe

3. | **4.**

Lösungshinweis:

1. Falsch   Der Gläubiger kann unmittelbar das gerichtliche Mahnverfahren in Gang setzen.
2. Falsch   Jedes Unternehmen kann das außergerichtliche Mahnverfahren ohne zwingende Vorschriften nach eigenen Vorstellungen organisieren.
5. Falsch   Der Gläubiger kann in diesem Fall den Vollstreckungsbescheid beantragen.

89. Aufgabe

1. 45 Tage | **2.** 59,50 EUR | **3.** 9.579,50 EUR | **4.** 135 an 121
                                                                         an 51

Lösungshinweis:

2. Verzugszinsen: $\dfrac{9.520,00 \cdot 5 \cdot 45}{100 \cdot 360}$ = 59,50 EUR

4. 135 Guthaben bei Kreditinstituten an 121 Forderungen an Selbstzahler
                                             an 51 Sonstige Zinsen

90. Aufgabe

1. 129 Zweifelhafte Forderungen an 121 Forderungen an Selbstzahler

2. 135 Guthaben bei Kreditinstituten
    763 Abschreibungen auf Forderungen an 129 Zweifelhafte Forderungen

3. 10.353,00 EUR = 100 %
    1.552,95 EUR =   x %

   $x = \dfrac{100 \cdot 1.552,95}{10.353,00}$ = 15 %

4. 8.800,05 EUR

5. 135 Guthaben bei Kreditinstituten an   591 Periodenfremde Erträge

91. Aufgabe

a) **4.** | b) **6.** | c) **2.** | d) **5.** | e) **7.** | f) **3.** | g) **1.**

Lösungshinweis:

Das gerichtliche Mahnverfahren läuft wie folgt ab:

1. Die Königsberg-Klinik gGmbH beantragt den Erlass des Mahnbescheids.
2. Das zuständige Gericht erlässt den Mahnbescheid und stellt ihn dem Schuldner zu.
3. Der Schuldner zahlt nicht und erhebt keinen Widerspruch.
4. Das zuständige Gericht erlässt auf Antrag der Königsberg-Klinik gGmbH den Vollstreckungsbescheid und stellt ihn dem Schuldner zu.
5. Der Schuldner zahlt nicht und erhebt keinen Einspruch.
6. Die Königsberg-Klinik gGmbH lässt in das Vermögen des Schuldners vollstrecken.
7. Das Pfandobjekt wird verwertet und der Anspruch der Königsberg-Klinik gGmbH mit dem Verwertungserlös befriedigt.

92. Aufgabe

a) **9.** | b) **1.** | c) **9.** | d) **1.** | e) **1.** | f) **1.** | g) **1.** | h) **9.**

Lösungshinweis:

a) Falsch, weil beide Vorgänge umsatzsteuerpflichtig sind.

c) Falsch, weil die Umsatzsteuer-Voranmeldung bis zum 10. des Folgemonats eingereicht werden muss.

h) Falsch, weil das Konto 3776 Umsatzsteuer als passives Bestandskonto über 8580 Schlussbilanzkonto abgeschlossen wird.

93. Aufgabe

a) **1.** | b) **9.** | c) **9.** | d) **1.** | e) **9.** | f) **1.** | g) **1.**

Lösungshinweis:

b) Die Umsatzsteuer ist keine Aufwandssteuer, sondern ein durchlaufender Posten; die gezahlte Vorsteuer wird daher nicht in die Verkaufskalkulation einbezogen.

c) Die Grenze für Kleinbetragsrechnungen liegt bei 150,00 EUR.

e) Das Konto Vorsteuer ist ein aktives Bestandskonto, weil es Forderungen an das Finanzamt beinhaltet.

94. Aufgabe

1. 8.720,00 EUR
2. 3776 Umsatzsteuer   an 8580 Schlussbilanzkonto
3. 8500 Eröffnungsbilanzkonto   an 3776 Umsatzsteuer
4. 3776 Umsatzsteuer   an 135 Guthaben bei Kreditinstituten

Lösungshinweis:

S	Vorsteuer		H
890,00			350,00
3.200,00	USt		14.560,00
9.320,00			
1.500,00			
14.910,00			**14.910,00**

S		Umsatzsteuer	H
		3.680,00	4.600,00
VSt	14.560,00		935,00
SBK	8.720,00		12.650,00
			8.775,00
	26.960,00		**26.960,00**

95. Aufgabe

1. 2.983,00 EUR
2. 8580 Schlussbilanzkonto   an 1676 Abziehbare Vorsteuer
3. 1676 Abziehbare Vorsteuer   an 8500 Eröffnungsbilanzkonto
4. 135 Guthaben bei Kreditinstituten an 1676 Abziehbare Vorsteuer

Lösungshinweis:

S	Vorsteuer		H
3.620,00			170,00
1.200,00	USt		24.579,00
14.600,00	SBK		2.983,00
8.312,00			
27.732,00			**27.732,00**

S		Umsatzsteuer	H
		4.6000,00	12.800,00
VSt	24.579,00		11.509,00
			4.510,00
			360,00
	29.179,00		**29.179,00**

1.4 Kosten- und Leistungsrechnung

96. Aufgabe

a) **1.** | b) **1.** | c) **2.** | d) **2.** | e) **1.** | f) **2.**

97. Aufgabe

2.

98. Aufgabe

2.

99. Aufgabe

2. | **5.**

100. Aufgabe

2. | **4.**

101. Aufgabe

a) **2.** | b) **3.** | c) **1.** | d) **4.** | e) **2.**

102. Aufgabe

a) **3.** | b) **2.** | c) **1.** | d) **4.** | e) **2.**

103. Aufgabe

a) **3.** | b) **3.** | c) **2.** | d) **4.** | e) **1.** | f) **4.** | g) **1.** | h) **2.**

104. Aufgabe

1.	4 % von 3.000.000,00 EUR	120.000,00 EUR
2.	15 % von 950.000,00 EUR	142.500,00 EUR
3.	10 % von 4.200.000,00 EUR	420.000,00 EUR
		682.500,00 EUR

105. Aufgabe

a) 2.250 TEUR | b) 1.375 TEUR | c) 875 TEUR | d) 1,039

Lösungshinweis:

Vorgang	Aufwendungen gesamt in TEUR	Erträge gesamt in TEUR	neutrale Aufwendungen in TEUR	neutrale Erträge in TEUR	Kosten in TEUR	Leistungen in TEUR
vorläufig	18.500	20.500	1.500	1.000	17.000	19.500
1.	12.500				12.500	
2.	5.625				5.625	
3.	375		375			
4.	1.000		1.000			
5.		17.000				17.000
6.		1.250		1.250		
7.		1.000		1.000		
8.		500		500		
Summe	38.000	40.250	2.875	3.750	35.125	36.500
	2.250		875		1.375	

106. Aufgabe

a) **1.** | b) **9.** | c) **1.** | d) **9.** | e) **1.** | f) **1.**

Lösungshinweis:

b) Die Kosten- und Leistungsrechnung richtet sich weitestgehend an interne Adressaten, u. a. an die Geschäftsleitung.

d) Die Kostenrechnung vollzieht sich in drei Teilbereichen, nämlich in der Kostenartenrechnung, Kostenstellenrechnung und Kostenträgerrechnung.

107. Aufgabe

1. | **5.** | **6.**

108. Aufgabe

1. | **3.** | **4.**

109. Aufgabe

3.

110. Aufgabe

a) **2.** | b) **2.** | c) **2.** | d) **2.** | e) **1.**

111. Aufgabe

2. | **4.**

112. Aufgabe

1. | **3.**

113. Aufgabe

2. | **4.**

114. Aufgabe

3. | **5.**

115. Aufgabe

a) **2.** | b) **6.** | c) **4.** | d) **3.** | e) **1.** | f) **5.**

116. Aufgabe

2.

117. Aufgabe

4.

118. Aufgabe

1.

119. Aufgabe

2.

120. Aufgabe

4.

121. Aufgabe

6.

122. Aufgabe

504.000,00 EUR : 1.200 Stück = 420,00 EUR pro Stück

123. Aufgabe

90,00 EUR

Lösungshinweis:

504.000,00 EUR · 1.200 Stück = 420,00 EUR variable Kosten pro Stück
480.000,00 EUR · 1.200 Stück = 400,00 EUR fixe Kosten pro Stück
Summe   820,00 EUR Kosten pro Stück

Erlös pro Stück	910,00 EUR
Kosten pro Stück	820,00 EUR
Gewinn pro Stück	90,00 EUR

124. Aufgabe

16,00 EUR

Lösungshinweis:

Vorjahr   480.000,00 EUR : 1.200 Stück = 400,00 EUR pro Stück
Folgejahr   480.000,00 EUR : 1.250 Stück = 384,00 EUR pro Stück

125. Aufgabe

4,5 %

Lösungshinweis:

12.600.000,00 EUR − 100,0 %
13.176.000,00 EUR −   x %

$$x = \frac{13.176.000,00 \text{ EUR} \cdot 100}{12.600.000,00 \text{ EUR}} = 104,5\%$$

126. Aufgabe

8.959.680,00 EUR

Lösungshinweis:

100 % − 13.176.000,00 EUR
 68 % −   x   EUR

$$x = \frac{13.176.000,00 \text{ EUR} \cdot 68}{100} = 8.959.680,00 \text{ EUR}$$

127. Aufgabe

90 %

Lösungshinweis:

maximale Bettenbelegung: 96 aufgestellte Betten · 365 Kalendertage = 35.040 Belegungstage
tatsächliche Bettenbelegung: 31.536 Belegungstage von 35.040 Belegungstagen
31.536 · 100 : 35.040 = 90 %

128. Aufgabe

12.410 Belegungstage : 2.482 Patienten = 5 Tage

129. Aufgabe

a) **4.** | b) **1.** | c) **2.** | d) **4.** | e) **9.** | f) **5.** | g) **3.** | h) **9.**

130. Aufgabe

a) **2.** | b) **1.** | c) **2.** | d) **4.** | e) **3.** | f) **2.** | g) **4.**

131. Aufgabe

a) **9.** | b) **1.** | c) **1.** | d) **9.** | e) **1.** | f) **9.** | g) **9.**

Lösungshinweis:

c) Falsch   Im Betriebsabrechnungsbogen werden die Gemeinkosten auf die Kostenstellen verteilt und die Einzelkosten unmittelbar in die Kostenträgerrechnung übernommen.

f) Falsch   Im Betriebsabrechnungsbogen werden die Gemeinkosten verteilt, nicht die Einzelkosten.

132. Aufgabe

a) **1.** | b) **2.** | c) **1.** | d) **1.** | e) **1.** | f) **9.**

133. Aufgabe

a) **3.** | b) **1.** | c) **4.** | d) **2.**

134. Aufgabe

	Innere Medizin	Chirurgie	Gynäkologie	HNO-Heilkunde
1.	2.880 Tage	2.160 Tage	1.260 Tage	1.200 Tage
2.	76,8 Betten	64,8 Betten	35,7 Betten	30 Betten
3.	2.304 Tage	1.944 Tage	1.071 Tage	900 Tage
4.	6 Tage	12 Tage	7 Tage	4 Tage
5.	1.650,00 EUR	1.800,00 EUR	1.750,00 EUR	1.400,00 EUR
6.	633.600,00 EUR	291.600,00 EUR	267.750,00 EUR	315.000,00 EUR
7.	275,00 EUR	150,00 EUR	250,00 EUR	350,00 EUR
8.	315 Fälle	128 Fälle	210 Fälle	182 Fälle
9.	113.850,00 EUR	61.200,00 EUR	− 99.750,00 EUR	60.200,00 EUR

Lösungshinweis:

Exemplarisch für die Abteilung **Innere Medizin**

1. 96 Betten · 30 Tage = 2.880 Belegungstage
2. 80 % von 96 Betten = 76,8 Betten
3. 76,8 Betten · 30 Tage = 2.304 Belegungstage

4. 2.304 Belegungstage : 384 Fälle = 6 Tage

5. 2.950,00 EUR ⌀ Fallpauschale : 1.300,00 EUR ⌀ var. Kosten je Fall = 1.650,00 EUR Deckungsbeitrag

6. 1.650,00 EUR Deckungsbeitrag · 384 Fälle = 633.600,00 EUR

7. 1.650,00 EUR Deckungsbeitrag : 6 Tage = 275,00 EUR

8. Fixkosten 519.750,00 EUR : (2.950,00 EUR Erlöse − 1.300,00 EUR variable Kosten) = 315 Fälle

9. 633.600,00 EUR Deckungsbeitrag − 519.750,00 EUR Fixkosten = 113.850,00 EUR

135. Aufgabe

1. 34.125,00 EUR | **2.** 25.025,00 EUR | **3.** 20.475,00 EUR | **4.** 15.925,00 EUR | **5.** 13.650,00 EUR

Lösungshinweis:

Betriebsbereich	Anteile	Betrag in EUR	Berechnung	Schrittfolge
1. Normalpflege	15	34.125,00	15 Anteile · 2.275,00 EUR	2. Schritt
2. Abweichende Pflege	11	25.025,00	11 Anteile · 2.275,00 EUR	3. Schritt
3. Medizinische Institutionen	9	20.475,00	9 Anteile · 2.275,00 EUR	4. Schritt
4. Versorgungseinrichtungen	7	15.925,00	7 Anteile · 2.275,00 EUR	5. Schritt
5. Verwaltung und Sozialdienst	6	13.650,00	6 Anteile · 2.275,00 EUR	6. Schritt
	48	109.200,00	: 48 = 2.275,00 EUR je Anteil	1. Schritt

136. Aufgabe

1. 7.225,00 EUR | **2.** 2.125,00 EUR

Lösungshinweis:

Betriebsbereiche	Nutzfläche	Anteile	Betrag	Berechnung	Schrittfolge
Normalpflege	1.350 m²	10	4.250,00 EUR	10 Anteile · 425,00 EUR	2. Schritt
Abweichende Pflege	945 m²	7	2.975,00 EUR	7 Anteile · 425,00 EUR	3. Schritt
Vers. u. Verw.	1.245 m²	9	3.825,00 EUR	9 Anteile · 425,00 EUR	
Med. Institutionen	675 m²	5	2.125,00 EUR	5 Anteile · 425,00 EUR	4. Schritt
Summenzeile	4.185 m²	31	13.175,00 EUR	: 31 = 425,00 EUR je Anteil	1. Schritt

137. Aufgabe

1. 1.920.000,00 EUR | **2.** 360.000,00 EUR | **3.** 1.145

Lösungshinweis:

1.	Erlöse	1.500,00 EUR · 1.600,00 EUR = 2.400.000,00 EUR
	− variable Kosten	300,00 EUR · 1.600,00 EUR = 480.000,00 EUR
	= Deckungsbeitrag	1.920.000,00 EUR
	− Fixkosten	1.920.000,00 EUR
	= Betriebsergebnis	0,00 EUR

Im Break-even-Point (Gewinnschwelle) entspricht der Deckungsbeitrag den Fixkosten.

2.
Erlöse	1.500,00 EUR · 1.900,00 EUR	=	2.850.000,00 EUR
− variable Kosten	300,00 EUR · 1.900,00 EUR	=	570.000,00 EUR
= Deckungsbeitrag			2.280.000,00 EUR
− Fixkosten			1.920.000,00 EUR
= Betriebsergebnis/Gewinn			360.000,00 EUR

3.
Leistungen   :   Kosten   =   Wirtschaftlichkeit
2.850.000,00 EUR : 2.490.000,00 EUR = 1.145

138. Aufgabe

1. 90.720,00 EUR | **2.** 57.060,00 EUR | **3.** 75.040,00 EUR | **4.** 222.820,00 EUR | **5.** 8.320,00 EUR

Lösungshinweis:

	Fallgruppe A	Fallgruppe B	Fallgruppe C	Summen
Umsatzerlöse (E)	114.210,00 EUR	70.020,00 EUR	90.240,00 EUR	274.470,00 EUR
− var. Kosten (K$_v$)	23.490,00 EUR	12.960,00 EUR	15.200,00 EUR	51.650,00 EUR
= Deckungsbeiträge (DB)	90.720,00 EUR	57.060,00 EUR	75.040,00 EUR	222.820,00 EUR
DB je Behandl.-Fall	3.360,00 EUR	3.170,00 EUR	2.345,00 EUR	
− fixe Kosten (K$_f$)				214.500,00 EUR
= Betriebsgewinn				8.320,00 EUR

139. Aufgabe

1. 25.920,00 EUR | **2.** 27.020,00 EUR | **3.** 27.720,00 EUR | **4.** 24.020,00 EUR
5. 23.680,00 EUR | **6.** 5.580,00 EUR

Lösungshinweis:

	Haus Luisenstein		Haus Friedensthal		Summen
Pflegegruppe Pflegefälle Erlöse pro Pflegefall	A 18 2.800,00 EUR	B 15 3.110,00 EUR	C 14 3.545,00 EUR	D 12 3.820,00 EUR	
Umsatzerlöse	50.400,00 EUR	46.650,00 EUR	49.630,00 EUR	45.840,00 EUR	192.520,00 EUR
− var. Pflegekosten	24.480,00 EUR	21.600,00 EUR	22.610,00 EUR	20.640,00 EUR	89.330,00 EUR
= Deckungsbeitrag I	25.920,00 EUR	25.050,00 EUR	27.020,00 EUR	25.200,00 EUR	103.190,00 EUR
− Fixkosten Pflegegruppe	11.200,00 EUR	12.050,00 EUR	13.540,00 EUR	14.660,00 EUR	51.450,00 EUR
= Deckungsbeitrag II	14.720,00 EUR	13.000,00 EUR	13.480,00 EUR	10.540,00 EUR	51.740,00 EUR
Deckungsbeitrag Haus	27.720,00 EUR		24.020,00 EUR		51.740,00 EUR
− Fixkosten pro Haus	14.440,00 EUR		13.620,00 EUR		28.060,00 EUR
= Deckungsbeitrag III	13.280,00 EUR		10.400,00 EUR		23.680,00 EUR
− Fixkosten Pflegeheim					18.100,00 EUR
= Betriebsergebnis					5.580,00 EUR

140. Aufgabe

	Produkt A	Produkt B	Produkt C	Summen
Umsatzerlöse (E)	4.662,00 EUR	7.152,00 EUR	4.448,00 EUR	16.262,00 EUR
− var. Kosten (K_v)	3.355,20 EUR	5.664,00 EUR	3.808,00 EUR	12.827,20 EUR
= Deckungsbeiträge	1.306,80 EUR	1.488,00 EUR	640,00 EUR	3.434,80 EUR
− fixe Kosten (K_f)				2.900,00 EUR
= Betriebsgewinn				**534,80 EUR**

141. Aufgabe

1. | **5.**

142. Aufgabe

a) **1.** | b) **3.** | c) **2.** | d) **4.**

1.5 Finanzierung

143. Aufgabe

a) **1.** | b) **1.** | c) **9.** | d) **1.** | e) **9.** | f) **1.**

Lösungshinweis:

e) Investitionen sollten möglichst so langfristig finanziert werden, wie sie voraussichtlich abgeschrieben werden.

144. Aufgabe

a) **2.** | b) **1.** | c) **3.** | d) **3.** | e) **2.** | f) **2.** g) **3.**

145. Aufgabe

	A	B
a)	**2.**	**3.**
b)	**1.**	**3.**
c)	**1.**	**4.**
d)	**2.**	**4.**
e)	**2.**	**4.**

Lösungshinweis:

a) Außenfinanzierung/Eigenfinanzierung
b) Innenfinanzierung/Eigenfinanzierung
c) Innenfinanzierung/Fremdfinanzierung
d) Außenfinanzierung/Fremdfinanzierung
e) Außenfinanzierung/Fremdfinanzierung

146. Aufgabe

a) **1.** | b) **9.** | c) **1.** | d) **1.**

Lösungshinweis:

b) Bei der Finanzierung aus Rückstellungen entsteht Fremdkapital, ohne dass der Seniorenresidenz Rosenhof KG Mittel von außen zufließen.

147. Aufgabe

1. Einlagen Komplementäre + Einlagen Kommanditisten	= 360 + 140	=	500 TEUR
2. Rückstellungen + Hypothekendarlehen + Verbindl. a. L. u. L.	= 200 + 500 + 150	=	850 TEUR
3. Rückstellungen		=	200 TEUR
4. Einlagen Komplementäre + Einlagen Kommanditisten + Hypothekendarlehen + Verbindl. a. L. u. L.	= 360 + 140 + 500 + 150	=	1.150 TEUR

1.6 Medizinische Dokumentation und Berichtswesen, Datenschutz

148. Aufgabe

1. | **3.** | **4.**

149. Aufgabe

a) **2.** | b) **1.** | c) **5.** | d) **3.** | e) **4.**

150. Aufgabe

1. | **4.**

Lösungshinweis:

Die Aufbewahrungsfristen für Patientenaufzeichnungen (10 Jahre), Betäubungsmittelunterlagen (3 Jahre), Früherkennungsuntersuchungen (5 Jahre) etc. beginnen jeweils mit dem Schluss des Kalenderjahres, in dem die letzte Eintragung oder die sonstigen Unterlagen entstanden sind. Bei röntgendiagnostischen Aufnahmen beginnt die 10-jährige Aufbewahrungsfrist erst ab dem 18. Lebensjahr der Patienten, sodass alle Röntgenbilder von Kindern und Jugendlichen mindestens bis zur Vollendung des 28. Lebensjahres aufbewahrt werden müssen.

151. Aufgabe

5.

152. Aufgabe

1.

Lösungshinweis:

Die Pflegedokumentation muss inhaltlich im Rahmen der Kenntnis richtig sein. Bei Korrekturen eines vorangegangenen Fehlers muss **das Korrigierte leserlich bleiben**. Der Fehler wird als falsch gekennzeichnet, die Anmerkung datiert und unterschrieben.

153. Aufgabe

a) **2.** | b) **3.** | c) **1.** | d) **4.** | e) **1.**

Lösungshinweis:

Unter **Datenschutz** versteht man die Wahrung der Persönlichkeitsrechte von Personen, deren Daten digital erfasst sind. Die Vertraulichkeit und bestimmungsgemäße Nutzung personenbezogener Daten ist zu gewährleisten.

Unter **Datensicherheit** versteht man die verlässliche Arbeitsweise der Datentechnik zum Schutz des anwendenden Unternehmens vor Verlust, Störung und Manipulation seiner Daten.

154. Aufgabe

1. | **2.** | **3.** | **5.**

155. Aufgabe

3. | 4.

156. Aufgabe

2. | 5.

157. Aufgabe

1. | 5.

1.7 Leistungsabrechnung, Besonderheiten des Rechnungswesens im Gesundheitsbereich

158. Aufgabe

a) **3.** | b) **5.** | c) **6.**

Lösungshinweis:

Beispiel: DRG-Code für Instabile Angina pectoris mit äußerst schweren CC		
F	72	A
Hauptdiagnosegruppe	Partition	Schweregrad/Split
B–N: Organsystem O–Z: (Krankheits-)Ursache Ausnahmen: A: Prä-MDC/Sonderfälle 9: Fehler-DRGs	Art der Behandlung Prozedur 01–39: operative Prozedur (O) 40–59: andere (nonOR) Proz. (A) 60–99: medizinische Proz. (M)	A: höchster Aufwand B: zweithöchster Aufwand C: dritthöchster Aufwand : Z: keine Unterteilung

159. Aufgabe

29 Tage

Lösungshinweis:

§ 1 VII FPV 2015: Belegungstage sind der Aufnahmetag sowie jeder weitere Tag des Krankenhausaufenthalts ohne den Verlegungs- oder Entlassungstag.

160. Aufgabe

7 Tage

Lösungshinweis:

Im Fallpauschalen-Katalog, S. 27, Spalte 9, wird mit der Zahl 23 der erste Belegungstag mit zusätzlichem Entgelt bei oberer Grenzverweildauer ausgewiesen. Dann ist die obere Grenzverweildauer gerade überschritten. Daher werden die zusätzlich abrechenbaren Belegungstage gemäß § 1 II FPV nach folgender Formel berechnet:

Belegungstage insgesamt (tatsächliche Verweildauer) + 1:	30
− erster Tag mit zusätzlichem Entgelt bei oberer Grenzverweildauer:	23
= zusätzlich abrechenbare Belegungstage:	7

15 Wessel u.a. - ISBN 978-3-8120-0626-2

161. Aufgabe

6.322,80 EUR

Lösungshinweis:

DRG-Grundbetrag:
    1,356 · 3.300,00 EUR   = 4.474,80 EUR (DRG-Fallpauschale in einer Hauptabteilung)

Zuschlag:
    0,080 · 3.300,00 EUR · 7 = 1.848,00 EUR (7 Tage zusätzliches Entgelt für Langlieger)

Erlöse aus DRG-Fallpauschalen = 6.322,80 EUR

162. Aufgabe

1.

163. Aufgabe

2.300,57 EUR : 0,721 = 3.190,80 EUR

164. Aufgabe

121 Ford. an Selbstzahler an 4080 DRG-Grundbetrag – Hauptabteilung
                             an 4061 Versorgungszuschlag gem. § 8 X KHEntgG
                             an 4071 Hygienezuschlag gem. § 4 XI KHEntgG
                             an 403 Erlöse aus Ausbildungszuschlag oder Ausbildungskostenumlage
                             an 406 DRG-Systemzuschlag gem. § 17 b V KHG
                             an 4050 Zuschlag für Gemeinsamen Bundesausschuss § 91 SGB V
                             an 407 Qualitätssicherungszuschlag gem. § 17 b I S.5 KHG

165. Aufgabe

5 Tage

166. Aufgabe

8 Tage

Lösungshinweis:

Mittlere Verweildauer nach dem Fallpauschalen-Katalog, kaufmännisch gerundet: 13
Belegungstage insgesamt (tatsächliche Verweildauer):   – 5
Zahl der Abschlagstage bei Unterschreitung der mittleren Verweildauer: = 8

167. Aufgabe

2.409,00 EUR

Lösungshinweis:

DRG-Grundbetrag:
    1,602 · 3.300,00 EUR   = 5.286,60 EUR (DRG-Fallpauschale in einer Hauptabteilung)

Abschlag:
    0,109 · 3.300,00 EUR · 8 = 2.877,60 EUR (8 Tage Abschlag bei externer Verlegung)

Erlöse aus DRG-Fallpauschalen = 2.409,00 EUR

168. Aufgabe

Aus der Bezeichnung der Krankheit ergibt sich der DRG-Code F62B. Die Verweildauer beträgt nur 2 Tage. Daher ist ein Abschlag von der Fallpauschale vorzunehmen.

DRG-Grundbetrag:	0,879 · 3.300,00 EUR	= 2.900,70 EUR
DRG-Abschlag für 1 Tag:	0,288 · 3.300,00 EUR · 1	= 950,40 EUR
Erlöse aus DRG-Fallpauschalen		= 1.950,30 EUR

Lösungshinweis:

§ 1 III FPV 2015: Ist die Verweildauer von nicht verlegten Patientinnen oder Patienten kürzer als die untere Grenzverweildauer, ist für die bis zur unteren Grenzverweildauer nicht erbrachten Belegungstage ein Abschlag von der Fallpauschale vorzunehmen. Die Zahl der Abschlagstage wird gemäß folgender Formel ermittelt:

Erster Tag mit Abschlag bei unterer Grenzverweildauer + 1: 2 + 1 = 3	
− Belegungstage insgesamt (tatsächliche Verweildauer):	2
= Zahl der Abschlagstage	1

169. Aufgabe

2. | **3.**

170. Aufgabe

1. | **3.** | **6.**

171. Aufgabe

4.933,50 EUR

Lösungshinweis:

1,428 · 3.300,00 EUR = 4.712,40 EUR (DRG-Fallpauschale in einer Hauptabteilung)
0,067 · 3.300,00 EUR =   221,10 EUR (1 Tag zusätzliches Entgelt für Langlieger mit 17 Belegungstagen)
DRG-Erlös   4.933,50 EUR

172. Aufgabe

1.881,00 EUR

Lösungshinweis:

Mittlere Verweildauer nach dem Fallpauschalen-Katalog, kaufmännisch gerundet:	6
Belegungstage insgesamt (tatsächliche Verweildauer):	− 4
Zahl der Abschlagstage bei Unterschreitung der mittleren Verweildauer:	= 2

0,778 · 3.300,00 EUR   = 2.567,40 EUR (DRG-Fallpauschale in einer Hauptabteilung)
0,104 · 3.300,00 EUR · 2 =   686,40 EUR (2 Tage Abschlag bei externer Verlegung)
DRG-Erlös   1.881,00 EUR

173. Aufgabe

3.719,10 EUR

Lösungshinweis:

Bei 12 Belegungstagen wird die mittlere Verweildauer von 9 Tagen überschritten. Daher steht dem Krankenhaus die volle DRG-Pauschale zu.
1,127 · 3.300,00 EUR = 3.719,10 EUR (DRG-Fallpauschale in einer Hauptabteilung)

174. Aufgabe

4.293,30 EUR

Lösungshinweis:

§ 2 I FPV 2015: Wiederaufnahme in dasselbe Krankenhaus

Das Krankenhaus hat eine Zusammenfassung der Falldaten zu einem Fall und eine Neueinstufung in eine Fallpauschale vorzunehmen, wenn

1. ein Patient oder eine Patientin innerhalb der oberen Grenzverweildauer, bemessen nach der Zahl der Kalendertage ab dem Aufnahmedatum des ersten Krankenhausaufenthalts, wieder aufgenommen wird und

2. für die Wiederaufnahme eine Einstufung in dieselbe Basis-DRG vorgenommen wird.

Berechnung der Kalendertage:

Erstes Aufnahmedatum 19.01.20..; Wiederaufnahmedatum 04.02.20..; Differenz 17 Kalendertage

Beachte: Im Fallpauschalen-Katalog, Spalte 9, wird mit der Zahl 18 der erste Belegungstag mit zusätzlichem Entgelt bei oberer Grenzverweildauer ausgewiesen, weil die obere Grenzverweildauer gerade überschritten ist. 17 Kalendertage liegen also innerhalb der oberen Grenzverweildauer, sodass eine Zusammenfassung der Falldaten vorzunehmen ist.

Berechnung der Belegungstage:

Belegungstage beider Aufenthalte: 12 + 7	= 19
Belegungstage insgesamt (tatsächliche Verweildauer: 19 + 1)	= 20
− erster Tag mit zusätzlichem Entgelt bei oberer Grenzverweildauer:	18
= zusätzlich abrechenbare Belegungstage	2

1,127 · 3.300,00 EUR = 3.719,10 EUR (DRG-Fallpauschale in einer Hauptabteilung)
0,087 · 3.300,00 EUR · 2 = 574,20 EUR (2 Tage zusätzliches Entgelt für Langlieger).
DRG-Erlös 4.293,30 EUR

175. Aufgabe

1. | 5.

176. Aufgabe

2.

Lösungshinweis:

KHEntgG, § 8 II (3) Berechnung der Entgelte (Auszug):

Zusätzlich zu einer Fallpauschale dürfen berechnet werden:

eine nachstationäre Behandlung, soweit die Summe aus den stationären Belegungstagen und den vor- und nachstationären Behandlungstagen die Grenzverweildauer der Fallpauschale übersteigt; eine vorstationäre Behandlung ist neben der Fallpauschale nicht gesondert berechenbar.

Die Dauer der Behandlung setzt sich zusammen:

	1 vorstationärer Behandlungstag
+	3 stationäre Belegungstage
+	5 nachstationäre Behandlungstage
=	9 Tage als Dauer der Behandlung

1 nachstationärer Behandlungstag kann zusätzlich zur DRG abgerechnet werden. Die Höhe dieser Tagespauschale wird zwischen der Deutschen Krankenhausgesellschaft (DKG) und den Spitzenverbänden der Krankenkassen vereinbart.

177. Aufgabe

1.

Lösungshinweis:

§ 3 III FPV 2015: Abschläge bei Verlegung

Wird ein Patient oder eine Patientin aus einem Krankenhaus in weitere Krankenhäuser verlegt und von diesen innerhalb von 30 Kalendertagen ab dem Entlassungsdatum eines ersten Krankenhausaufenthalts in dasselbe Krankenhaus zurückverlegt (Rückverlegung), hat das wiederaufnehmende Krankenhaus die Falldaten zusammenzufassen und eine Neueinstufung durchzuführen.

178. Aufgabe

3.

Lösungshinweis:

Berechnung der Belegungstage:

Belegungstage beider Aufenthalte: 3 + 6	= 9
Belegungstage insgesamt (tatsächliche Verweildauer: 9 + 1)	= 10
− erster Tag mit zusätzlichem Entgelt bei oberer Grenzverweildauer:	9
= zusätzlich abrechenbare Belegungstage	1

$0,547 \cdot 3.300,00$ EUR $= 1.805,10$ EUR (DRG-Fallpauschale in einer Hauptabteilung)
$0,088 \cdot 3.300,00$ EUR $\cdot 1 = \underline{\ 290,40}$ EUR (1 Tag zusätzliches Entgelt für Langlieger).
DRG-Erlös $\qquad \underline{2.095,50\ \text{EUR}}$

179. Aufgabe

2. | 3. | 5.

180. Aufgabe

a) **3.** | b) **4.** | c) **2.** | d) **1.**

181. Aufgabe

116,744

Lösungshinweis:

DRG-Code	Bewertungsrelation	Fallzahl	gewichtete Bewertungsrelation
D03B	1,675	6	10,050
D29Z	1,023	48	49,104
D30B	0,721	63	45,423
D67Z	0,529	23	12,167
Summe Abt. HNO		**140**	**116,744**

DRG-Code	Bewertungsrelation	Fallzahl	gewichtete Bewertungsrelation
G22C	1,172	48	56,256
G23C	0,802	128	102,656
G46A	2,145	37	79,365
K04B	1,920	27	51,840
K09B	1,689	60	101,340
Summe Abt. Innere Medizin		**300**	**391,457**

182. Aufgabe

Case-Mix 116,744 · Landesbasisfallwert 3.300,00 EUR = 385.255,20 EUR.

183. Aufgabe

Case-Mix 391,457 : Fallzahl 300 = 1,305 Case-Mix-Index.

184. Aufgabe

3.

185. Aufgabe

2. | **4.**

186. Aufgabe

2.

187. Aufgabe

1. 25,7 % | **2.** 33,1 %

Lösungshinweis:

1. $\frac{897 \cdot 100}{3.495} = 25,7 \%$

2. 3.495 − 2.626 = 869 (Anstieg absolut)

$\frac{869 \cdot 100}{2.626} = 33,1 \%$ (Anstieg relativ)

188. Aufgabe

250,32 EUR

Lösungshinweis:

	Rechnungsbetrag des Pflegedienstes	718,32 EUR
−	Pflegesachleistung gemäß Pflegestufe I	468,00 EUR
=	Selbstzahler-Anteil	250,32 EUR

189. Aufgabe

107,18 EUR

Lösungshinweis:

Pflegesatz Pflegestufe II	71,38 EUR
Unterkunft und Verpflegung	21,60 EUR
Ausbildungszuschlag	0,68 EUR
Investitionskosten	13,52 EUR
Heimkosten/Tag	107,18 EUR

190. Aufgabe

3.260,42 EUR

Lösungshinweis:

107,18 EUR Tagessatz · 30,42 durchschnittliche Kalendertage = 3.260,42 EUR monatlicher Gesamtbetrag

191. Aufgabe

1.930,42 EUR

Lösungshinweis:

	3.260,42 EUR	monatlicher Gesamtbetrag
−	1.330,00 EUR	Leistungsbetrag Pflegestufe II
=	1.930,42 EUR	Eigenanteil Weber

192. Aufgabe

Heimbewohner Walter Weber	Kosten pro Tag	Kosten pro Monat
Pflegesatz Pflegesstufe II	71,38 EUR	2.171,38 EUR
− Leistung der Pflegekasse (Rechnung an die Pflegekasse)	———————	1.330,00 EUR
= Eigenanteil Pflegekosten	———————	841,38 EUR
+ Unterkunft und Verpflegung	21,60	657,07 EUR
+ Ausbildungszuschlag	0,68	20,69 EUR
+ Investitionskosten	13,52	411,28 EUR
= **Eigenanteil Heimbewohner (Rechnung an Herrn Weber)**	———————	1.930,42 EUR

193. Aufgabe

a) 0 an 5

b) 1 an 6
  an 7
  an 8
  an 9

c) 2 an 0

d) 2 an 3

e) 3 an 1

f) 3 an 4

2 Wirtschafts- und Sozialkunde

2.1 Wirtschaftliche Zusammenhänge in einer Volkswirtschaft

194. Aufgabe

a) **2.** | b) **1.** | c) **4.** | d) **1.** | e) **3.** | f) **4.** | g) **2.**

Lösungshinweis:

c) Es handelt sich hier um den Begriff Güter.

f) Es handelt sich hier um den Begriff Angebot.

195. Aufgabe

a) **4.** | b) **2.** | c) **1.** | d) **5.** | e) **3.** | f) **5.**

196. Aufgabe

2. | **6.**

Lösungshinweis:

1. Existenzbedürfnis
2. Luxusbedürfnis
3. Kulturbedürfnis
4. Kulturbedürfnis

5. Existenzbedürfnis
6. Luxusbedürfnis
7. Kulturbedürfnis

197. Aufgabe

a) **1.** | b) **9.** | c) **9.** | d) **1.** | e) **1.** | f) **9.** | g) **1.**

Lösungshinweis:

b) Im Normalfall nimmt das Angebot bei sinkenden Güterpreisen ab und bei steigenden Güterpreisen zu.

c) Die Kosten der Produktion haben einen Einfluss auf das Angebot der Hersteller.

f) Bei steigendem Einkommen nimmt die Nachfrage nach inferioren Gütern ab.

198. Aufgabe

a) **1.** | b) **4.** | c) **2.** | d) **1.** | e) **3.**

199. Aufgabe

a) **1.** | b) **3.** | c) **2.**

200. Aufgabe

a) **1.** | b) **3.** | c) **4.** | d) **2.** | e) **4.** | f) **5.** | g) **1.** | h) **4.**

201. Aufgabe

a) **1.** | b) **9.** | c) **9.** | d) **9.** | e) **1.** | f) **1.** | g) **1.**

202. Aufgabe

a) **2.** | b) **4.** | c) **1.** | d) **3.** | e) **4.** | f) **1.** | g) **4.**

Lösungshinweis:

a) Geldstrom von den Haushalten zu den Unternehmen.

b) Güterstrom von den Unternehmen zu den Haushalten.

c) Geldstrom von den Unternehmen zu den Haushalten.

d) Güterstrom von den Haushalten zu den Unternehmen.

e) Güterstrom von den Unternehmen zu den Haushalten.

f) Geldstrom von den Unternehmen zu den Haushalten.

g) Güterstrom von den Unternehmen zu den Haushalten.

203. Aufgabe

a) **12.** | b) **08.** | c) **03.** | d) **06.** | e) **02.** | f) **10.** | g) **02.**

204. Aufgabe

1.
$$\begin{array}{r} 2.903 \text{ Mrd. EUR} \\ - \ 2.699 \text{ Mrd. EUR} \\ \hline = \ 204 \text{ Mrd. EUR} \end{array}$$

$$\begin{array}{l} 2.699 \text{ Mrd. EUR} = 100\,\% \\ \underline{204 \text{ Mrd. EUR} = \text{x} \ \%} \end{array}$$

$$x = \frac{100 \cdot 204}{2.699} = 7,56\,\%$$

2. 1,5 %

3.
$$\begin{array}{l} 100,0\,\% = 2.903 \text{ Mrd. EUR} \\ \underline{68,1\,\% = \text{x} \quad \text{Mrd. EUR}} \end{array}$$

$$x = \frac{2.903 \text{ Mrd. EUR} \cdot 68,1}{100} = 1.976,943 \text{ Mrd. EUR}$$

4.
$$\begin{array}{l} 100,0\,\% = 2.903 \text{ Mrd. EUR} \\ \underline{25,9\,\% = \text{x} \quad \text{Mrd. EUR}} \end{array}$$

$$x = \frac{2.903 \text{ Mrd. EUR} \cdot 25,9}{100} = 751,877 \text{ Mrd. EUR}$$

5. 2009

6. 2007

205. Aufgabe

1. | **5.** | **6.**

Lösungshinweis:

1. Falsch   Die Hauptaufgabe der Europäischen Zentralbank besteht in der **Sicherung der Preisstabilität** innerhalb der Europäischen Währungsunion.

5. Falsch   Als Hüterin der Währung verfolgt die Europäische Zentralbank **vorrangig** das Ziel der Sicherung der Preisstabilität innerhalb der Europäischen Währungsunion.

6. Falsch   Die Europäische Zentralbank hat das ausschließliche Recht, die Ausgabe von Banknoten innerhalb der Europäischen Währungsunion zu genehmigen, und ist in Zusammenarbeit mit den nationalen Zentralbanken zur Ausgabe von Banknoten berechtigt.

206. Aufgabe

a) **1.** | b) **1.** | c) **9.** | d) **1.** | e) **9.** | f) **1.** | g) **9.**

207. Aufgabe

a) **4.** | b) **3.** | c) **1.** | d) **3.** | e) **2.**

208. Aufgabe

a) **9.** | b) **1.** | c) **9.** | d) **9.** | e) **9.** | f) **9.** | g) **1.**

Lösungshinweis:

a) Das Preisniveau ist von Jahr zu Jahr gestiegen, nur die Dynamik hat nachgelassen.

b) Die Europäische Zentralbank versteht unter Preisniveaustabilität einen Anstieg des Verbraucherpreis-indexes von unter 2 %.

c) Die Wirtschaftsleistung hat im Jahre 2013 um 0,1 % gegenüber dem Vorjahr zugenommen. Die Dynamik des Wirtschaftswachstums ist allerdings gering.

e) Die Überschüsse in der Leistungsbilanz führen i. d. R. zu einem außenwirtschaftlichen Ungleichgewicht.

g) In den Jahren 2012 bis 2014 gab es immer Preisanstiege, die zu einem Kaufkraftverlust führen.

209. Aufgabe

a) **2.** | b) **1.** | c) **2.** | d) **4.** | e) **1.** | f) **3.**

210. Aufgabe

a) **9.** | b) **1.** | c) **6.** | d) **4.** | e) **7.**

211. Aufgabe

a) **1.** | b) **9.** | c) **1.**

212. Aufgabe

a) **1.** | b) **1.** | c) **9.** | d) **9.**

213. Aufgabe

a) **3.** | b) **2.** | c) **3.** | d) **1.** | e) **2.**

214. Aufgabe

a)   **2.**   b)   2,25 %   c)   22,23 EUR

Lösungshinweis:

a) Da der Verbraucherpreisindex sich nur im Zeitraum 02/03 verringerte, ist ausschließlich in diesem Zeit-raum eine Erhöhung der Kaufkraft des Geldes eingetreten.

b) Indexstand 01:   106,7 Punkte = 100 %
   Zunahme: 2,4 Punkte =   x %

$$x = \frac{100 \cdot 2,4}{106,7} = 2,25\,\%$$

c) $x = \dfrac{\text{Alter Indexstand}}{\text{Neuer Indexstand}} \cdot 100 - 100 = \dfrac{109,90}{111,20} \cdot 100 - 100 = -1,17\,\% \cdot 1.900,00\ \text{EUR}$

$$= -22,23\ \text{EUR}$$

215. Aufgabe

a) **3.** | b) **1.** | c) **2.**

Lösungshinweis:

a) Die Volkswirtschaft befindet sich in der Phase **3.** in einer Boomphase, weil in dieser Phase die Preis- und Lohnsteigerungen sowie die Kapazitätsauslastung und die Steigerung des BIP sehr hoch und die Arbeitslosenquote sehr niedrig ist.

b Das ESZB sollte in dieser Phase die Leitzinsen anheben.

c) Dadurch wird es zu einer Dämpfung der konjunkturellen Situation kommen.

216. Aufgabe

a) **3.** | b) **1.** | c) **2.**

217. Aufgabe

aa) **1.** | ab) **5.** | ba) **1.** | bb) **4.** | ca) **3.** | cb) **5.** | da) **2.** | db) **4.**

2.2 Unternehmung und Ausbildungsbetrieb

218. Aufgabe

a) **2.** | b) **4.** | c) **3.** | d) **1.** | e) **2.** | f) **3.**

219. Aufgabe

a) **2.** | b) **3.** | c) **2.** | d) **1.** | e) **4.** | f) **1.**

220. Aufgabe

a) **4.** | b) **2.** | c) **3.** | d) **4.** | e) **3.** | f) **4.** | g) **3.** | h) **3.**

221. Aufgabe

2. | **4.** | **7.**

Lösungshinweis:

1. Falsch   Nur OHG und KG müssen eine Firma führen und in das Handelsregister eingetragen werden, die GbR führt keine Firma und wird nicht ins Handelsregister eingetragen.

2. Richtig

3. Falsch   Nur die Rechtsgrundlagen für die GbR sind im BGB geregelt, die Rechtsgrundlagen für OHG und KG finden sich im Handelsgesetzbuch.

4. Richtig

5. Falsch   Die Kommanditisten der KG haften für Gesellschaftsverbindlichkeiten nicht mit ihrem Privatvermögen, sondern nur mit ihrer Einlage; die Haftung der GbR kann auf das Gesellschaftsvermögen beschränkt werden.

6. Falsch   Keine der drei Gesellschaften ist eine juristische Person.

7. Richtig

222. Aufgabe

3.

223. Aufgabe

a) **4.** | b) **2.** | c) **3.** | d) **6.** | e) **1.**

224. Aufgabe

a) **9.** | b) **1.** | c) **9.** | d) **9.** | e) **1.** | f) **9.** | g) **9.** | h) **9.**

Lösungshinweis:

a) Im dualen System der Berufsausbildung übernimmt der Ausbildungsbetrieb vorrangig die praktische Ausbildung, während die Berufsschule in erster Linie die theoretischen Ausbildungsinhalte vermittelt.

b) Nach § 2 I BBiG wird die Berufsbildung in Betrieben der Wirtschaft, in vergleichbaren Einrichtungen außerhalb der Wirtschaft, insbesondere des öffentlichen Dienstes, der Angehörigen freier Berufe und in Haushalten (betriebliche Berufsbildung) sowie in berufsbildenden Schulen und sonstigen Berufsbildungseinrichtungen außerhalb der schulischen und betrieblichen Berufsbildung durchgeführt.

c) Vom dualen System der Berufsausbildung spricht man, wenn im Rahmen der Ausbildung die beiden Lernorte Ausbildungsbetrieb und Berufsschule zusammenwirken.

225. Aufgabe

a) **1.** | b) **2.** | c) **3.** | d) **3.** | e) **1.** | f) **3.** | g) **1.** | h) **2.**

Lösungshinweis:

a) Diese Regelung ist in § 17 I BBiG zu finden.

c) Eine solche Vereinbarung wird zwischen dem Ausbildungsbetrieb und dem/der Auszubildenden im Berufsausbildungsvertrag getroffen.

d) Diese Regelung entstammt § 11 JArbSchG.

e) Diese Regelung findet sich in § 14 II BBiG.

f) Die Rechtsgrundlage für diesen Sachverhalt ist in § 60 BetrVerfG zu finden.

g) Diese Regelung entstammt § 21 I, II BBiG.

226. Aufgabe

4.

Lösungshinweis:

Gemäß § 5 I BBiG hat jede Ausbildungsordnung mindestens folgende Inhalte festzulegen:

➤ die Bezeichnung des Ausbildungsberufs, der anerkannt wird;

➤ die (regelmäßige) Ausbildungsdauer;

➤ das Ausbildungsberufsbild, d.h. die Fertigkeiten und Kenntnisse, die mindestens Gegenstand der Berufsausbildung sind;

➤ den Ausbildungsrahmenplan, d.h. die sachliche und zeitliche Gliederung der Berufsausbildung;

➤ die Prüfungsanforderungen, die zugleich bindende Anweisungen über die Durchführung und Bewertung einzelner Prüfungsteile enthalten.

Über die fünf Mindestinhalte hinaus legt eine Ausbildungsordnung heute u.a. regelmäßig fest:

➤ die Pflicht des Auszubildenden zur Führung des Ausbildungsnachweises.

227. Aufgabe

a) **4.** | b) **1.** | c) **3.** | d) **1.** | e) **4.** | f) **2.**

Lösungshinweis:

a) Nach Ablauf der Probezeit kann der Auszubildende mit einer Frist von 4 Wochen nur dann kündigen, wenn er sich nicht mehr oder für einen anderen Beruf ausbilden lassen will. Keine Kündigungsmöglichkeit besteht allerdings, wenn er seine Ausbildung lediglich in einem anderen Betrieb fortsetzen will, § 22 II Ziff. 2 BBiG.

b) Eine Kündigung während der Probezeit ist sowohl vonseiten des Ausbildenden als auch des Auszubildenden jederzeit ohne Einhaltung einer Kündigungsfrist und ohne Angabe von Gründen möglich, § 22 I BBiG.

c) Die Beendigung ist in § 21 II BBiG geregelt.

d) Nach Ablauf der Probezeit kann die Auszubildende mit einer Frist von 4 Wochen kündigen, wenn sie sich nicht mehr ausbilden lassen will, § 22 II Ziff. 2 BBiG.

e) Eine fristlose Kündigung durch den Ausbildenden nach Ablauf der Probezeit ist nur bei Vorliegen eines wichtigen Grundes möglich, § 22 II Ziff. 1 BBiG. Als wichtigen Grund kann man sicherlich eine Tätlichkeit eines Auszubildenden werten. Jedoch ist es zur Wirksamkeit der Kündigung erforderlich, dass sie binnen zwei Wochen nach Bekanntwerden des wichtigen Grundes ausgesprochen wird. Diese Zwei-Wochen-Frist ist hier nicht eingehalten worden.

f) Es handelt sich hier nicht um eine Kündigung, d.h. nicht um ein einseitiges Rechtsgeschäft, sondern um einen Aufhebungsvertrag, also um ein zweiseitiges Rechtsgeschäft. Ein solcher Aufhebungsvertrag, der letztlich die Willensübereinstimmung der beiden Vertragsparteien hinsichtlich einer Beendigung der Ausbildung verkörpert, kann jederzeit während der Ausbildungsdauer abgeschlossen werden.

228. Aufgabe

② | ④ | ⑥

Lösungshinweis:

① Richtig Die regelmäßige Ausbildungszeit beträgt bei der Ausbildung zur Kauffrau im Gesundheitswesen 36 Monate.

② Falsch Bei einer individuellen Ausbildungszeit von 30 Monaten und einem Ausbildungsbeginn am 01.09.15 endet das Ausbildungsverhältnis am 28.02.18.

③ Richtig Die Probezeit muss nach § 20 BBiG mindestens einen Monat und darf höchstens 4 Monate betragen.

④ Falsch Die Ausbildungsvergütung muss nach § 17 I BBiG mit fortschreitender Berufsausbildung, mindestens jährlich, ansteigen.

⑤ Richtig

⑥ Falsch Bei einem tariflichen Jahresurlaubsanspruch von 30 Arbeitstagen entfallen auf die vier Monate des Jahres 15 nicht 8, sondern 10 Urlaubstage.

⑦ Richtig Bei einem tariflichen Jahresurlaubsanspruch von 30 Arbeitstagen entfallen auf die zwei Monate des Jahres 18 in der Tat 5 Urlaubstage.

229. Aufgabe

1. | **4.** | **6.**

Lösungshinweis:

Zu den Mindestinhalten des Berufsausbildungsvertrages nach § 11 I BBiG gehören:

➤ Art, sachliche und zeitliche Gliederung sowie Ziele der Berufsausbildung (Ausbildungsberuf).

➤ Beginn und Dauer der Berufsausbildung.

➤ Ausbildungsmaßnahmen außerhalb der Ausbildungsstätte.

➤ Dauer der regelmäßigen täglichen Ausbildungszeit.

➤ Dauer der Probezeit.

➤ Zahlung und Höhe der Vergütung.

➤ Dauer des Urlaubs.

➤ Voraussetzungen für die Kündigung des Berufsausbildungsvertrages.

➤ Hinweis in allgemeiner Form auf anzuwendende Tarifverträge und Betriebs- oder Dienstvereinbarungen.

230. Aufgabe

a) **2.** | b) **1.** | c) **2.** | d) **3.** | e) **1.** | f) **2.** | g) **3.** | h) **3.**

Lösungshinweis:

a) Gemäß § 19 II JArbSchG beträgt der Jahresurlaub bei Jugendlichen

➤ mindestens 30 Werktage, wenn der Jugendliche zu Beginn des Kalenderjahres noch nicht 16 Jahre alt ist,

➤ mindestens 27 Werktage, wenn der Jugendliche zu Beginn des Kalenderjahres noch nicht 17 Jahre alt ist,

➤ mindestens 25 Werktage, wenn der Jugendliche zu Beginn des Kalenderjahres noch nicht 18 Jahre alt ist.

b) Diese Regelung ist in § 8 JArbSchG enthalten.

c) Nach § 15 JArbSchG dürfen Jugendliche nur an fünf Tagen in der Woche beschäftigt werden.

d) Die Probezeit ist in § 20 BBiG geregelt und muss mindestens einen Monat und darf höchstens vier Monate betragen.

e) Diese Regelung findet sich in § 9 I Nr. 2 JArbSchG.

f) Gemäß § 11 JArbSchG müssen Jugendliche bei einer Beschäftigungszeit von mehr als 6 Stunden Pausen von mindestens 60 Minuten Dauer erhalten.

g) Die Vorschriften über die Jugend- und Auszubildendenvertretung sind in den §§ 60 bis 73 BetrVerfG zu finden.

h) Nach § 14 II BBiG dürfen dem Auszubildenden, egal ob jugendlich oder erwachsen, nur solche Aufgaben übertragen werden, die dem Ausbildungszweck dienen und die seine körperlichen Kräfte nicht übersteigen.

231. Aufgabe

2. | **3.**

Lösungshinweis:

1. Zulässig — Grundsätzlich gilt nach § 16 JArbSchG zwar, dass Jugendliche an Samstagen nicht beschäftigt werden dürfen. Von diesem Grundsatz gibt es allerdings umfangreiche Ausnahmen, z. B. für offene Verkaufsstellen, in Bäckereien und Konditoreien, in Krankenhäusern und Pflegeheimen, in Kinderheimen, im Verkehrswesen usw. Werden Jugendliche an Samstagen beschäftigt, ist die Fünf-Tage-Woche durch Freistellung an einem berufsschulfreien Tag derselben Woche sicherzustellen.

2. Unzulässig — Nach § 9 I JArbSchG darf der Ausbildende den Auszubildenden an einem Berufsschultag mit mehr als 5 Unterrichtsstunden zu je 45 Minuten nicht beschäftigen. Dies gilt allerdings nur einmal in der Woche.

3. Unzulässig — Die regelmäßige tägliche Arbeitszeit darf 8 Stunden nicht überschreiten, § 8 JArbSchG. Eine Ausdehnung auf maximal 8,5 Stunden ist allerdings unter eng begrenzten Voraussetzungen möglich.

4. Zulässig — Die Regelung entstammt § 11 JArbSchG.

5. Zulässig — Die Regelung findet sich in § 10 JArbSchG.

6. Zulässig — Die Regelung steht in § 11 JArbSchG.

232. Aufgabe

a) **2.** | b) **3.** | c) **1.** | d) **2.** | e) **1.** | f) **2.** | g) **1.** | h) **1.**

Lösungshinweis:

a) Obwohl grundsätzlich für den Arbeitsvertrag inhaltliche Gestaltungsfreiheit gilt, gehen den im Arbeitsvertrag getroffenen Vereinbarungen die „höherwertigen" Rechtsvorschriften aus dem Arbeitsrecht, aus Tarifverträgen und aus Betriebsvereinbarungen vor. Von den hier geschaffenen Rechtsregeln kann im Arbeitsvertrag nur zugunsten des Arbeitnehmers abgewichen werden.

b) Für volljährige Angestellte ist die Urlaubsdauer nach § 3 BUrlG nicht zu beanstanden. Jugendliche Angestellte erhalten nach dem Jugendarbeitsschutzgesetz jedoch mindestens 30 Werktage bezahlten Urlaub, wenn sie zu Beginn des Kalenderjahres noch nicht 16 Jahre und mindestens 27 Werktage bezahlten Urlaub, wenn sie zu Beginn des Kalenderjahres noch nicht 17 Jahre alt sind.

d) Nach dem *Gesetz über den Nachweis der für ein Arbeitsverhältnis geltenden wesentlichen Bedingungen – Nachweisgesetz* haben die Arbeitnehmer grundsätzlich Anspruch auf eine schriftliche Vertragsausfertigung. Der Arbeitgeber muss die wesentlichen Vertragsbedingungen spätestens einen Monat nach Beginn des Arbeitsverhältnisses schriftlich niederlegen, unterschreiben und dem Arbeitnehmer aushändigen. Hält sich der Arbeitgeber nicht an dieses Schriftformerfordernis, so wird der Arbeitsvertrag dadurch nicht unwirksam, sondern ist weiterhin gültig.

f) Der ausscheidende Arbeitnehmer kann bei Beendigung des Dienstverhältnisses ein schriftliches Zeugnis über Art und Dauer seiner Tätigkeit, d. h. ein einfaches Zeugnis, erhalten. Auf sein Verlangen ist aber ein qualifiziertes Zeugnis auszustellen, das auch über die Führung und die Leistungen des Arbeitnehmers Auskunft gibt.

g) Es handelt sich hierbei um die längstmögliche Probezeit.

h) Diese Regelung findet sich in § 24 BBiG.

233. Aufgabe

a) **9.** | b) **2.** | c) **1.** | d) **3.** | e) **5.** | f) **1.** | g) **3.** | h) **9.**

Lösungshinweis:

a) Der allgemeine Kündigungsschutz gilt nur in Betrieben, die i. d. R. mehr als zehn Arbeitnehmer ohne Auszubildende beschäftigen, § 23 KSchG.

b) Gemäß § 22 BBiG kann der Ausbildungsbetrieb nur noch außerordentlich kündigen.

c) Der allgemeine Kündigungsschutz gilt für Arbeitnehmer in Betrieben, die i. d. R. mehr als zehn Arbeitnehmer ohne Auszubildende beschäftigen, sofern sie länger als sechs Monate ohne Unterbrechung in demselben Betrieb beschäftigt sind, § 23 KSchG.

d) Während der Amtszeit des Betriebsratsmitglieds und des darauf folgenden Jahres kann der Arbeitgeber nur eine außerordentliche Kündigung aussprechen, § 78 a BetrVerfG.

e) Nach § 2 ArbPlSchG ist für die Dauer des Grundwehrdienstes und während der Wehrübungen keine Kündigung möglich.

g) Der Betrieb muss Auszubildende übernehmen, wenn er ihnen nicht drei Monate vor Ablauf der Ausbildung kündigt.

h) Der allgemeine Kündigungsschutz gilt für Arbeitnehmer in Betrieben, die i. d. R. mehr als zehn Arbeitnehmer ohne Auszubildende beschäftigen, sofern sie länger als sechs Monate ohne Unterbrechung in demselben Betrieb beschäftigt sind, § 23 KSchG.

234. Aufgabe

1. 30. 04. 2016, ein Monat zum Ende eines Kalendermonats.

2. 15. 04. 2016, vier Wochen zum Fünfzehnten oder zum Ende eines Kalendermonats.

3. 31. 10. 2016, sieben Monate zum Ende eines Kalendermonats.

4. 30. 06. 2016, drei Monate zum Ende eines Kalendermonats.

Lösungshinweis:

Der Europäische Gerichtshof (EuGH) hat diese bisher im deutschen Arbeitsrecht geltende Vorschrift, Beschäftigungszeiten vor der Vollendung des 25. Lebensjahres bei der Berechnung der Kündigungsfrist nicht zu berücksichtigen, in seinem Urteil vom 19.01.2010 verworfen (Rechtssache C-555/07). Da diese Regelung jüngere Arbeitnehmer wegen ihres Alters benachteilige und somit gegen das Diskriminierungsverbot verstoße, sind deutsche Gerichte angewiesen, diese Regelungen in laufenden Prozessen vor Arbeitsgerichten nicht mehr anzuwenden. Außerdem muss der Gesetzgeber das deutsche Kündigungsrecht ändern.

235. Aufgabe

1. 15.04.2016, vier Wochen zum Fünfzehnten oder zum Ende eines Kalendermonats.
2. 29.03.2016, zwei Wochen zu jedem Termin.

236. Aufgabe

a) **3.** | b) **2.** | c) **3.** | d) **1.** | e) **1.** | f) **4.** | g) **2.**

237. Aufgabe

a) **6.** | b) **2.** | c) **9.** | d) **1.** | e) **4.** | f) **7.** | g) **3.** | h) **8.** | i) **5.** | j) **10.**

Lösungshinweis:

Richtige Reihenfolge im Rahmen des Tarifkonflikts:

1. Tarifverhandlungen zwischen Gewerkschaft und Arbeitgeberverband
2. Erklärung des Scheiterns der Tarifverhandlungen
3. Schlichtungsverfahren
4. Erklärung des Scheiterns des Schlichtungsverfahrens
5. Urabstimmung der Gewerkschaftsmitglieder über den Streik
6. Streik der Arbeitnehmer
7. Aussperrung durch die Arbeitgeber
8. Neue Verhandlungen
9. Urabstimmung der Gewerkschaftsmitglieder über das Streikende
10. Neuer Tarifvertrag

238. Aufgabe

a) **3.** | b) **2.** | c) **3.** | d) **1.** | e) **4.**

2.3 Personalwirtschaft

239. Aufgabe

a) **3.** | b) **2.** | c) **6.** | d) **1.**

240. Aufgabe

a) **3.** | b) **1.** | c) **5.** | d) **7.** | e) **4.** | f) **6.** | g) **8.**

241. Aufgabe

5.

242. Aufgabe

1. I | **2.** IV

243. Aufgabe

	Gehaltsabrechnung Klara Finke	Arbeitgeberbeiträge SV Finke	Gehaltsabrechnung Inga Maier	Arbeitgeberbeiträge SV Maier
Bruttoentgelt	2.270,00 EUR		2.270,00 EUR	
Lohnsteuer	270,08 EUR		270,08 EUR	
Solidaritätszuschlag	14,85 EUR		12,64 EUR	
Kirchensteuer	24,30 EUR		20,68 EUR	
Krankenversicherung	165,71 EUR	165,71 EUR	165,71 EUR	165,71 EUR
Zusatzbeitrag KV	20,43 EUR		20,43 EUR	
Pflegeversicherung	26,67 EUR	26,67 EUR	26,67 EUR	26,67 EUR
Kinderlosenzuschlag PV	5,68 EUR			
Arbeitslosenversicherung	34,05 EUR	34,05 EUR	34,05 EUR	34,05 EUR
Rentenversicherung	212,25 EUR	212,25 EUR	212,25 EUR	212,25 EUR
Nettoentgelt	1.495,98 EUR		1.507,49 EUR	

Lösungshinweis:

Die Beiträge zur Sozialversicherung werden je zur Hälfte vom Arbeitnehmer und vom Arbeitgeber getragen. Der Zusatzbeitrag zur Krankenversicherung und der Kinderlosenzuschlag in der Pflegeversicherung werden allein vom Arbeitnehmer getragen. Die Beitragsbemessungsgrenze hat in den vorliegenden Fällen keine Bedeutung, weil das Bruttoentgelt die Einkommensgrenze nicht übersteigt.

244. Aufgabe

1. 6002 Löhne und Gehälter med.-techn. Dienst   an 135 Guthaben bei Kreditinstituten (Bank)
            an 3741 Verbindlichkeiten gegenüber SV-Trägern
            an 3742 Verbindlichkeiten gegenüber Finanzbehörden

2. 6102 Gesetzl. Sozialabgaben med.-techn. Dienst   an 3741 Verbindlichkeiten gegenüber SV-Trägern

3. 3741 Verbindlichkeiten gegenüber SV-Trägern   an 135 Guthaben bei Kreditinstituten (Bank)

4. 3742 Verbindlichkeiten gegenüber Finanzbehörden   an 135 Guthaben bei Kreditinstituten (Bank)

245. Aufgabe

Bruttogehälter	260.000,00 EUR
− Lohnsteuer	44.200,00 EUR
− Solidaritätszuschlag	2.400,00 EUR
− Kirchensteuer	2.600,00 EUR
− Soz.Vers.-Beiträge	52.600,00 EUR
= Nettoentgelt (Auszahlung)	158.200,00 EUR

16 Wessel u.a. - ISBN 978-3-8120-0626-2

246. Aufgabe

	Arbeitnehmeranteil zur Sozialversicherung	52.600,00 EUR
+	Arbeitgeberanteil zur Sozialversicherung	50.300,00 EUR
=	an die Krankenkasse abzuführender Gesamtsozialversicherungsbeitrag	102.900,00 EUR

247. Aufgabe

	Lohnsteuer	44.200,00 EUR
+	Solidaritätszuschlag	2.400,00 EUR
+	Kirchensteuer	2.600,00 EUR
=	an das Finanzamt abzuführen	49.200,00 EUR

248. Aufgabe

	Bruttogehälter	260.000,00 EUR
+	Arbeitgeberanteil zur Sozialversicherung	50.300,00 EUR
+	Unfallversicherung	10.400,00 EUR
=	Personalkosten einschl. Unfallversicherung	320.700,00 EUR

249. Aufgabe

	Saldo vom 14.07.20..	414.384,59 EUR
−	Überweisung der Nettogehälter	158.200,00 EUR
−	Abführung der einbehaltenen Steuern	49.200,00 EUR
−	Abführung des Gesamtsozialversicherungsbeitrags	102.900,00 EUR
−	Überweisung der Unfallversicherung	10.400,00 EUR
=	Saldo vom 20.07.20..	93.684,59 EUR

250. Aufgabe

6000 Löhne und Gehälter, Ärztlicher Dienst an 135 Guthaben bei Kreditinstituten (Bank)
                                                  an 3741 Verbindlichkeiten geg. Sozialversicherungsträgern
                                                  an 3742 Verbindlichkeiten geg. Finanzbehörden

6100 Ges. Sozialabgaben, Ärztlicher Dienst an 3741 Verbindlichkeiten geg. Sozialversicherungsträgern

251. Aufgabe

3741 Verbindlichkeiten geg.Sozialversicherungsträgern an 135 Guthaben bei Kreditinstituten (Bank)

Lösungshinweis:

Die Meldung über den Gesamtsozialversicherungsbeitrag (Arbeitgeber- und Arbeitnehmeranteil) muss bis zum fünftletzten Bankarbeitstag des laufenden Monats bei den Krankenkassen eingegangen sein. Die Fälligkeit zur Zahlung ist der drittletzte Bankarbeitstag des laufenden Monats. Liegt nun der betriebliche Abrechnungstag für Löhne und Gehälter **vor** dem Meldetag für die Beitragsnachweise, können die tatsächlichen Verbindlichkeiten aus Sozialversicherungsbeiträgen abgerechnet werden.

Komplizierter wird die Situation, wenn die Löhne und Gehälter am Monatsende abgerechnet werden. Der Beitragsnachweis und die Zahlung des Gesamtsozialversicherungsbeitrags müssen dann regelmäßig erfolgen, bevor die endgültige Höhe feststeht. Mit der Schätzung der voraussichtlichen Beiträge ergeben sich somit immer Differenzen zur tatsächlichen Höhe. Die Differenzbeträge werden dann im Folgemonat mit der erneuten voraussichtlichen Beitragsschuld verrechnet.

252. Aufgabe

3742 Verbindlichkeiten gegenüber Finanzbehörden an 135 Guthaben bei Kreditinstituten (Bank)

253. Aufgabe

	Gehälter inkl. VL	71.760,00 EUR
−	einbehaltene Lohnsteuer	16.131,65 EUR
−	Arbeitnehmeranteil zur Sozialversicherung	15.213,12 EUR
=	Nettogehälter	40.415,23 EUR
−	vermögenswirksame Sparraten	960,00 EUR
−	Verrechnung der Gehaltsvorschüsse	1.300,00 EUR
=	Auszahlungsbeträge	38.155,23 EUR
	Arbeitnehmeranteil zur Sozialversicherung	15.213,12 EUR
+	Arbeitgeberanteil zur Sozialversicherung	14.352,00 EUR
=	an die Krankenkasse abzuführender Gesamtsozialversicherungsbeitrag	29.565,12 EUR

254. Aufgabe

1. 6002 Löhne und Gehälter, Med.-techn. Dienst   an 135   Bank (Guthaben bei Kreditinstituten)
    an 3741 Verbindlichkeiten geg. Sozialvers.-Trägern
    an 3742 Verbindlichkeiten gegenüber Finanzbehörden
    an 3745 Verbindlichkeiten aus Vermögensbildung
    an 1631 Lohn- und Gehaltsvorschüsse

    6102 Ges. Sozialabgaben, Med.-techn. Dienst   an 3741 Verbindlichkeiten geg. Sozialvers.-Trägern

2. 3741 Verbindlichkeiten geg. Sozialvers.-Trägern   an 135 Bank (Guthaben bei Kreditinstituten)

3. 3742 Verbindlichkeiten geg. Finanzbehörden   an 135 Bank (Guthaben bei Kreditinstituten)

4. 3745 Verbindlichkeiten aus Vermögensbildung   an 135 Bank (Guthaben bei Kreditinstituten)

255. Aufgabe

1. 1.680.000,00 EUR | **2.** 1.785.000,00 EUR | **3.** 37.187,50 EUR

Lösungshinweis:

1. $\text{Grundwert} = \dfrac{\text{Prozentwert} \cdot 100}{\text{Prozentsatz}} = \dfrac{105.000,00 \cdot 100}{6,25} = 1.680.000,00 \text{ EUR}$

2.
	Soll-Personalkosten	− 100,00 % −	1.680.000,00 EUR
+	Überschreitung	− 6,25 % −	105.000,00 EUR
=	Ist-Personalkosten	− 106,25 % −	1.785.000,00 EUR

3. 1.785.000,00 EUR : 48 Mitarbeiter = 37.187,50 EUR je Mitarbeiter

256. Aufgabe

1. 2.211,08 EUR | **2.** 148.584,80 EUR

Lösungshinweis:

1.
1 · 4.728,00 EUR =	4.728,00 EUR
2 · 3.981,00 EUR =	7.962,00 EUR
8 · 2.948,00 EUR =	23.584,00 EUR
15 · 2.180,00 EUR =	32.700,00 EUR
22 · 1.689,00 EUR =	37.158,00 EUR
48	= 106.132,00 EUR : 48 = 2.211,08 EUR je Mitarbeiter

2.
100 % =	106.132,00 EUR
40 % =	42.452,80 EUR
	148.584,80 EUR

3 Organisation und Finanzierung im Gesundheitswesen

3.1 Organisation, Aufgaben und Rechtsfragen des Gesundheits- und Sozialwesens

257. Aufgabe

a) **2.** | b) **1.** | c) **4.** | d) **3.**

258. Aufgabe

a) **4.** | b) **1.** | c) **3.** | d) **2.**

259. Aufgabe

3. | **5.** | **6.**

260. Aufgabe

a) **5.** | b) **1.** | c) **2.** | d) **4.** | e) **3.**

261. Aufgabe

a) **3.** | b) **9.** | c) **4.** | d) **2.** | e) **1.** | f) **9.**

Lösungshinweis:

> **§ 11 SGB V: Leistungsarten** (Auszug)
>
> Versicherte haben nach den folgenden Vorschriften Anspruch auf Leistungen
>
> 1. bei Schwangerschaft und Mutterschaft (§§ 24 c bis 24 i),
> 2. zur Verhütung von Krankheiten und von deren Verschlimmerung sowie zur Empfängnisverhütung, bei Sterilisation und bei Schwangerschaftsabbruch (§§ 20 bis 24 b),
> 3 zur Früherkennung von Krankheiten (§§ 25 und 26),
> 4 zur Behandlung einer Krankheit (§§ 27 bis 52).
>
> Auf Leistungen besteht kein Anspruch, wenn sie als Folge eines Arbeitsunfalls oder einer Berufskrankheit im Sinne der gesetzlichen Unfallversicherung zu erbringen sind.

262. Aufgabe

4. Berufsgenossenschaft

Lösungshinweis:

Wegeunfälle auf direktem Weg von und zur Arbeitsstätte gelten als betriebsbedingte Unfälle.

263. Aufgabe

1. | **5.**

264. Aufgabe

ab 01.03.20..

Lösungshinweis:

> **§ 33 SGB XI: Leistungsvoraussetzungen** (Auszug)
>
> Versicherte erhalten die Leistungen der Pflegeversicherung auf Antrag. Wird der Antrag später als einen Monat nach Eintritt der Pflegebedürftigkeit gestellt, werden die Leistungen vom Beginn des Monats der Antragstellung an gewährt.

265. Aufgabe

a) **4.** | b) **6.** | c) **1.** | d) **3.** | e) **2.** | f) **5.**

266. Aufgabe

1.

Lösungshinweis:

> **§ 15 I SGB XI: Stufen der Pflegebedürftigkeit** (Auszug)
>
> 1. Pflegebedürftige der Pflegestufe I (erheblich Pflegebedürftige) sind Personen, die bei der Körperpflege, der Ernährung oder der Mobilität für wenigstens zwei Verrichtungen aus einem oder mehreren Bereichen mindestens einmal täglich der Hilfe bedürfen und zusätzlich mehrfach in der Woche Hilfen bei der hauswirtschaftlichen Versorgung benötigen.
> 2. Pflegebedürftige der Pflegestufe II (Schwerpflegebedürftige) sind Personen, die bei der Körperpflege, der Ernährung oder der Mobilität mindestens dreimal täglich zu verschiedenen Tageszeiten der Hilfe bedürfen und zusätzlich mehrfach in der Woche Hilfen bei der hauswirtschaftlichen Versorgung benötigen.
> 3. Pflegebedürftige der Pflegestufe III (Schwerstpflegebedürftige) sind Personen, die bei der Körperpflege, der Ernährung oder der Mobilität täglich rund um die Uhr, auch nachts, der Hilfe bedürfen und zusätzlich mehrfach in der Woche Hilfen bei der hauswirtschaftlichen Versorgung benötigen.

267. Aufgabe

a) **1.** | b) **4.** | c) **3.** | d) **2.**

268. Aufgabe

4. | **6.**

Lösungshinweis:

> **§ 36 SGB XI: Pflegesachleistung** (Auszug)
>
> (1) Pflegebedürftige haben bei häuslicher Pflege Anspruch auf Grundpflege und hauswirtschaftliche Versorgung als Sachleistung (häusliche Pflegehilfe). Häusliche Pflegehilfe wird durch geeignete Pflegekräfte erbracht, die bei ambulanten Pflegeeinrichtungen, mit denen die Pflegekasse einen Versorgungsvertrag abgeschlossen hat, angestellt sind.
>
> (2) Grundpflege und hauswirtschaftliche Versorgung umfassen Hilfeleistungen bei den in § 14 genannten Verrichtungen; die verrichtungsbezogenen krankheitsspezifischen Pflegemaßnahmen gehören nicht dazu, soweit diese im Rahmen der häuslichen Krankenpflege nach § 37 des Fünften Buches zu leisten sind.

> **§ 14 SGB XI: Begriff der Pflegebedürftigkeit** (Auszug)
>
> Die Hilfe besteht in der Unterstützung im Ablauf des täglichen Lebens:
>
> 1. im Bereich der Körperpflege das Waschen, Duschen, Baden, die Zahnpflege, das Kämmen, Rasieren, die Darm- oder Blasenentleerung,
> 2. im Bereich der Ernährung das mundgerechte Zubereiten oder die Aufnahme der Nahrung,
> 3. im Bereich der Mobilität das selbständige Aufstehen und Zu-Bett-Gehen, An- und Auskleiden, Gehen, Stehen, Treppensteigen oder das Verlassen und Wiederaufsuchen der Wohnung,
> 4. im Bereich der hauswirtschaftlichen Versorgung das Einkaufen, Kochen, Reinigen der Wohnung, Spülen, Wechseln und Waschen der Wäsche und Kleidung oder das Beheizen.

269. Aufgabe

3 Jahre

270. Aufgabe

a) **4.** | b) **1.** | c) **3.** | d) **2.**

Lösungshinweis:

1. SGB V: Gesetzliche Krankenversicherung
2. SGB VI: Gesetzliche Rentenversicherung
3. SGB VII: Gesetzliche Unfallversicherung
4. SGB XI: Soziale Pflegeversicherung

271. Aufgabe

a) **1.** | b) **6.** | c) **7.** | d) **3.** | e) **4.** | f) **5.** | g) **2.**

272. Aufgabe

3. | **6.**

Lösungshinweis:

Die richtigen Grundsätze sind:

3. ambulant vor stationär,
6. Ausrichtung der Rehabilitationsleistungen an den individuellen Erfordernissen des Behandlungsfalles.

273. Aufgabe

a) **3.** | b) **5.** | c) **9.** | d) **1.** | e) **9.** | f) **4.**

274. Aufgabe

a) **2.** und **6.** | b) **1.** und **4.** | c) **3.** und **7.** | d) **2.** und **5.**

275. Aufgabe

4.

Lösungshinweis:

Bei den Hilfen für Körperpflege, Ernährung und Mobilität sieht der § 15 SGB XI eine Steigerung vor mit dem Ergebnis einer höheren Pflegestufe. Die Hilfen für die hauswirtschaftliche Versorgung sind für alle Pflegestufen gleich.

276. Aufgabe

5.

277. Aufgabe

a) **2.** | b) **5.** | c) **3.**

Lösungshinweis:

Die Stufen der Pflegebedürftigkeit sind in § 15 SGB XI definiert, siehe S. 245.

278. Aufgabe

165,92 EUR

Lösungshinweis:

Der Rechnungsbetrag über 149,76 EUR macht 32 % aus 468,00 EUR der zustehenden Pflegesachleistung aus. 68 % sind also nicht in Anspruch genommen worden. Herr Wagner erhält folglich ein anteiliges Pflegegeld von 68 % aus 244,00 EUR. Das sind 165,92 EUR.

279. Aufgabe

146,40 EUR

Lösungshinweis:

Der Anspruch der Tagespflegeeinrichtung bleibt mit 325,00 EUR im Rahmen des zulässigen Gesamtwertes von 468,00 EUR. Eine Anrechnung auf andere Ansprüche erfolgt nicht. Also hat dieser Vorgang keinen Einfluss auf die Berechnung des Pflegegeldes.

Der Rechnungsbetrag des ambulanten Pflegedienstes über 187,20 EUR macht 40 % aus 468,00 EUR der zustehenden Pflegesachleistung aus. 60 % sind also nicht in Anspruch genommen worden. Frau Schulte erhält folglich ein anteiliges Pflegegeld von 60 % aus 244,00 EUR. Das sind 146,40 EUR.

280. Aufgabe

1. | 2. | 6.

Lösungshinweis:

3. Die Beitragshöhe richtet sich im System der gesetzlichen Sozialversicherung **nach der Leistungsfähigkeit (dem Einkommen)** der Versicherten.

4. Der Leistungsumfang ist im System der gesetzlichen Sozialversicherung **gesetzlich festgelegt.**

5. Die Absicherung erfolgt **in der Renten- und in der Arbeitslosenversicherung** nach dem Äquivalenzprinzip, in der Unfall-, Kranken- und Pflegeversicherung allerdings nach dem **Solidaritätsprinzip,** d. h., unabhängig von der Beitragshöhe erhalten die Versicherten die gleichen Leistungen.

281. Aufgabe

a) **3.** | b) **1.** | c) **5.** | d) **4.** | e) **3.** | f) **1.** | g) **2.**

282. Aufgabe

a) **1.** | b) **4.** | c) **2.** | d) **1.** | e) **3.** | f) **5.** | g) **4.** | h) **1.** | i) **6.** | j) **3.** | k) **5.** | l) **4.**

Lösungshinweis:

i) Es handelt sich hier um die Einbruchdiebstahlversicherung, eine Individualversicherung.

283. Aufgabe

a) **4.** | b) **5.** | c) **1.** | d) **3.** | e) **1.** | f) **5.** | g) **2.** | h) **2.**

3.2 Finanzierung im Gesundheitsbereich

284. Aufgabe

a) **4.** | b) **1.** | c) **3.** | d) **5.** | e) **3.** | f) **2.**

Lösungshinweis:

a) Alle Schülerinnen und Schüler sind auf dem direkten Weg zur Schule und zurück von der kommunalen Unfallkasse der Schulortgemeinde gesetzlich gegen Unfälle versichert.

b) SGB V, § 37 Häusliche Krankenpflege

   Versicherte erhalten in ihrem Haushalt, ihrer Familie oder sonst an einem geeigneten Ort (…) neben der ärztlichen Behandlung häusliche Krankenpflege durch geeignete Pflegekräfte, wenn Krankenhausbehandlung geboten, aber **nicht ausführbar ist,** oder wenn sie durch die häusliche Krankenpflege vermieden oder verkürzt wird.

c) Die Berufsgenossenschaften sind neben Arbeits- und Wegeunfällen auch die Leistungsträger für anerkannte Berufskrankheiten.

d) Wahlleistungen werden von der gesetzlichen Krankenkasse nicht getragen.

e) Die Berufsgenossenschaften sind die Leistungsträger für Arbeitsunfälle.

f) SGB V, § 45a Berechtigter Personenkreis

   Die Leistungen (…) betreffen Pflegebedürftige in häuslicher Pflege, bei denen (…) ein erheblicher Bedarf an allgemeiner Beaufsichtigung und Betreuung gegeben ist. Dies sind

   1. Pflegebedürftige der Pflegestufen I, II und III sowie

   2. Personen, die einen Hilfebedarf im Bereich der Grundpflege und hauswirtschaftlichen Versorgung haben, der nicht das Ausmaß der Pflegestufe I erreicht, mit **demenzbedingten Fähigkeitsstörungen,** geistigen Behinderungen oder psychischen Erkrankungen.

285. Aufgabe

a) 49,5 Mrd. EUR Personalkosten + 31,6 Mrd. EUR Sachkosten + 0,6 Mrd. EUR Steuern, Zinsen u. ä.
   Aufwendungen = 81,7 Mrd. EUR Gesamtkosten

b) 49,5 Mrd. EUR · 100 : 81,7 Mrd. EUR = 61 % Personalkosten
   31,6 Mrd. EUR · 100 : 81,7 Mrd. EUR = 39 % Personalkosten

c) 15,7 Mrd. EUR · 100 : 49,5 Mrd. EUR = 32 % Kostenanteil des Pflegedienstes

286. Aufgabe

a) **3.** | b) **2.** | c) **1.** | d) **1.**

287. Aufgabe

4.

Lösungshinweis:

Die Anschaffung des Langzeit-EKG-Gerätes ist eine Ersatzbeschaffung für ein ausgemustertes Gerät. Wiederbeschaffungen von kurzfristigen Anlagegütern fallen unter die Pauschalförderung. Bei einer Erstbeschaffung käme eine Einzelförderung in Betracht, soweit der Investitionsplan des Bundeslandes dafür Finanzmittel vorsieht.

288. Aufgabe

1. a) 5,00 EUR | b) 6,80 EUR | c) 10,00 EUR | d) 120,00 EUR | e) 160,00 EUR | f) 21,70 EUR

2. 230,40 EUR

3. 93,10 EUR

Lösungshinweis:

1. a) Zuzahlung bei Arzneimitteln mindestens 5,00 EUR je Mittel.

b) Zuzahlung bei Arzneimitteln innerhalb der Zuzahlungsgrenzen beträgt 10 %, also 6,80 EUR.

c) Zuzahlung bei Arzneimitteln beträgt höchstens 10,00 EUR je Mittel.

d) Zuzahlung bei stationärem Krankenhausaufenthalt beträgt für erwachsene Patienten 10,00 EUR je Kalendertag, maximal für 28 Kalendertage je Kalenderjahr;
hier also: 12 Kalendertage · 10,00 EUR = 120,00 EUR (einschließlich Aufnahme- und Entlassungstag).

e) Zuzahlung bei Anschlussheilbehandlung wie bei d) unter Einbezug des Krankenhausaufenthalts:
maximal 28 Kalendertage – anrechenbare 12 Kalendertage = 16 restliche Kalendertage

f) 11,70 EUR (10 % der Kosten) + 10,00 EUR (je Verordnung) = 21,70 EUR

2. 11.520,00 EUR · 2 : 100 = 230,40 EUR.

3. Summe der Zuzahlungen 323,50 EUR – Belastungsgrenze 230,40 EUR = Erstattung 93,10 EUR

289. Aufgabe

4.

Lösungshinweis:

Das zuständige Landesministerium strebt in einem Planungsausschuss mit den kommunalen Spitzenverbänden und den Verbänden der Gesundheitswirtschaft ein einvernehmliches Investitionsprogramm an (§ 7 KHG). Die Auswahlentscheidung über die Aufnahme in den Krankenhausplan und die Zuteilung von Fördergeldern werden als Feststellungsbescheide den Krankenhäusern ausgestellt. Die Höhe der Fördergelder für Einzelförderung ergibt sich aus der individuellen Fallprüfung.

290. Aufgabe

1.

Lösungshinweis:

> **Gesetz zur wirtschaftlichen Sicherung der Krankenhäuser und zur Regelung der Krankenhauspflegesätze
> (Krankenhausfinanzierungsgesetz – KHG)**
>
> **§ 1 Grundsatz**
>
> (1) Zweck dieses Gesetzes ist die wirtschaftliche Sicherung der Krankenhäuser, um eine bedarfsgerechte Versorgung der Bevölkerung mit leistungsfähigen, eigenverantwortlich wirtschaftenden Krankenhäusern zu gewährleisten und zu sozial tragbaren Pflegesätzen beizutragen.
>
> (2) Bei der Durchführung des Gesetzes ist die Vielfalt der Krankenhausträger zu beachten. Dabei ist nach Maßgabe des Landesrechts insbesondere die wirtschaftliche Sicherung freigemeinnütziger und privater Krankenhäuser zu gewährleisten.

291. Aufgabe

a) **1.** | b) **1.** | c) **2.** | d) **2.** | e) **4.**

Lösungshinweis:

Übersichtstabelle der Finanzierungsformen und Beschaffungsarten für Wirtschaftsgüter

Wirtschaftsgüter	Einzelförderung	Pauschalförderung	Pflegesatz
Langfristiges Anlagegut **ND > 15 Jahre**	Erstbeschaffung Wiederbeschaffung (§ 9 I Nr. 1 u. 2 KHG)	kleine bauliche Maßnahmen (§ 9 III KHG)	nein
Kurzfristiges Anlagegut **ND > 3 Jahre ≤ 15 Jahre** **soweit AHK > 150,00 EUR**	Erstbeschaffung (§ 9 I Nr. 1 u. 2 KHG)	Wiederbeschaffung (§ 9 III KHG)	nein
Gebrauchsgut **ND ≤ 3 Jahre** **soweit AHK > 150,00 EUR**	Erstbeschaffung (§ 2 Nr. 2 KHG, § 9 I Nr. 1 KHG)	nein	Wiederbeschaffung, anteilig entsprechend der Abschreibung (§ 17 IV Nr. 1 KHG, § 3 I Nr. 1 AbrV)
Verbrauchsgut	nein	nein	Erstbeschaffung Widerbeschaffung (§ 3 I Nr. 3 AbgrV)

292. Aufgabe

1. | **3.**

293. Aufgabe

1. und 2.

Anzahl	DRG	Bewertungsrelation	Case-Mix
144	F59C	1,275	183,600
120	F59D	0,930	111,600
60	F60A	1,639	98,340
48	F62A	2,137	102,576
372			**496,116**

3. Erlösbudget = Landesbasisfallwert · Case-Mix

1.637.182,80 EUR = 3.300,00 EUR · 496,116

294. Aufgabe

1. 0,80 | **2.** 4,17 | **3.** 12,50 | **4.** 14,44 | **5.** 3,00

Lösungshinweis:

1. Pflegestufe 0   10 Heimbewohner : 8,0 = 1,25 Vollzeitkräfte
2. Pflegestufe I   15 Heimbewohner : 3,6 = 4,17 Vollzeitkräfte
3. Pflegestufe II   30 Heimbewohner : 2,4 = 12,50 Vollzeitkräfte
4. Pflegestufe III   26 Heimbewohner : 1,8 = 14,44 Vollzeitkräfte
5. Heimleitung/Verwaltung   81 Heimbewohner : 27,0 = 3,00 Vollzeitkräfte

295. Aufgabe

16,18

Lösungshinweis:

32,36 Pflegekräfte insgesamt : 2 = 16,18 examierte Pflegekräfte

296. Aufgabe

2. | **5.**

297. Aufgabe

4.

3.3 Qualitätsmanagement im Gesundheitswesen

298. Aufgabe

a) **3.** | b) **2.** | c) **1.** | d) **1.** | e) **3.** | f) **2.** | g) **1.**

299. Aufgabe

a) **1.** | b) **1.** | c) **3.** | d) **2.** | e) **3.** | f) **1.**

300. Aufgabe

3. | **5.**

Lösungshinweis:

Im deutschen Krankenhausbereich entstand das QM-Verfahren „KTQ – Kooperation für Transparenz und Qualität im Gesundheitswesen" in Anlehnung an ein US-amerikanisches Modell. Die Zertifizierungsgesellschaft proCumCert hat das KTQ-Modell um besondere Aspekte kirchlicher Lebensbegleitung erweitert. proCumCert ist für Krankenhäuser und andere soziale Einrichtungen in konfessioneller Trägerschaft gedacht.

301. Aufgabe

2. | **3.**

302. Aufgabe

a) **2.** | b) **3.** | c) **1.** | d) **4.**

Fallpauschalen-Katalog, G-DRG-Version 2015, S. 18

Fallpauschalen-Katalog

Teil a) Bewertungsrelationen bei Versorgung durch Hauptabteilungen

DRG	Partition	Bezeichnung	Bewertungsrelation bei Hauptabteilung	Bewertungsrelation bei Hauptabteilung und Beleghebamme	Mittlere Verweildauer	Untere Grenzverweildauer		Obere Grenzverweildauer		Externe Verlegung Abschlag/Tag (Bewertungsrelation)	Verlegungs-fallpauschale	Ausnahme von Wiederaufnahme
						Erster Tag mit Abschlag	Bewertungs-relation/Tag	Erster Tag zus. Entgelt	Bewertungs-relation/Tag			
1	2	3	4	5	6	7	8	9	10	11	12	13
E40C	A	Krankheiten und Störungen der Atmungsorgane mit Beatmung > 24 Stunden, mehr als 2 Belegungstage, mit komplexer Prozedur, ohne äußerst schwere CC, außer bei Para- / Tetraplegie	2,607		11,6	3	0,639	23	0,155	0,203		x
E42Z	A	Geriatrische frührehabilitative Komplexbehandlung bei Krankheiten und Störungen der Atmungsorgane	2,287		22,6			36	0,070	0,096		
E60A	M	Zystische Fibrose (Mukoviszidose), Alter < 16 Jahre oder mit äußerst schwere CC	1,750		10,0	2	0,571	21	0,172		x	
E60B	M	Zystische Fibrose (Mukoviszidose), Alter > 15 Jahre, ohne äußerst schwere CC	1,476		9,3	2	0,484	20	0,156		x	
E63Z	M	Schlafapnoesyndrom oder kardiorespiratorische Polysomnographie bis 2 Belegungstage	0,275		2,1	1	0,112	4	0,090	0,087		
E64A	M	Respiratorische Insuffizienz, mehr als ein Belegungstag, mit äußerst schweren CC oder Lungenembolie	1,127		8,7	2	0,361	18	0,087	0,112		
E64B	M	Respiratorische Insuffizienz, mehr als ein Belegungstag, ohne äußerst schwere CC, Alter < 10 Jahre	0,858		4,3	1		10	0,136	0,158		
E64C	M	Respiratorische Insuffizienz, mehr als ein Belegungstag, ohne äußerst schwere CC, Alter > 9 Jahre	0,778		6,4			15	0,084	0,104		
E64D	M	Respiratorische Insuffizienz, ein Belegungstag	0,209		1,0							
E65A	M	Chronisch-obstruktive Atemwegserkrankung mit äuß. schw. CC oder starrer Bronchoskopie oder mit komplizierender Diagnose oder Bronchitis und Asthma bronchiale, mehr als ein Belegungstag, mit äuß. schw. oder schw. CC, Alter < 1 J., mit RS-Virus-Infektion	1,434		13,5	3	0,347	28	0,072	0,096		
E65B	M	Chronisch-obstruktive Atemwegserkrankung ohne äußerst schwere CC, ohne starre Bronchoskopie, ohne komplizierende Diagnose, mit FEV1 < 35% oder Alter < 1 Jahr	0,906		8,7	2	0,295	18	0,071	0,091		
E65C	M	Chronisch-obstruktive Atemwegserkrankung ohne äußerst schwere CC, ohne starre Bronchoskopie, ohne komplizierende Diagnose, ohne FEV1 < 35%, Alter > 0 Jahre	0,733		7,0	1	0,513	15	0,071	0,089		
E66A	M	Schweres Thoraxtrauma mit komplizierender Diagnose	0,788		6,2	1	0,475	14	0,088	0,108		
E66B	M	Schweres Thoraxtrauma ohne komplizierende Diagnose	0,529		4,5	1	0,289	10	0,083	0,096		
E69A	M	Bronchitis und Asthma bronchiale, mehr als ein Belegungstag, mit äußerst schweren oder schweren CC, Alter < 1 Jahr ohne RS-Virus-Infektion oder bei Para- / Tetraplegie	0,909		6,3 .			14	0,099	0,123		
E69B	M	Bronchitis und Asthma bronchiale, mehr als ein Belegungstag u. Alter > 55 Jahre oder mit äußerst schweren od. schw. CC, Alt. > 0 J., außer b. Para- / Tetraplegie od. ein Belegungstag od. ohne äußerst schw. od. schw. CC, Alt. < 1 J., m.	0,662		6,3	1	0,430	13	0,072	0,088		
E69C	M	Bronchitis und Asthma bronchiale, ein Belegungstag oder ohne äußerst schwere oder schwere CC, Alter < 1 Jahr, ohne RS-Virus-Infektion	0,549		3,6	1	0,317	8	0,108	0,120		
E69D	M	Bronchitis und Asthma bronchiale, Alter < 6 Jahre und Alter > 0 J., außer b. Para- / Tetraplegie od. ohne äußerst schwere oder schwere CC oder Störungen der Atmung mit Ursache in der Neonatalperiode oder Alter < 16 Jahre außer bei Hyperventilation	0,469		3,0	1	0,243	6	0,107	0,115		

Fallpauschalen-Katalog, G-DRG-Version 2015, S. 27

Fallpauschalen-Katalog
Teil a) Bewertungsrelationen bei Versorgung durch Hauptabteilungen

DRG	Parti-tion	Bezeichnung	Bewertungsrelation bei Hauptabteilung	Bewertungsrelation bei Hauptabteilung und Beleghebamme	Mittlere Verweil-dauer	Untere Grenzverweildauer		Obere Grenzverweildauer		Externe Verlegung	Verlegungs-fallpauschale	Ausnahme von Wiederaufnahme
						Erster Tag mit Abschlag	Bewertungs-relation/Tag	Erster Tag zus. Entgelt	Bewertungs-relation/Tag	Abschlag/Tag (Bewertungsrelation)		
1	2	3	4	5	6	7	8	9	10	11	12	13
F58B	O	Perkutane Koronarangioplastie ohne äußerst schwere CC	0,927		3,7	1	0,301	8	0,081	0,091		
F59A	O	Mäßig komplexe Gefäßeingriffe oder komplexe Gefäßeingriffe ohne komplizierende Konstellation, ohne Revision, ohne komplizierende Diagnose, Alter > 2 Jahre, ohne bestimmte beidseitige Gefäßeingriffe, mit auß. schweren CC oder Rotationsthrombektomie	2,857		14,2	4	0,447	29	0,110	0,147		
F59B	O	Mäßig kompl. Gefäßeingr. od. kompl. Gefäßeingr. ohne kompliz. Konstell., ohne Revis., ohne kompliz. Diagn., Alt. > 2 J., ohne best. beids. Gefäßeingr. ohne auß. schw. CC, ohne Rotationsthromb., mit aufwänd. Eingr. od. best. Diagn. od. Alt. < 16 J.	1,750		8,8	2	0,383	19	0,092	0,118		
F59C	O	Mäßig kompl. Gefäßeingr. oder kompl. Gefäßeingr. ohne kompliz. Konst., oh. Revis., oh. kompliz. Diagn., Alt. > 2 J., oh. best. beids. Gefäßeingr., oh. auß. schwere CC, oh. Rot thromb., oh. aufw. Eingr., oh. best. Diagn., Alt. > 15 J., mit best. Eingr.	1,275		4,8	1	0,396	12	0,110	0,130		
F59D	O	Mäßig kompl. Gefäßeingr. od. kompl. Gefäßeingr. ohne kompliz. Konst., oh. Revis., oh. kompliz. Diagn., Alt. > 2 J., oh. best. beids. Gefäßeingr., oh. auß. schw. CC, oh. Rotat.thromb., oh. aufw. Eingr., oh. best. Diagn., Alt. > 15 J., oh. best. Eingr.	0,930		3,8	1	0,287	10	0,125	0,142		
F60A	M	Akuter Myokardinfarkt ohne invasive kardiologische Diagnostik mit äußerst schweren CC	1,639		11,9	3	0,395	24	0,093	0,122		
F60B	M	Akuter Myokardinfarkt ohne invasive kardiologische Diagnostik ohne äußerst schwere CC	0,842		6,8	1	0,644	15	0,086	0,107		
F61A	M	Infektiöse Endokarditis mit komplizierender Diagnose oder mit komplizierender Konstellation	3,414		27,6	8	0,365	46	0,083	0,115		
F61B	M	Infektiöse Endokarditis ohne komplizierende Diagnose, ohne komplizierende Konstellation	2,653		25,4	7	0,325	43	0,072	0,099		
F62A	M	Herzinsuffizienz und Schock mit äußerst schweren CC, mit Dialyse oder komplizierender Diagnose	2,137		16,7	5	0,348	32	0,088	0,118		
F62B	M	Herzinsuffizienz und Schock ohne äußerst schwere CC oder ohne Dialyse, ohne komplizierende Diagnose	0,879		8,6	2	0,288	18	0,070	0,090		
F63A	M	Venenthrombose mit äußerst schweren CC	1,356		11,4	3	0,325	23	0,080	0,105		
F63B	M	Venenthrombose ohne äußerst schwere CC	0,613		5,6	1	0,388	12	0,073	0,089		
F64Z	M	Hautulkus bei Kreislauferkrankungen	0,900		9,1	2	0,297	18	0,068	0,088		
F65A	M	Periphere Gefäßkrankheiten mit komplexer Diagnose und äußerst schweren CC	1,675		13,6	4	0,326	27	0,084	0,112		
F65B	M	Periphere Gefäßkrankheiten ohne komplexe Diagnose oder ohne äußerst schwere CC	0,743		6,2	1	0,466	15	0,081	0,100		
F66A	M	Koronararteriosklerose mit äußerst schweren CC	1,602		13,3	3	0,389	23	0,082	0,109		
F66B	M	Koronararteriosklerose ohne äußerst schwere CC	0,560		5,3	1	0,350	12	0,073	0,088		
F67A	M	Hypertonie mit äußerst schweren CC	1,248		11,0	3	0,306	23	0,078	0,102		
F67B	M	Hypertonie mit komplizierender Diagnose oder schweren CC	0,727		6,7	1	0,495	14	0,074	0,092		
F67C	M	Hypertonie ohne komplizierende Diagnose, ohne äußerst schwere oder schwere CC, Alter < 16 Jahre	0,594		3,7	1	0,322	9	0,110	0,124		
F67D	M	Hypertonie ohne komplizierende Diagnose, ohne äußerst schwere oder schwere CC, Alter > 15 Jahre	0,485		4,5	1	0,299	10	0,075	0,087		
F68A	M	Angeborene Herzkrankheit, Alter < 6 Jahre	0,970		5,1	1	0,592	13	0,128	0,153		
F68B	M	Angeborene Herzkrankheit, Alter > 5 Jahre	0,685		3,9	1	0,353	9	0,115	0,131		

Stichwortverzeichnis